周恩来总理卫士长回忆录

成元功 著

中央文献出版社

前　言

　　我是山西文水人，1925年9月生于文水县龙泉村。我家共有11口人，但只有7分盐碱地，是贫农，主要靠租地主的土地为生。我自懂事起就帮家里干农活，12岁进织布厂当了学徒。

　　1940年春，我参军来到八路军第120师文水县的新兵营，当通讯员。1941年秋，我们新兵营调到延安锄奸部，我被调到锄奸部部长丁荣昌处当警卫员。1942年丁荣昌部长去中央党校学习，我也随他去了中央党校，与其他随员一起为学员服务。

　　1945年8月日本无条件投降后，我要求去东北打仗。后被党校分配至周恩来副主席处工作，从1945年9月至1965年10月。1968年3月我遭四人帮江青诬陷，去了中办的学习班，后于1969年1月5日被安排去"中办五七学校"劳动改造8年，至1976年9月底才回北京，后调至公安部工作直到离休。

　　我在周总理与邓大姐身边工作二十余年，亲情浓浓，邓大姐视我为他们的亲人。周总理非常谦虚，对自己要求非常严格，不准任何人宣传他。1988年，我们几个做警卫工作的老干部，有毛崇横、何谦、赵桂来、陆高冲和我共5人，想把与我们警卫工作有关的、主要是周总理遇险和脱险的事写出来，4月16日我把我们几个人的想法向邓颖超大姐汇报了，她很赞同，并鼓励我们："很好，你们写这方面的文章很有意义。"又说："在我们党的历史上，有很多重大问题都是派恩来同志去处理的，结果是好的。这方面的东西，也只有你们才能写得出来。但要实事求是。"所以我们写了"万隆之行"、"阜成门车险"、"劳山枪声"等，以后汇编成《周恩来历险纪实》一书。

2000年在我的一次住院体检治病中，遇到两位也在住院的老同志，非常恳切地对我说，现在外面宣传总理的材料很少，你跟随总理那么多年，一定要写写。在他们的一再劝说下，我才想通了——写。要写下我当年耳濡目染的一件件往事。

但1961年周总理命令我把身边工作人员的日记、笔记、工作日记等收起来通通烧掉，一个字不准留，从此以后一个字不准记。几十年来的往事，写起来多难啊！虽有周恩来年谱，但那上面都是记大事、要事、会议等重要事，而我的工作是不参加大会、不看电报，我接触的都是生活上的小事、琐碎事，桩桩件件难免记不全，经过几年的回忆，只写下了这些。

希望有关熟悉情况的同志，给以指教！

成元功

2008年10月

目 录

回忆延安生活片断	2
我给周恩来同志当警卫	6
随周副主席去国统区工作	16
模范夫妻之间	
——邓大姐为周副主席做手绢	30
一粒米的故事	32
周恩来留胡子的故事	34
欢迎叶挺将军归来	42
关心教育下一代	45
邓大姐率队撤离延安	51
周副主席在西柏坡	58
初到香山的日子	78
周副主席在香山	83
周总理与张治中	92
参观瀛台	101
西花厅的土冷气	104
周总理关心毛主席	105
周副主席与开国大典	108
一套呢子中山服引发的故事	116
周总理尊重关爱齐白石	121
周总理看望齐白石	123
我给周总理管家	124

西花厅第一次家宴·················128
关心北京城市建设·················132
周总理踢足球···················139
陪伴周总理终身的小药盒···············141
同志之间相互称同志好················143
周总理、邓大姐买公债················146
关于表的故事···················150
周总理与北京医院··················158
随周总理去日内瓦··················160
周总理宴请卓别林··················169
枫叶一片 寄上想念·················173
周总理给邓大姐买手表················175
周总理的一件憾事··················177
万隆之行
　——周恩来不避艰险参加亚非会议纪实········180
妇女的领袖 慈祥的母亲···············204
开一代新风····················209
周恩来总理的标准像·················213
访问柬埔寨（一）··················216
访问柬埔寨（二）··················220
为了和平和友谊
　——忆周恩来总理在云南的外交活动·········223
向楼外楼厨师道歉··················240
陈毅副总理请客···················242
周总理与北京的远景规划···············245
周恩来总理谈坐飞机历险记··············247
忆周总理一次火热的调查
　——1958年7月在广东、上海············251

目 录

周总理在黄河大桥上 …………………………………… 278
领袖们的言传和身教
　　——在三年困难时期 ………………………………… 281
周总理和人民同甘共苦 ………………………………… 287
省吃俭用宴佳宾 ………………………………………… 291
忆陈云同志几件事 ……………………………………… 293
访问尼泊尔历险
　　——尼泊尔飞机试航夭折 …………………………… 300
王震要猎枪 ……………………………………………… 303
访问越南　异地降落 …………………………………… 305
阜成门车险
　　——周恩来乘车遇险纪实 …………………………… 309
随周总理上庐山 ………………………………………… 318
周恩来总理在南昌 ……………………………………… 331
周总理买手表 …………………………………………… 341
周总理过春节 …………………………………………… 344
给我改错别字 …………………………………………… 348
访问非洲等国 …………………………………………… 350
一次寒冷的考验 ………………………………………… 373
周总理三保陈老总
　　——我所经历的"文革"轶事 ……………………… 377
祸从天降
　　——江青发难 ………………………………………… 383
两件珍贵的礼品 ………………………………………… 390
延河坠马
　　——周恩来断臂事故纪实 …………………………… 392

3

1950年春节,西花厅大家庭合影。前排左1成元功、左2王泓(抱小孩)、左4罗迪、左5陈楚平、左6杨超。

回忆延安生活片断

1941年夏末秋初,我们八路军120师有两个新兵营调往延安。从延安来接我们的是延安留守兵团锄奸部部长丁荣昌。他率领我们从晋西北出发,由佳县渡口过了黄河,经过几天的行军到了延安,住在宝塔山下的几孔窑洞里。为了招待我们,头一顿饭吃白面馒头,每人还有一碗放了肉片的菜,大家高兴极了。饭后宣布放假三天,各单位以排为单位可以上街自由活动。

第二天,排长带我们先登上宝塔山,眺望延安的全景。只见一个不大的小城,一半城墙筑在山上,城里几乎没有一座完整的房子。据排长介绍,1938年这里曾被日本鬼子的飞机轰炸过多次,现在城里很少有人住,机关、学校都在城外山沟中的窑洞里。随后,排长又带我们逛了城南门外的新市场。这里是当时延安唯一的贸易活动中心,主要是卖土特产和生活用品。全排除了一个人买了几粒小糖球解馋外,其他人什么也没买。因为那时大家津贴都很少,谁手里都没有多少钱,就是有几个钱也舍不得花。

逛完新市场,随后穿城而过。全城几乎被日本鬼子飞机炸成一片废墟,只有一条弯弯曲曲能走的道,路面是用石块砌的。两旁的房子都坍塌了,变成了乱石瓦砾堆,连一棵树也没有。我们磕磕绊绊出了北门,就看到了延河,延河两岸全是沙滩,看上去很荒凉。排长指着左前方说,那里是联防司令部,贺龙司令员就住在那里。又指着右前方说,那里是杨家岭,是党中央毛主席办公和住的地方。河东边叫王家坪，是朱德总司令办公和住的地方。我们返回驻地时，没有走原来的路，而是过了延河往东走，经过王家坪门前往回绕。王家坪两边都是山，只能从两山中间的土路出入。大门两侧有土围墙。大门口挂着两块木牌子，左边那块写着"国民革命军第十八集团军总司令部"，右边那块写着"国民革命军第二战区副司令长官总部"。门口有个站岗的哨兵，右肩腋下挎着驳壳枪，左肩背后斜背着一把大刀片，腰里围着子弹带，来回游动，看样子很是威武。

  返回驻地已经是中午了。吃罢午饭，我正在午休，排长对我说，营长叫你到营部去。到了营部，延安留守兵团锄奸部丁荣昌部长的警卫员范玉林也在场，他一见我就说："小成，你到丁部长那里去工作吧，丁部长挺喜欢你。"当时，我不知如何是好。我看了看营长，营长笑着说："既然丁部长喜欢你，你就去吧，到那里也可多学些东西。"其实，丁部长喜欢我也没别的，就是因为我们营部从佳县到延安，一路上都和丁部长他们住在一起，我作为营部通讯员，对丁部长照顾得多一些，周到一些。照顾好领导人，也是人之常情，不想竟被丁部长看上了。

  锄奸部也是当时中央军委总政治部的军法处，驻地在大便沟的后沟。部长直接管辖三个科，还有一个看守所，关押着20多名犯人，多数是刑事犯。加上工作人员家属，总共有50多人。我在锄奸部主要是给部长做后勤工作，几个月后，范玉林调走了，他把枪交给我，丁部长的警卫和后勤就由我一个人承担了。1942年丁部长去中央党校学习，带我到了中央党校。

  延安到处是山，能耕种的地很少，土地瘠薄，产量不高，历来是个穷困地区。加之当时国民党封锁，人口增加，物资极端短缺，只能实行低标准的供给制：每人每月45斤小米、半斤油。吃公粮是收什么吃什么。到丰收时光吃白面，早上片汤，中午馒头，晚饭疙瘩汤，要吃一个多月。睡的是土炕，铺的杂草再盖上席子。小土布棉被6年发一次，棉衣3年发一次，而且是以旧换新，单衣一年发半套（发一套则要求参加生产劳动并上缴一半的钱）。津贴很少，可以说是象征性的。当时我每月发的津贴只够买两支铅笔。其他生活用品有就发，没有就不发。每年过冬，每人发2～3斤羊毛，自己想办法解决穿用。

没有任务的时候，机关就组织我们学文化，没有纸和笔，就撅根小木棍在地上练写字。没有鞋穿，夏天就用破麻绳打草鞋，冬天就用布自己做布鞋，或者用毛线钩毛线鞋。没有袜子和手套，就用毛线自己学着织。所以，一入秋，大家就忙着捻毛线，织毛衣毛袜毛手套。正因如此，当年在延安呆过的人，几乎没有人不会打草鞋、捻毛线、织毛衣毛袜毛手套的，我都学会了。

当时虽然生活苦点，但面对日本鬼子的侵略，国民党反动派的封锁，谁都没有怨言。特别是在最困难的时候，党中央、毛主席号召："自己动手，丰衣足食"，开展大生产运动，大家的热情都很高。尤其是1943年通过整风学习，大家提高了思想觉悟，认识到只有开展大生产运动，才能克服困难，战胜困难，过上丰衣足食的日子。当时每个单位几乎都是三个人的工作两个人干，抽出一个人去搞生产。各尽所能，充分发挥每个人的聪明才智。就拿我所在的中央党校二部来说，我们就成立了卷烟厂、制墨厂、熟皮生产小组、养猪厂、豆腐房。另外，还抽出了二三十名青壮年到崂山去开荒种地、烧木炭，还发动在工作岗位上的同志利用空闲时间种蔬菜。

通过轰轰烈烈的大生产运动，丰衣足食的目标很快达到了，加之参加生产可以分红，这样一来生活改善了，津贴多了，人人都有钱用了，个人可以上街找裁缝做衣服，有的人有钱就下小饭馆了。在丰衣足食的同时，党中央又号召"耕三余一"，就是经过三年生产做到够四年吃的和用的。实行的结果，有的单位做到了耕二余一。1947年蒋介石派几十万大军进攻延安时，后勤部门曾向周副主席报告，说"供给部门有几百桶汽油，党校有十几万斤粮食……运不出去"，就足以说明这次大生产运动所创造的辉煌业绩。可以说这次大生产运动，既改善了生活，又锻炼了人。

党校学员是来自各个解放区部队的营团干部，在1945年党的"七大"以后，准备学习后回到各自部队。当时信息通讯很落后，全党校只有两部电话。8月上旬的一天，刚吹过自习号不久，党校从美军观察组得知：日本无条件投降了。怎么能将这个好消息尽快通知大家呢？总务处副处长陆华说，赶快叫司号员刘厚昌来吹紧急集合号，把这个好消息告诉大家。学员们集合听到这个好消息，顿时大便沟广场像开了锅似的热闹起来，大家跳呀、叫呀、笑呀，把心里对日本鬼子的怒火和抗战胜利的喜悦全部爆发出来了。特别是美国观察组的几个人，把电筒挂在身后的皮带上，和大家一起扭秧歌。

第二天党校开会。由于日本投降，党校学习要结束，学员不再回原部队，由组织上重新分配工作，大部分学员要到东北部队去。我也打报告请求到东北去。

我给周恩来同志当警卫

我是1940年参加八路军120师新兵营当通讯员的。参军后在地方打游击一年多，参加了百团大战。于1941年秋随部队到延安，被分配到留守兵团锄奸部给部长丁荣昌当勤务、警卫员（当时警卫员称特务员）。1942年底丁荣昌部长进中央党校学习，我随他到中央党校。在党校学员过集体生活，首长的随行人员组成青年队，分管警卫、生活服务和生产等项任务。1943年初我被分配在党校二部，在中灶食堂任小队长，为学员服务。

1945年8月，日本无条件投降的消息传来，轰动了全党校。党校学员来自全国各解放区，这时都要回到前方去，但重点是去东北，因为东北是苏联老大哥在那里，有便利条件。党校根据我的志愿分配到东北组。我做好了长途行军的一切准备。

情况突变。9月初的一天下午，我正在篮球场打篮球，总务处的公务员小李对我说，陆华副处长请你到他办公室去一下，有急事找你。我带着满身大汗从球场直接来到陆副处长办公室，在门口喊了一声报告，进房后敬礼。陆副处长很客气，要我坐下还给我倒了一杯水。问了一下我身体情况后说：原来批准你去东北工作，现在情况有点变化，今天校部来电话，决定调你到中央办公厅去到周副主席处工作，你有什么意见？面对这突然的变化，我未加思索地回答，我还是愿意去东北工作。陆说，这是校务部根据你在这几年工作表现才决定选调你去的。已经决定了,不能再变了。紧接着给我提出三点要求:一、周副主席处的工作很重要,你一定要安心把工作做好;二、要注意保密,不要对外乱写信谈首长和机关内部的情况;三、工作要求很急,明天你就去报到!我说保证做到。陆处长拿出早已写好的介绍信对我说,明天你拿这信去杨家岭中央办公厅报到。今天晚上你召开个小队会,把工作交代一下。你们小队今后指定孙金泉负责,你可说临时决定调你到校部另行安排工作,我接信敬礼后告别。在回来的路上,我看介绍信的信封是用旧报纸糊的,没有封口,我拿出信纸见上面只有简单的几行字:中央办公厅:兹介绍成元功同志去你处工作,该同志现年19岁,中共正式党员……落款是中央党校校务部,再看日期是两天前就写好的。次日早饭后,我背着背包和同志们告别后向杨家岭走去。我边走边想,杨家岭是毛主席、党中央所在地,哨兵一定很多,大门口哨兵不让进去怎么办?见了同志要敬礼,走着走着回头再看看原来工作过的地方。这时发现后边百米处有一人赶着毛驴驮着两桶水走来,早已听说过,这是每天给毛主席和中央领导同志驮水的,每天上下午各一趟。这时我心里想,我求助他带我去中央办公厅,如能得到他的指点就好办了,我就停步等待着。见了驮水者,先敬礼然后说明我要去中央办公厅报到工作,问他带我去可以吗?他看了介绍信后说,走吧,没问题。我们就在办公厅楼旁烧水。我们边走边谈,通过几句对话,互相心里明白,都是老西儿。他先自我介绍说,他叫乔巨英,是山西可岚人,然后问我你是哪个县的?我说我是文水的,我们是老乡。进了杨家岭,让我惊奇的是并没有发现我想象中的围墙、岗哨林立的景象。到了杨家岭区域内,边走老乔边给我介绍,指着说,这是给首长养马的地方,以后要骑马就到这里来要;这是大灶食堂,我们都在这里吃饭;这是中央大礼堂,"七大"就是在这里召开的。最后,他带我到办公厅楼上报到。办公厅田畴科长接待我后，让同事把我送到周副主席的住处，交给龙潜秘书。龙秘书简单谈了一下，把我安排住下，在介绍完驻地情况后，让我去见邓颖超同志。

第一次见首长，我带着紧张的心情，在窑洞门外整了整衣帽，喊了声：报告！进窑洞后敬了一个礼。邓颖超同志很热情，主动同我握手，让我坐下。她见我紧张的表情，就先同我拉家常说，你愿意来我们这里工作吗？我答愿意，做得不好时请首长多指正。她说以后我们就和一家人一样，以后进门不要再喊报告了，可用手轻轻敲敲门就是了。见面不要敬礼了，也不要叫首长，以后你就叫我大姐吧，我叫你小成。你是共产党员，我也是共产党员，我们都是同志。大姐问：你是山西什么县的？我回答：山西文水县的。她开玩笑似地说，我们这里前几天刚调走了一个你们山西孝义的同志叫刘勇，他一定要回前方去工作，我们尊重他的要求。今天又来了一个山西人。我们枣园办事处还有一个同志是你们山西左权县的叫侯权，看来我们和山西人有缘分。她又问我，听说你在党校工作得很好，都受过什么奖励？我想她已看过我的档案材料，只好如实回答，在党校三年来，三次被选为模范工作者，一次学习模范。又问，给了你哪些奖品？答：只留下有一张毛主席亲笔题字的奖状，其他的有的用了，准备去前方，有的就烧了。大姐又说，明天把毛主席题字的奖状拿给我看看。经过谈家常打消了我初次见首长的紧张心情。

邓大姐给我讲为人民服务

邓大姐对我说：你愿意来我们这里工作很好，欢迎你。我们都是共产党员，都是平等的同志关系，我们就像一家人一样。在我们革命的大家庭里，同志间的关系都是平等的。工作中只是不同的分工，但都是为人民服务的。没有做饭的同志行吗？没有喂马的不行，没有开车的不行，没有种菜的不行，没有理发员同志也不行。你想各行各业少了哪一行都不行。一部好的机器少了一个螺丝钉都不能运转。我们这里有秘书，有你们帮助我们工作，这也是不同的分工。扫地、洗衣服我们也可以做，但你帮助我们，我们就可以有时间做些更重要的工作，这样对革命不是更有利嘛。所以说在革命的大家庭里，无论前后方的每一项工作，都是革命工作不同的分工。邓大姐这次简要的谈话，是我参加工作以来第一次听到的最有教育意义的政治课。它使我懂得了为人民服务的道理。

接着她给我谈工作，她说现在恩来同志不在，你、我和龙秘书就我们三个人，你每天清理一次三个窑洞的卫生，打开水，下午擦一下灯罩，一个星期洗一次衣服，有时送送信等。我和恩来，我们生活很有规律。明天我带你做一次。她顺手从书架上拿了一本书给我说，你有空时学习多看看书。这本书是毛主席写的《改造我们的学习》。

午饭后她从食堂回来，让我去水房打一壶开水。她亲自泡茶，并教我先用水把杯子洗一下，放上茶叶再倒开水，以后就这么做。又教我擦灯罩，我说我已擦好了。她看了看说不行，问我你拿什么擦的？我说用报纸。她说你房里门后有块专擦灯罩的布，每次要把灯芯先捻高，再把灯芯修剪成圆形，这样灯就特别亮。

次日早饭后，邓大姐手把手地教我工作。我等邓大姐起床后，给打好漱口洗脸水。她在洗脸时对我说，你先不要收拾房里的卫生，等我从食堂吃饭回来再教你收拾。

我坐在屋子里通过窗户上仅有的一尺见方的一块玻璃看

着，等邓大姐回来教我工作。见她回来我就迎了出去。她说我教你如何泡茶，你去把开水壶提来，她指一个白瓷缸子说，我和恩来不吸烟，但每天要喝两杯茶。第一次是早饭后，第二次是晚饭后，这是我们多年的习惯。并指给我看就放这么多茶叶。她补充说，恩来和我只是作息时间不同，但生活习惯都一样。

晚上我躺在床上，回忆思想上的变化和收获，从走出党校大门时，对未来心中无数，像十五个吊桶打水七上八下的，很不安。到路遇驮水人帮了我的大忙，带我顺利地到达中央办公厅，还给我介绍了不少情况。使人感到一切都像是事先安排好了的，连我在党校的工作情况都知道。因此可以说一切都很顺利，同时感到很受教育。这是我参加工作几年来第一次听到的最感人的政治课——为人民服务，第一次看到毛主席的书——《改造我们的学习》，第一次亲身体会到中央首长对下级如同家人般的关怀和帮助。

又过了一天，早晨我早早地起来，洗漱后打好水，边看书边等着首长起床。大约7时半左右邓大姐起床了，我及时给打好热的洗脸和漱口水。一会儿，她拿着洗脸盆和漱口缸子到我住的屋里说，今天我自己来打洗脸、漱口水，以后你照这样给我们打洗脸、漱口水。她边倒水边说，我和恩来一年四季洗脸都用冷水，漱口水只是冬天才用温水。洗漱后把我用过的水倒掉，洗一下脸盆再打一盆凉水放下备用。她说我到食堂吃饭，你去打开水等我回来一起搞卫生。她吃饭回来说，你照昨天那样泡一杯茶。半小时后叫我和她一起去搞卫生。在搞卫生过程中，她说你看着以后这样叠被子，先扫一下床，叠被子时，外边的一折要放在上面，这样用起来方便，你的被子也可以这样叠，叠完上面盖上罩单，然后再扫地和做其他工作。

她手把手地教我从早到晚一天的工作。从早晨打洗脸漱口水、叠被子、扫地到收拾房间，都是邓大姐亲自做给我看，让我以后照着做。联想第一天的工作，使我今后如何做工作心中有了数。她还特地讲了周副主席生活中的不同要求及如何做。有一个白瓷缸子，邓大姐特地做了交代。她说，这缸子是专为恩来煮牛奶和做夜餐用的。他有时睡得很晚，晚上12点左右要吃点东西，就用这个缸子煮牛奶、热饭。同时她介绍说，按规定恩来每天有一磅牛奶，我有半磅牛奶，我不吃牛奶就送人了。恩来回来你每天早上到内收发室去拿牛奶，给他煮好吃。

　　两天来在邓大姐手把手地教育和介绍下，使我了解了工作的全面情况和做法。我初步感受，周副主席、邓大姐一个是中央政治局常委、副主席，一个是中央候补委员，但他们的生活非常简朴。邓大姐的办公室里只有一个办公用的三屉桌和一个木椅子，再就是一个盛放她和周副主席换洗衣服的旧木箱，除此再没有别的东西了。

　　隔壁是周副主席办公室，窑洞里有一个大一些的三屉桌、两把木椅子、一个小书架，桌上有一部手摇电话。一个木脸盆架是两人共用的，门、窗上糊的是白纸，连玻璃都没有。吃饭去食堂，周副主席吃早点和夜餐就在办公桌上吃。两人共用一个洗脚盆，共用一个木躺椅，共用一部电话。连一个手电筒、暖水瓶都没有。晚上上厕所都是自己提上马灯去。墙壁上钉块木条，上面钉上几个钉子就是衣架。这就是中央常委副主席周恩来和邓颖超同志的家。

　　第三天，早饭后，邓大姐对我说，今天再交代你几件事：第一，这里有几件衣服请你给洗一洗，又补充说，以后我们要洗的衣服就放在洗脚盆里，凡是未放在洗脚盆里的衣物你不要洗。第二，恩来回来有三件事你要帮他做：一是他穿的鞋每天早晨你给扫一下上面的土；二是早晨他洗脸时，给他旁边放一壶开水,他刮脸要用;三是恩来交你办的事,听清楚……再做,办完后一定要有回话。

几天来,邓大姐把我要做的工作和他们的生活习惯、要求及注意事项做了全面的交代。最后说,我们没有小孩,也没有多少东西,我们的家以后就请你来帮我们管好了。我认为两位首长的特点,一是生活很有规律性,二是非常简朴且平易近人。像长辈对待小孩一样,待我像一家人一样温暖。在两位首长处工作,工作人员要求严、精、少。一般情况下只要两个人,一个侧重内,一个侧重外,内勤和警卫只有原则分工,但警卫必须做内勤工作。

一次难忘的身教

一次难忘的言传身教,虽是 60 年前的一件小事,但至今记忆犹新。那是我刚调到杨家岭工作不久,约在 10 月下旬,这时延安早晚已有点初冬的味道。我住的是西平房,左、右和对面都是高山,很少能见到阳光,比较阴。为了保证首长喝茶,我都是提前吃饭,饭后坐在面对院门的桌前等候,一边看书,首长一回来就及时把茶水送去。一天晚饭后,我把灯罩擦好,茶缸子和水准备好,坐在那里看书,等邓大姐从食堂吃饭回来。以往都是我拿着加好水的茶缸和灯送到办公室,今天回来不见我送茶和灯,她便来到我的住房一看,我趴在桌子上睡着了。她没有叫我,而是见我身上没盖东西,怕我感冒,她轻轻地把挂在墙上的衣服取下,给我盖在身上。自己给茶缸里加好水并拿上灯,到办公室去了。我一觉睡了两个多小时,醒来时天已黑了,发现身上披了一件衣服,再一看茶缸和煤油灯也不见了。再看邓大姐已在办公室办公了,心想这下可坏了,睡觉误了工作，一定会受批评的。到院子里看了看龙秘书也不在，全院就我和邓大姐两个人。这时我全明白了，衣服是邓大姐给我披的。这时越想越感到内疚，我睡觉误了工作，反而给首长添了麻烦，我鼓起勇气去主动认错检讨。在办公室门口，我轻轻地敲了敲门进去，正要自我检讨，还没等我开口，邓大姐先说话了，她说现在天凉了，以后坐下看书要披件衣服，防止感冒。她知道我要检讨，就紧接着说，去给我茶缸里兑点水。我本来是去检讨睡觉误了工作的，可是一句话一个字也没说，反而受到了亲切的关怀："天凉了，以后坐在房里看书要披件衣服，防止感冒。"这句亲切的关怀，至今记忆犹新。就这样，我连说一句话的机会也没有。事后我想邓大姐是革命老前辈，是妇女领袖之一。对我这个刚来不懂事的小青年，从政治上关心教育，工作上给予指导，生活上予以关心，使我体会到革命大家庭的温暖，受到了胜过父母般温暖的爱，使我终生难忘。

邓大姐要我查体　我割盲肠

1945年10月下旬，一天邓大姐对我说，下月份你同我们一起去重庆。最近你抽空去中央医院检查一下，有什么病早做治疗，在这里治疗方便。并说收拾一下东西，重庆比这里暖，棉被那里有就不要带了。用不着棉衣，穿夹衣和毛衣就行了。那时我每天打篮球，很健康，别人提醒我有没有盲肠炎？有，最好割掉。我说管它有没有，下决心割掉。第一次检查我提出割盲肠，大夫说没发炎不要割。那时我根本不知道盲肠长在什么位置，后来才知道盲肠的位置，第二次去要求割盲肠。医生检查按压盲肠的部位时我说疼，这样就同意给我割盲肠了。11月

5日住院,6日动手术,为赶在周副主席17日回延安,我14日出的院。

第一次见到周副主席

1945年11月17日下午,周恩来副主席乘飞机回到延安,朱总司令、中央办公厅主任杨尚昆、博古同志和邓大姐、龙秘书到机场迎接,我在家等候。周副主席和邓大姐到家进办公室后,我按邓大姐教的办法,泡了一缸子茶送去。一进办公室,邓大姐说,这就是刚来的成元功同志,周副主席面带笑容主动跟我握手,说欢迎你来。在周副主席回延安的一个月中,他每天都是很晚睡觉。每天晚上都是吃杯牛奶和几块饼干。

12月16日,周副主席和中共代表团乘飞机去重庆。到达机场后发现有一个文件龙秘书忘在家里了,要我回去取。结果没赶上飞机,我晚走了几天。

我给周恩来同志当警卫

1951年周恩来在大连休养。左一为成元功。

随周副主席去国统区工作

1945年12月，国共和谈，以周恩来副主席为首的中共代表团，从延安前往抗战时期的国民政府陪都重庆。代表团其他成员有董必武、叶剑英、秦邦宪、陆定一、王若飞、吴玉章、邓颖超。我作为中共代表团的工作人员随行前往。

1946年春，国民政府决定还都南京。随着国民政府还都，中共代表团也于5月3日来到南京。同年11月13日，国民党不顾中国共产党和各民主党派及全国人民的反对，由国民党一党包办，召开了伪国民大会，导致国共第二次和谈破裂。中共代表团于11月18日撤离南京回到延安。中共代表团在国民党统治区的时间虽然不长，总共将近一年，但有几件事却给我留下了深刻的印象。

第一件是第一次坐飞机

我是1945年12月下旬乘飞机从延安去重庆的。

1945年12月16日，我作为代表团的工作人员，随周恩来及中共代表团成员，一起从延安乘飞机飞往重庆，去和国民党进行第二次和平谈判，即历史上所称的"国共二次和谈"或称"重庆谈判"。代表团成员除周副主席外，还有叶剑英、吴玉章、秦邦宪、王若飞、邓颖超。到达机场后，周副主席的秘书龙潜发现有包重要文件放在办公室桌上忘了带，要我坐汽车回去取。等我以最快的速度赶回杨家岭,拿上文件,又返回机场时,飞机已经起飞了,我的行李也被带走了。没赶上飞机只好留下,等待下一次飞机的到来。

1945年8月28日周恩来抵达重庆时

一个星期后,也即12月下旬,美国驻延安观察组的班机回重庆,我和另外两个同志搭乘这架美国班机去了重庆。

我这是第一次坐飞机。没坐飞机以前,我曾羡慕坐过飞机的同志,总觉得坐飞机一定很好玩,可以在空中仰望蓝天,俯视大地，别有一番滋味。万万没想到，我头一次坐飞机，就受够了洋罪。一来我们坐的是一架美国小型运输机，机舱没有密封，更没有现代化的暖气，只有几个铁座位；二来我的棉大衣已经打在行李里边被上次代表团乘坐的飞机带走了，在杨家岭等待的这几天，借穿的是乔巨英同志的棉大衣，临行前我又还给了他。一上飞机，就感到有些冷。飞机升空后，经过秦岭时，机舱里就更冷了，冷得就像冰窖。我和另外那两个同志，只好瑟缩在硬邦邦的座位上，根本没有心绪从窗口里去欣赏蓝天和大地，更不用说那变幻莫测的云层了。

飞机经过四个多小时的飞行，在下午6时左右才到达重庆白市驿机场。这时我们三个人都感冒了。

白市驿机场是美军的军事基地，下飞机后，没有人来接我们。我又带着两支驳壳枪，不便行动。三人经过商量，由我留下看守行李，其他两人去打电话和八路军驻重庆红岩办事处联系，请他们派汽车来机场接我们。

他们走后，我便一个人留在行李堆旁看守行李。这时，天又下起了毛毛雨。重庆本来电力不足，在毛毛细雨中，电灯就像个发着红光的小火球。我是头一次出门到大城市，又是在机场，人生地不熟，既不敢轻易走动，又怕国民党特务前来盘问，肚子饿得咕咕直叫，我只好在濛濛的细雨中，忍饥受饿坐在行李上等啊等，一直等了有两个小时，那两个同志和来接我们的汽车才赶来。我们把行李放到车上，然后上车坐好后，汽车才开出白市驿机场，向重庆市区驶去。等我们到达中共代表团驻地时，已经是晚上9点多了。得知我们尚未吃饭，伙房管理员特地到街上给我们买了三碗阳春面（肉丝面）。

第二件是重庆市有两多一少

所谓两多，一是重庆特务多。搞特务统治，这是国民党的一大特点。特务机关不但有戴笠的军统，还有陈立夫、陈果夫的中统。不但宪兵有、交警有、各军政机关有，而且工厂、学校也有，真可谓特务遍布，多如牛毛。他们不但监视、跟踪我办事处、代表团人员，连各民主党派进步人士、社会贤达和一切接近我们的人也跟踪，甚至跟踪、监视国民党本身军政机关中的所谓异己分子。如有人突然失踪或者被杀，不用问，那肯定是国民党特务干的。

我代表团驻地周围更是布满了特务的据点。我到达重庆的第二天，有关同志就向我做了介绍，并指给我看，说哪几处是军统设在我们驻地周围的特务机关，还说，我们驻地对面的茶馆、洗衣店等就是特务为监视我们的行踪专门设的点，那里整天都有几个特务在盯着我们。此外，街上还有修鞋的，卖烟、卖糖的都是特务设的点。他们不光监视、跟踪我们，还监视、跟踪进出办事处的其他人。你走到哪里，他们跟到哪里。你步行，他也步行，你坐汽车，他也会用汽车跟上去。我们通常管他们叫"尾巴"。有关同志还告诉我，我们外出一般要两个人同行，不能单独行动，一旦遇上特务找茬儿，你就大喊大叫，特务抓人啦，并说你是中共代表团的，叫什么名字，这样群众很快就会为我们通风报信的，千万不能一声不吭跟他们走，要想办法甩掉他们。还有，打电话也会有特务监听，所以规定，有重要事情，不准在电话里讲。

二是重庆老鼠多。多得就像特务一样，随处可见，而且人人受害。你口袋里千万不能装吃的东西，如果装了，不论你放在什么地方，就是挂在墙上或衣架上，用不了多久，口袋都会被老鼠咬破，吃掉装的东西。它们不光到处出没找吃的东西，甚至咬人、咬电线、咬书报。小孩睡觉被咬耳朵、鼻子，书报被啃得豁豁牙是常有的事，至于电线就甭说了，常常是晚上开电灯还好好的，第二天早上一开灯就不亮了，你上顶棚去查吧，准是老鼠干的好事，它把电线给咬断了。

那时重庆的房子包括楼房，内外墙都是用竹皮编的，里边是空心的，所以老鼠到处通行无阻，打也打不净。它们不光夜里出没，就是大白天也会在房间里钻来钻去，甚至有时还能看到它们沿着单股电线，像走钢丝似地从这幢楼房爬向另一幢楼房。人们对它们恨透了，但又没有办法对付它们。

一少，就是重庆交通工具少。重庆是个山城，路窄阴雨多，出门就爬坡。没有公共汽车，也没有自行车，一般市民出行全靠两条腿。一切日用生活必需品，像柴、煤、米、面，包括各种建筑材料，全靠肩挑背扛。

重庆市民特别能吃苦，有些妇女背上背着小孩还挑着担子叫卖或做工。尤其是在阴雨天，他们头戴斗笠，身披蓑衣，为了谋生真是风雨无阻，就是寒冷的冬天，他们光着脚板照样沿街叫卖或打工。

尤其让人看不惯的是那些达官、大亨、贵夫人和小姐。他们身穿长袍马褂或华丽的旗袍，足蹬皮鞋，神气十足地坐在黄包车上。而那些拉车者则头戴斗笠、衣不蔽体，光着脚板奔走。上坡时，他们不但弯腰弓背，脚下用上吃奶的力气，一步一步很艰难地往前挨，下坡时还要一溜小跑，嘴里不住地唤着"来哟，来哟"，让人们给他让路，以免把人撞着。就这样，他们一天也挣不了多少钱，只能勉强糊口。

第三件是周副主席三次遇险

第一次是较场口事件

1946年1月31日,政治协商会议经过激烈的争论和斗争,在我方做出了很大让步之后达成协议,闭幕了。会议通过了政府组织、国民大会、民主建国、军事问题,以及宪法草案等五项决议。

2月10日上午9时,重庆各界人士、社会团体和大专院校师生数千人,在较场口广场集会,庆祝政协会议成功,我代表团也去了一些人参加,周副主席因在家有约会未去。9点半钟左右,我去参加集会的同志气喘吁吁地跑回来报告说,较场口大会出事了。大会一开始,就有一个特务跳上主席台,自称是大会总主席,宣布大会开始,并将话筒扔下主席台。紧接着混在人群中的有组织的特务、暴徒,冲上主席台,推倒桌椅板凳,并挥舞棍棒大打出手,将大会主席李公朴、主席团成员,以及大会特邀代表郭沫若、马寅初、施复亮、李德全等人打伤,还打伤群众数十人。

周副主席听了汇报后非常气愤,当即终止约会要去较场口,大家劝他不要去,说在混乱中即便去了也不一定能解决问题。周副主席说,特务横行,爱国人士被打,我不能看着不管呀。说罢喊上副官何谦、颜太龙就走。为安全起见,龙飞虎、朱友学带上驳壳枪也跟去了。邓大姐和我们焦急地等着,一个小时过去了,仍不见人回来。我们便打电话给新华日报营业部,让他们派人到较场口现场探听一下情况。20分钟后,营业部的人汇报说,较场口情况混乱,在现场未看见周副主席。邓大姐和我们提着心继续等待,一直等到11点多,周副主席终于回到了代表团驻地。他回到驻地的第一句话就是,这是国民党破坏政协刚刚达成的决议,是反苏反共的开始。下午,邓大姐召集龙飞虎、何谦和我开会,听取上午龙飞虎、何谦他们随周副主席去较场口情况的汇报。何谦说:我们赶到现场时,现场混乱不堪,特务、暴徒还在行凶打人。见我们去了,就像疯狗似地围了过来。周副主席下车后,愤怒地斥责那些特务、暴徒,谁让你们这样干的,是谁指使你们这样打人的?特务、暴徒们不但不听,有几个家伙反而掏出了手枪。在此情况下,我们四个人也掏出了枪对准特务,挡在周副主席面前,和那几个家伙冷眼相对,随时都有一触即发的可能。此时,周副主席却制止我们说,谁让你们这样做的?他们不讲理,我们要讲理嘛!只听那几个特务中的一个家伙说,他是周恩来。几个家伙一听周恩来的名字,似乎有所畏惧。冯玉祥将军的夫人李德全也是主席团成员。就在这时,冯玉祥副委员长得悉后赶来了,后面跟着全副武装人员的随车。冯玉祥接上他的夫人李德全走了,一句话也没说。代表团人员和红岩办事处去参加集会的人,也陆续赶来了。只听人群中传来一声长长的哨音,这是他们事先定好的暗号,那几个家伙和混在人群中的特务、暴徒,听到哨音一哄而散,逃之夭夭。

几个家伙一溜,周副主席立即走上主席台,慰问被特务、暴徒打伤的李公朴、郭沫若、马寅初、施复亮。马寅初不但受了伤,身上的西服也被扒走了。周副主席气愤地说,这次流血事件不是偶然的,是国民党破坏政协决议的阴谋。你们的血不会白流,通过这次事件,全国人民会进一步看清国民党顽固派假和平真打内战的面目。然后让我们的同志尽快将李公朴等人送医院治疗。

随后,周副主席乘车去宪兵司令部、国民党中央宣传部,向他们提出强烈抗议,并要求他们惩办破坏集会的罪魁祸首和打人凶手……再后,又去医院看望了李公朴、郭沫若、马寅初、施复亮等人。

听了何谦的汇报，邓大姐指示我们：国民党现在阴谋策划反苏反共，破坏政协决议，今天这个事件只是个开始。幸亏今天多去了几个人，才没有发生意外的问题。今后恩来去群众复杂的场合，你们一定要多去几个人，而且要和家里保持联系，今天和你们联系不上，把我急坏了。要向全体同志重申，要严格执行外出制度，外出必须坚持二人以上同行，不准单独行动。晚上尽量不外出，有紧急事情非外出不可，一定要提高警惕，保证安全。今天虽然我没去，但听了何谦同志的汇报后，甚为周副主席的安全担心。

较场口事件后的第三天，2月12日下午4时，我们就收到了一封恐吓信。信是写给周副主席的亲启信。因为周副主席有规定，凡是他的亲启信件，别人不准随便拆。由于周副主席和邓大姐、陆定一、廖承志代表代表团去医院探望较场口事件受伤人员未归，秘书处的工作人员郑文同志，就把它交给了我。并说信里有东西。因是亲启信，我们不能拆。我接过来一看，只见信封上写着："立交，周恩来亲启"几个字，右上方有三个"十"字，左下边是"10号"。我用手摸了摸，里边有块长圆形、一头尖一头平的硬金属，好像是子弹。我拿着去找龙飞虎，龙飞虎等几个人说，我们看过了，也说像子弹。由于是亲启信，按规定不能随便拆。天黑后，周副主席回到办公室，我把信交给了周副主席，并提醒他里边可能装有子弹。周副主席拆开信封，一粒子弹掉到了地板上。他一笑说，这又是特务搞的鬼。我把子弹拣起来说，交龙飞虎吧。周副主席说，先放一放吧。

第二天，新华日报便登了那封恐吓信和信封及那粒子弹的照片。恐吓信的内容是："恩来，你若要向蒋主席面谈这次事变，便请你尝尝这粒子弹之味！老实对你说，早就等你几回

了。现在不干你,请你先看看谁的手段高明吧。"最后署名是"冠英"。里边提的"蒋主席"是指蒋介石。从这封恐吓信不难看出,当时国民党特务的活动是何等猖狂!

第二次是反苏反共大游行

较场口事件不过是国民党反动派反苏反共的开始,紧接着就是更大的公开的反苏反共活动。根据我们得到的情报,国民党特务机关用金钱雇了一批暴徒,煽动和诱骗一些不明真相的学生,预谋于2月22日举行反苏反共大游行,冲砸我代表团驻地。事关重大,周副主席立即指示,代表团各处、室做好应急准备。

21日晚,周副主席在代表团驻地楼下小会客室,再次召集代表团各处、室负责人开会,检查应急工作落实情况。当龙飞虎汇报说,一切我们都准备好了,我们地处居高临下的位置,有石灰,有开水,他们冲不进来。如果特务、暴徒冲进来,我们就用石灰和开水对付他们。周副主席当即批评说,胡闹嘛!现在情况变了,皖南事变时我们是八路军办事处,蒋介石一翻脸就不认你了。现在我们是他请来的谈判代表团,我们的人身安全他国民党有责任给予保护。我们是共产党干部,和特务、暴徒拼命不值得。这次应急准备是防备万一特务、暴徒冲进来,我们要及早把机密文件、电台转移,不能落在特务、暴徒手里。明天早饭后,几位领导同志要出去避一避,其他同志留在家里不动。会后,周副主席亲自给国民党谈判代表张治中打了电话。他在电话中说:文白先生(张治中字文白),明天你们指使组织的所谓东北难民请愿游行,想你已经知道了吧?所谓请愿实际上是反苏反共,破坏和谈的行动。他们计划冲击中共代表团驻地,如果我代表团驻地被冲击,人员和物资受到损失,就是国民党向全国人民宣布和谈破裂。希望文白先生采取措施，制止这次破坏和谈的游行活动。

第二天早饭后，代表团几位主要领导都按计划外出了。周副主席又带上副官颜太龙、何谦去宪兵司令部找宪兵司令，要他对我代表团驻地加派岗哨。中午也没有回来。

那天，周副主席等出门后，我和服务员孙福生、秘书处郑文三个人站在楼前的小平台上，居高临下地观察外边的动静。9时后来了一班宪兵，在我代表团驻地门外加了两个岗哨，其余的停在百米以外待命。

9时半，游行队伍来到我代表团驻地门前，前边是20多个中学生，打着洋鼓，吹着洋号，后边的队伍稀稀拉拉，手里拿着五花八门的小旗。学生们唱着《义勇军进行曲》，群众队伍有喊反苏反共口号的，也有喊要苏军尽快撤出东北三省的。他们见门口有宪兵，没有敢冲击，派了两个年纪大些的把一封信交给我代表团传达室，队伍就离去了。当他们走过我代表团驻地不到100米的地方，我在平台上看得清清楚楚，有人站在路旁向一部分人发钱，很显然这一部分人是被特务雇用的。

我代表团驻地因宪兵司令部派来了宪兵，没出什么事，但我新华日报社营业部却遭到了国民党特务和暴徒的袭击。他们闯进营业部，捣毁了门窗，打伤了多人，还将书报杂志扔到了大街上。

事件发生后，当天晚上，周副主席就举行了记者招待会。会上首先由新华日报采访部主任石西民介绍了新华日报营业部被国民党特务打砸的经过，接着周副主席发表谈话，严厉谴责了国民党特务的暴行，指出这次事件与沧白堂、较场口的捣乱，都是国民党政府事前既未防范，事后也未采取措施，显然是国民党一手策划的，是国民党破坏和谈的铁证。最后，周副主席严正声明：中共始终为中国的和平、民主、建设的神圣事

业而奋斗，决不会因这些反动分子捣乱破坏而退却。同时，向国民党提出强烈抗议，要求国民党惩办凶手，撤销特务机关，赔偿新华日报营业部的损失，保证今后不再发生类似事件。

第三次是国民党特务企图打砸我代表团南京梅园新村驻地

1946年初，旧政协会议后，国民党政府由抗战时的陪都重庆还都南京。此时国共第二次和谈尚未破裂，以周副主席为首的中共代表团，也于5月3日由重庆迁往南京梅园新村17号和30号。梅园新村30号原是私人别墅，面积不大，国民党特务在周围设了许多监视点，监视我代表团的活动。周副主席住30号，与30号一墙之隔的二层小楼，就是国民党特务的监视点，其周围还有四五处。

当时的形势非常严峻，国民党反苏反共进攻解放区不断升级，比其在还都前还要猖狂。6月下旬，国民党特务网络了苏北许多逃亡地主和一些流氓地痞，打算在28日到我代表团驻地梅园新村游行请愿，并内定冲击和打砸我代表团驻地。27日，我们获悉这一情报后，周副主席于当天下午即召集紧急会议，进行严密部署。这次所谓苏北难民游行，又是国民党一手操纵策划的，是对我代表团的又一次挑衅，我们决不能掉以轻心，等闲视之。当前，国民党正在加紧反苏反共，大举进攻我解放区。三天前他们刚刚制造了下关惨案，现在又准备打砸我代表团驻地，是想逼我们撤走，然后制造谣言把国共两党和谈破裂的责任，转嫁到我们头上，我们要挫败他们，决不能让他们的阴谋得逞。

周副主席所说的下关惨案，即6月25日发生在南京下关火车站，国民党特务包围毒打马叙伦等人的事件。这年6月，国民党政府在美帝国主义支持下向解放区大举进攻，挑起全面内战，激起全国人民的愤怒。25日，上海工人、学生和各界人士 10 万人举行反对内战要求和平的游行示威,并推选马叙伦、盛丕华等 11 人为代表,奔赴南京向国民党政府请愿呼吁和平。代表们到达下关车站,一下火车即遭到国民党特务的包围毒打,马叙伦等多人受伤。

接着,周副主席进行了部署。他说,电台和机密文件都要安全转移;代表团人员除留少数人看家外,其他分别有组织地去玄武湖、灵谷寺,有亲友的可以去投靠亲友,中午不要回来;将所谓苏北难民准备来梅园新村游行请愿,并准备打砸我代表团的情况,通知宪兵司令部,要求他们派人来保证代表团驻地的安全;告诉各新闻单位和有关方面,请他们关注事态的发展。

当晚,周副主席又去 17 号院,对机要、军事、外事各组的落实情况逐一进行检查。我随周副主席走进 17 号院,正赶上 17 号院全体工作人员在食堂开会,布置第二天的行动。周副主席简要地讲了话,他再次强调,明天外出一定要三五个人一组,不得单独行动,而且要在下午 3 点钟以后回来。回来时先看看门上有没有彩旗,如有彩旗可进院。彩旗不在就说明出了问题,千万不可进院。

第二天早饭后,大家按照周副主席的指示,三五人一组陆续外出,多数人去了玄武湖,少数人去了灵谷寺。周副主席则改变以往的习惯,起了个大早,饭后带着副官何谦和龙飞虎去了莫愁湖。中午在莫愁湖吃了午饭,下午去拜访美国特使马歇尔。

这天,我和戈茂、张晓娃等四个人去的玄武湖。我们虽然呆在玄武湖,却一直惦记着家里,惦记着周副主席,特别是惦记着在家里留守的同志,生怕出什么意外。2 月 10 日发生的较场口事件,三天前发生的下关惨案,无一不说明国民党特务是什么都干得出来的。我们拎着心,好不容易挨到下午 3 点以后才从玄武湖往回返,直到走进梅园新村,远远地看到代表团驻地门楼上彩旗在风中猎猎飘扬,这才把心放下,大踏步地返回驻地。

据留守的同志汇报,上午确有几百个所谓苏北难民在国民党特务的鼓动和指挥下,要搞所谓集会游行,由于上午宪兵司令部派来一个排的宪兵,新闻单位又来了十几名新闻记者,带着摄影机和照相机,等着这场闹剧上演。特别是国民党怕把事情闹大,控制不了局面,所以这些特务和所谓苏北难民,只在国府路东方中学集会,狂呼乱叫了一阵反动口号就解散了,没有来我代表团驻地冲击和打砸。

这次所谓苏北难民集会游行和上一次由国民党特务组织的反苏反共大游行,企图冲击、打砸我代表团驻地的阴谋未能得逞,都是周副主席审时度势,采取果断措施的结果。当然,也充分展现了周副主席处理各类危难复杂问题的才能。

周恩来的一件西服上衣

随周副主席去国统区工作

南京梅园

模范夫妻之间
——邓大姐为周副主席做手绢

1945年11月中,周副主席从重庆回到延安,临时走得匆忙,忘了带手绢。周副主席有个习惯,从来只用白手绢,我们每天给换一次。邓大姐发现没带备用手绢,便找了一块白布,给周副主席做了两块手绢。这两块手绢做得非常细致、漂亮。她按照手绢大小裁好了布,再在离边一寸处抽掉几根经纬线,把边折回压好后,每隔3根线挑缝一针,缝得非常仔细,做好后同在外面买的一模一样,真是针针线线凝深情呀。前几年有位画家画了一张邓大姐为周总理补衣服的画,送给了邓大姐。邓大姐很喜欢那张画,但她说:"我没有给恩来补过衣服。"我在他们身边工作20多年,确实没有见过邓大姐给总理补过衣服,但做这两块手绢是我亲眼所见。手绢虽小,但却体现了模范夫妻之间的恩爱深情。

模范夫妻之间

1950年周恩来和邓颖超的银婚像

一粒米的故事

锄禾日当午,汗滴禾下土。

谁知盘中餐,粒粒皆辛苦。

这是唐代诗人李绅的悯农诗之一,由于它道出了农民生活的疾苦,一千多年来一直受到人们的重视,经久不衰。

我之所以提到这首诗,是因为周恩来总理体味最深刻,知道农民的辛苦,知道农民种粮的不易,从而非常珍视农民的劳动成果,珍视每一粒粮食。

1946年春,重庆旧政协会议后,国民党政府由抗战时的陪都重庆迁回南京。当时周总理是我党的副主席,又是我方同国民党谈判的代表团长,为便于双方和谈,自然也要从重庆迁往南京。周副主席和代表团其他几位主要成员,于5月3日从重庆乘飞机一起飞往南京。由于当时国民党各军政机关都要往南京迁,交通工具非常困难,而且飞机只有运输机,没有客机,每一架次乘坐人员又很少,所以我们这些代表团工作人员,没有和周副主席他们同行。为了留出座位给高级民主人士,我们是拖延到5月下旬才分批抵达南京的。

当时我们乘坐的运输机,机舱里只有两排硬邦邦的金属座,而且两个座要三个人坐,一架飞机就挤了30多个人。飞机在重庆下午起飞,正赶上天气不好,又是雨,又是雾,飞机升空后,在雨雾中穿行,颠簸得很厉害,大多数人包括驾驶员在内都吐了,只有四个人没吐,我是其中之一。飞机到武汉停下加了一次油,到达南京时已近傍晚,下了飞机,乘汽车赶到代表团的驻地梅园，已经是晚上七八点钟了。

我们赶到梅园，正赶上周副主席、邓大姐和副官何谦外出归来。听说我到了，周副主席叫我同他们一起去吃晚饭，我说，我到食堂去吃就行了，推辞了两次，周副主席又让何谦来叫我，说周副主席和大姐都在等着你呐，并说，周副主席和大姐说了，你一定得去。我见推辞不掉，只好跟何谦去了小餐厅。

我走进小餐厅时，周副主席正在用小勺一碗一碗地给大家盛饭。周副主席一向待人谦恭，不论是谁同他一起吃饭，他从不让别人动手，而是自己给人盛饭，这在高级领导人当中是很少见的。看到我后，周副主席连忙热情地招呼我坐下，接着继续盛他的饭，当盛到最后一碗时，我看到他右手小指的外侧粘了一粒米饭。要是换个别人，也许用手抹掉就完了，但是周副主席没有抹，而是要用嘴去吃这粒米。由于他的右臂1939年在延安受江青的惊马冲撞摔断后未能医好，一直不便抬高，所以一连用嘴去舔了两次，均未舔到，只好用左手扶起右手才把那个米粒送到嘴里吃下去。这是我第一次和周副主席、邓大姐同桌吃饭，也是我第一次看到周副主席这么珍惜粮食，珍惜农民的劳动成果。我是一个农民的儿子，从小生长在农村，也知道种粮的不易，春去秋来，耕耩锄割，汗水不知流了多少，才把粮食打下来。然后经过蒸煮，送到饭桌上。但是却没有做到像周副主席这样珍惜。手臂不灵便，还要一而再，再而三地将一粒米吃到嘴里，我的心灵受到了极大的震撼，眼睛也不由地湿润了。

时光如梭，这件事虽然过去60多年了，但它一直铭刻在我的脑子里。一回想起来，就像发生在昨天那样，令人记忆犹新，久久不能忘怀。

周恩来留胡子的故事

说到周恩来的胡子,可以说在我见到的所有的人中,没有一个人能比得上。他的胡子又黑又粗,而且长得特别快,一天不刮,嘴唇上下和下颏就会一片漆黑。也正是因为这一点,给他当年在国民党统治区做秘密工作带来了很大的方便。当年,为了躲避国民党军统特务的监视、跟踪,甚至搜捕,他常常留起胡子,化装成富商和传教士,所以当年大家都管他叫"胡公",一提"胡公"就知道是周恩来。直到 20 世纪四五十年代,民主人士中仍有不少人称他"胡公"。

我第一次听他说有关胡子的事

我是 1945 年 8 月下旬被调到周恩来身边工作的。周恩来和邓颖超生活很有规律,也很勤劳,虽然党中央给他们配备了工作人员,凡是他们自己能做的事,只要工作不是特别忙,都是自己亲手去做,从不劳动别人。比如洗手绢、洗袜子,周恩来都是自己动手,就是刮胡子,也都是每次刮完以后自己将刮脸刀和刀架洗净擦干再放回到盒里。

1945 年 12 月,我随周恩来到国民党统治区重庆。当时他受党中央的委托和国民党谈判,并参加三人调停小组到全国各地视察,并做第三方面人士的工作。他工作特别忙,连睡眠的时间都很少,一些生活小事就不能亲自动手去做了。一天,他

长征至西安事变时的周恩来(胡公)

亲自示范，教我如何洗、收刮脸刀片和有关用具，并说，以后这些事就要请你帮我来做了。同时还交代说，以后凡是我不能用的刀片，就用手纸包起来放在一边，说明我已经换了新刀片，不能用的旧刀片，你可以拿去做别的用。我都一一照办了，他非常满意。

由于他胡子长得特别粗，又特别快，一个刀片用一个礼拜就不能再用了。所以他用刀片比别人要多。有一天，他的刀片用完了，要我上街去买一包新的，我便跑到南京新街口当时最大的一家百货公司去买。柜台里摆着几种刀片，由于我是第一次给他买刀片，不知买哪种牌子的好。再加我们当时都是供给制，每人每个月发不了几个钱。尽管当时周恩来是国民党政治部副部长、邓颖超是国民党参议院参议员，两个人每个月有几百块银圆的薪水，他们都交给了党中央，和大家一样过着供给制生活，手头也没多少钱，从节约出发，我给买了一包中等的。谁知这样一来竟好心办了错事。第二天周恩来刮脸的时候，发现刀片不对，就把我叫去说，我胡子粗、又硬，这种刀片刮不动，你拿去给别的同志用吧！接着又指着旧刀片告诉我，你把它拿上，就照这种牌子的买。这时我才知道他刮脸只能用"老人头牌"的。

1946年11月，国民党不顾我党和各民主党派的反对，悍然决定召开由国民党一手包办的伪国大，国共两党谈判破裂，中共代表团准备撤回延安，在撤离前，自然每个人要做些准备工作，比如买一些土特产、日用品之类。我个人倒是没什么准备的，因为我当时还没结婚，光棍一个。需要考虑的倒是由我负责的周恩来和邓颖超两位首长。他们来南京一趟，多少得带一点东西回去，带什么呢？考虑来考虑去，我觉得只有两样东西最合适：一是"老人头牌"刮脸刀片，这是周恩来需要的，是延安买不到的；一是茶叶，周恩来、邓颖超两位首长平时并

周恩来留胡子的故事

无嗜好,唯有每天两杯清茶,而且带回去还可以作为礼物送其他中央领导同志一些。经请示领导同意,我便上街买了150片"老人头牌"刮脸刀片和10斤龙井茶。买150片刀片是考虑周恩来每周用一片,可供三年之用,而10斤茶叶则是考虑到分送中央其他领导同志一些,而余下的周、邓两位首长也可喝上一阵子。事后我向邓颖超作了汇报,她批评我说,茶叶买得太多了。我向她解释后她再没说什么。

我们回到延安后,紧接着就是三年解放战争,再往后就是进城。刮脸刀片周恩来一直用到1949年进入北平城,仍然绰绰有余,而茶叶除了送其他中央领导同志外,余下的则成了周、邓二位首长的生活必需品。为了细水长流,邓颖超指示我,每次泡茶叶要放以前的一半。就这样,三年解放战争期间,他们基本上能喝上清茶。事后邓大姐表扬我说,小成,还是你做得对,想得周到,要不然恩来又要留胡子了。

1949年进城后,在周恩来的生活中,第一件需要解决的就是刮脸刀片,我几乎跑遍了北平城,后来总算在当时的王府井"王府百货商店"买到了50片"老人头牌"单面刮脸刀片。两年后,"王府百货商店"也没有了,只好托人到上海买。

留胡子是对敌斗争的需要

1951年春,周恩来因长期超负荷工作,过分劳累,病倒了。开始是感冒发烧,后来低烧不退。中央保健委员会写报告给中央,建议让他到外地休养一段时间。经毛泽东主席批准休养两个月。周恩来选定大连。5月底,我随周恩来到达大连,住在近郊黑石礁一个有一幢二层楼的小院里。开始,他只在院子里或者在院子外边的附近散散步,一个星期后,他提出要到远郊风景区或者公园去看看。这样一来就给我们这些做警卫工作的出了个难题。当时，在朝鲜中国人民志愿军和朝鲜人民军，和以美国为首的所谓联合国军正在打仗，大连又和朝鲜隔海相望，还有不少从朝鲜战场回来的志愿军伤员。周恩来已是一国的总理，一旦被认出，必然招致一些热爱中央领导同志的群众的围观，而且暴露目标后，还有可能遭到敌机的袭击和美蒋特务的暗杀。经过和地方搞警卫的同志商量，大家一致认为让周恩来呆在家不是办法，也达不到疗养的目的，只有从不暴露目标方面考虑。怎么才能不暴露目标呢？大家考虑来考虑去，觉得唯一的办法就是化装。可怎么化装，6月天又不好戴口罩，我提出让他留胡子，大家都同意，报告了邓颖超，邓颖超原则上也同意。于是由警卫秘书何谦利用周恩来上午在走廊看报的机会，把我们的想法向周恩来作了汇报。周恩来一听笑了：那还不容易。接着，他像讲故事似地说，过去他在国民党统治区做秘密工作时，就常常留起胡子和敌人周旋。

　　不仅如此，他还讲起了23年前一次遇险的故事。他说，23年前，也是这个季节，也发生在大连，当时我和小超（指邓颖超）去莫斯科参加我们党在莫斯科召开的第六次全国代表大会，5月初从上海乘日本轮船出发。当时周恩来留着胡子，身穿白西服，扮做古玩商。路过青岛，上岸吃了一顿饭。当时正赶上日本人在济南枪杀了我外交官，打死打伤我国群众数千人。他买了各种报纸在船上看，引起了日本人的注意，到达大连码头上岸时，遭到了日本水上警察的盘问。经过了两个多小时的智斗，他不但泰然地应付过去了，而且要求日本警察给他和邓颖超找最好的旅馆住，并给他们买火车票。火车经沈阳到达长春后，发现再没有人跟踪了，这才下了车，住进旅馆。脱掉西服，换上了长袍马褂，和邓颖超去了莫斯科。……

　　从接受我们建议那天起，周恩来就留起了胡子，由于他胡子长得特别快，一个星期两撇八字胡就长得很像样子了。他先是在内部活动，参观一个工业展览，又参观了一个体育馆，都是由大连市长韩光陪同。可是没过几天，他就改变了主意。一天，洗脸前他对我说，去拿开水来刮脸，这胡子不能留，哪有总理怕群众的道理。我一想也是，一国总理怎么能怕群众？这有个政治影响的问题。接着，他边刮脸边对我说，你们让我留胡子是从安全考虑，是好意。但这里有苏联驻军，美国飞机是不会来的。只要相信群众，依靠群众，做好工作，是不会出问题的。短短的几句话，不仅打消了我的顾虑，也打消了其他人员的顾虑。

长征时留胡子是出于无奈

　　1952年春，周恩来用了多年的刮脸刀架突然坏了，这可是件大事。有外事活动他每天要刮脸，没有外事活动最长三天也得刮一次，没有刮脸刀架怎么办？你总不能三天两头让理发员来刮吧！唯一的办法只有去买。当时我骑着自行车到西城、东城、前门跑了两天，都没有买到像他用的那样的刀架。最后还是在"王府百货商店"买了一个能用单面刀片的刀架。但周恩来用着总是不顺手。他对我说，你把坏了的刀架拿到钟表店或眼镜店去问一下，看能不能修，最好能修一下。我按照他的指示，跑了好多家钟表店、眼镜店，包括有名的亨得利，都说不能修。

　　这一下可苦坏了我，为了能买到一个同样的刀架，在上海我找过，在苏联我找过，都没有买到。1954年我随代表团去瑞士日内瓦，心想，日内瓦是世界上最大的商业城市之一，总会买到那种刀架。我和领事馆的同志两次去商业区，也没买到。后来我告诉了领事馆的刘绛文大姐（总领事温朋久的夫人），并画了一张图给她，请她设法代买一个。两天后，刘大姐买来一个式样相同，只能用双面刀片而不能用单面刀片的刀架和一包刀片。我看了看说，不能用，非单面的不可。她说，这种刮脸刀具是当前市场上最好的，保证能用。那就请周总理试试吧。如果真能用，我一块石头也就落了地，省得为一个刀片架再到处奔波。

有一天上午，周恩来没有活动，我就利用这个机会，在他漱口的时候，拿出刘大姐买来的刀架和刀片装好，请周恩来试试。并对他说，这种刮脸刀是现在最好，也是最流行的，什么样的胡子也能刮。他不信，也不用。经我一再劝说，他才同意试试，谁知一试，果然不行，脸没刮完刀片就不能用了。最后还是用从王府井百货商店买来的那个刀具刮好。这时，正赶上他心情好，他就像孩子一样，又一次讲起了他留胡子的故事。他说，以前在国民党统治区留胡子，是对敌斗争的需要。我留起胡子，有时装扮成商人，有时装扮牧师，是对敌斗争的一种手段，是为蒙蔽敌人的视线。还说，30年代初，我离开上海到中央苏区，就是留着胡子装扮成牧师走的。后来从中央苏区经过长征到达陕北，一直留着胡子，主要原因是没有能刮胡子的刮脸刀。1936年西安事变，我就是留着胡子到西安去的。为了工作方便，才在西安我们的一个工作点，利用剪刀把胡子剪掉。

关于30年代周恩来留胡子的事，邱南章在《抗日战争时期在周恩来身边做警卫》一文中曾有一段描述：周副主席刚到苏区时，我们都把他当外国人看，因为他满脸留着又黑又长的胡子，穿着黑衣服，就像天主教堂的牧师一样。我们也看不出他的年龄，总把他当老人看。他对我们说话和气，态度平易近人，使人感到亲切。

周恩来留胡子的故事

　　周恩来刮完脸后走出卫生间，指示我把刮脸刀具退给刘大姐。他给我讲的关于他30年代留胡子的故事，在我心里也一直保留到现在。在我收集的照片中，就有几张是周恩来当年在延安留着胡子的照片。

欢迎叶挺将军归来

1945年1月,国共两党和有民主党派参加的政治协商会议中有一条,双方释放政治犯。我方主动提出释放在邯郸战役中被我军俘获的国民党第十一战区司令长官马法五为条件,要求蒋介石释放叶挺、廖承志、张学良、杨虎城。1946年1月22日,蒋介石迫于各方面的压力,首先释放了廖承志。

同年3月4日傍晚,我代表团主要成员,外出参加一个宴请活动,叶挺将军的女儿小扬眉也去了。这时,代表团突然接到一个电话,是国民党和谈代表张治中那方面打来的,说叶挺将军获释,已送到秘书长邵力子公馆,要我们立即去邵力子公馆接人。邵力子给叶挺做了套西服,他不换,还穿着牢狱中的囚服。

叶挺将军原是新四军军长,是在1941年皖南事变中被国民党扣押的。

叶挺将军获释这一特大喜讯传到代表团后,轰动了代表团。龙飞虎、朱友学等同志立即组织大家做欢迎叶挺将军的准备。除派两个人开车去邵力子公馆接叶挺将军外,大家有的用红布写"欢迎叶挺将军归来"的大幅横标,有的拉电线、装电灯,增加大门口的照明亮度,有的到街上去买鞭炮。一切准备就绪后,大家都列队站在大门口,等候叶挺将军的到来。

不久,去邵力子公馆接叶挺将军的车子回来了。在大家热烈的掌声中,叶挺将军右手拿着拐杖,左手提着一个用手绢包着的小包,在同志们的搀扶下下了车。由于周恩来副主席和代

欢迎叶挺将军归来

表团主要成员外出参加宴会，客厅又未收拾出来，只好让叶挺将军先到代表团楼房的底层房间里作短暂休息。

我是头一次见叶挺将军，他获释后，衣服未换就被接回来了。这时仍旧穿着那身黄绿色的囚服，没有外翻领子的单层直领，上衣左前胸只有一个装东西的小兜。他个子高高的，虽然在关押中吃了不少苦，身体显得有些瘦弱，但精神很好。在闲谈中，他用带广东味的普通话问我们："你们猜猜，我这小包里是什么东西？谁猜着了就送给谁。"叶挺将军刚被蒋介石从狱中放出来，能有什么东西呢？大家你看看我，我看看你，谁也猜不出来。他见我们谁也不说话，知道我们猜不出来，就轻轻地解开手绢，大家一看是三只毛茸茸的小白兔。真想不出，在蹲监狱的那些日子里，叶挺将军居然还养了兔子来消磨时光。可见叶挺将军当时虽身陷囹圄，但仍很乐观。闲谈当中，客厅已经收拾好了，我们就又请叶挺将军到客厅去等候周副主席。

外出出席宴会的周副主席和代表团其他成员，当得知叶挺将军获释并已回到代表团驻地时，当即向主人说明情况，迅速回到代表团驻地。

周副主席、代表团其他成员，还有叶挺将军的小女儿扬眉，和叶军长见面的场面实在太感人了。一进代表团驻地的大门，小扬眉就跑在最前面，一边大声地叫着"爸爸"，一边往客厅里跑。跑进客厅，一见到离别多年的爸爸，激动地哭着，连连叫着"爸爸"、"爸爸"，扎煞着双手向叶军长扑去，叶军长也激动地站起来，张开双手迎向小扬眉。父女劫后重逢，紧紧地拥抱着，眼泪扑簌簌地流下来。紧接着周副主席进了客厅，叶军长看到周副主席，连忙推开小扬眉，迎向周副主席，周副主席紧走了几步，和叶军长紧紧地拥抱在一起。周副主席说："你受苦了。"叶军长说："多谢周公的恩情。"两人长时间

的拥抱后,周副主席这才转身,将代表团成员一一介绍给叶军长。随后周副主席和其他领导同志,与叶军长作了长时间的交谈。叶军长第一个请求就是要求加入中国共产党。为了他们劫后重逢的叙谈和休息,周副主席指示龙飞虎在代表团安排住处。

当天晚上,周副主席又给远在澳门的叶挺将军的夫人李秀文发去电报,告诉她叶挺将军已经获释,望她带孩子速来重庆团聚。周副主席还特地指示在红岩办事处给叶军长安排一个大一点的房间,住得舒适一点,以便饱受牢狱之苦的叶军长早日恢复健康。

几天后,叶将军的夫人李秀文带着幼子阿九和小保姆,乘飞机来到重庆。分别了5年的夫妻、父子,一家人终于在重庆团聚了。

关心教育下一代

伟大的中国共产党成立 80 周年纪念日到来了。在欢庆的日子里，我又一次回忆起周恩来总理和邓颖超大姐，缅怀他们一生在我们党的历史上的丰功伟绩，特别是他们关怀、教育青少年的往事，心情激荡、肃然起敬。

千方百计寻找、救助革命后代

周恩来和邓颖超都很喜欢小孩，把孩子们视为革命的后代、民族的希望。邓颖超曾经两次怀过孩子，但都因为工作和战争年代的条件关系，未能出生就失去了，所以周恩来没有亲生的子女。但他对烈士子女、革命遗孤和同志们的孩子非常关爱。在我跟随他 20 多年中，经常有这些长大成人、在不同战线工作的青年来看望他们，称周伯伯、邓妈妈，亲切之情溢于言表。后来我才了解到周恩来抗日战争时期在国民党统治区作统战和党的领导工作时，在他的领导下寻找救助白色恐怖下失散的烈士遗孤和我党老一辈领导人子女的真实情况。他历尽波折，千方百计把这些孩子从苦难中拯救出来，共有几十人之多。其中有毛泽东的两个儿子毛岸英、毛岸青，刘少奇的儿子刘允斌、刘允若、女儿刘爱琴，有朱德的女儿朱敏，有叶挺的四个小孩等等。1943 年 6 月，周恩来带领 100 多人回延安，其中就有十多个找回来的孩子，都是先集中在办事处，经过改

名换姓分批把他们一一送往党中央所在地延安或父母身边,接受教育,健康成长。有的转送到苏联学习,成为党的革命事业的接班人。周恩来因工作或治疗去苏联时,还从学校把他(她)们接来见面,热情关心他们的成长和生活状况,嘱咐这些孩子好好学习,长大后为建设新中国做贡献。这些当年的孩子,现在有的已成栋梁之才,他们每当谈起当年的往事,无不感情激动,引起对周恩来、邓颖超无限的怀念。

困难时期的一个难忘的春节

周恩来、邓颖超对身边工作的同志要求严格又非常关怀、体贴。身边工作的青年同志结婚,他和邓颖超同志除送纪念品外,还会送上"八互"(互爱、互敬、互信、互勉、互助、互让、互谅、互慰)的贺词。邓颖超还给他(她)们讲做父母的责任,并现身说法讲自己两个怀胎的孩子未能成活的原因,供他(她)们吸取教训。见到年轻同志的孩子,对小一点的总要抱一抱,亲一亲,逗着玩一阵;对于大一点的孩子,总要询问叫什么名字,几岁了。交谈起来孩子们立即无拘无束地由她牵着小手散步、玩耍,临走时还送些小礼品给孩子。周恩来身边工作人员的家属、孩子们总盼着节假日到西花厅欢聚。1961年春节,当时我国正处在三年困难时期,对这样一个传统节日,周恩来早就想好了,在困难条件下,要让父母不在身边的孩子们过上一个好节日。我们根据他的指示,像往常一样请家属和孩子来西花厅过春节。周恩来和邓大姐还特地把当时正在基层工作的警卫秘书何谦的爱人和孩子以及龙飞虎将军在北京上学由他们代管的两个孩子,还有彭雪枫同志的小孩和总理的亲属请来。并提出这次过节吃包子,喝小米粥,再准备些素菜、小菜。那天有20多人来到西花厅,老少三代人团聚一堂,有的小朋友唱歌,有的小朋友跳舞,真像一个欢乐的大家庭,其乐融融。中午吃饭时,周总理和邓大姐以主人身份分坐两桌,他(她)们边吃边给大家讲,今天你们来做客吃的包子虽然肉少一点,但大家可以吃饱肚子,这是用我们俩省下的粮食和肉请你们的。大家深为感动。饭后在谈话中,周总理和邓大姐又给大家讲了红军长征时艰苦斗争的故事,讲延安大生产自己动手丰衣足食的故事,讲现在全国处于生活困难时期是暂时的,靠大家自力更生,奋发图强,就一定会战胜困难。大人和小朋友们都听得入了神。饭后他们又与大家合影留念。欢声笑语,直到晚上才散去。在周总理身边工作多年的我,每当回忆起这个愉快的春节,总是梦萦魂牵,仿佛就在昨天。

与电车司机女儿谈心

1962年除夕之夜,周恩来在办公室批阅文件不肯休息,国务院机关、外交部许多单位邀请总理去联欢,他都没有去。已经是晚上9点多了,为了让他休息,邓颖超进来劝说今天是除夕你和同志们去跳跳舞,给大家祝贺新年吧!周恩来这才收拾好文件,来到紫光阁跳了一会儿舞,又到三座门军委向同志们祝贺新年,最后到了北京饭店。这时,有个20岁左右的女孩请总理跳舞。当跳到半个曲子时,总理要休息一下,女孩文静地坐在旁边。总理边休息边和她谈起来。女孩说自己刚参加工作,父亲是一位无轨电车司机,是入党多年的党员。总理问她家里有几口人,她说:有奶奶、爸爸、妈妈和姐弟共七口人。总理说你家七口人怎么生活?她说就依靠爸爸每月40多元的工资生活,只住一间房,由于收入低,全家共用一条毛巾

洗脸,生活比较艰苦。总理问:"能吃上肉吗?"女孩说:"能,每个星期六父亲拿回一些来。"又问:"你父亲那么好,打过你吗?"答:"打过一次,是学校组织劳动,我想当演员,我怕晒黑,没去,就打了我一次。"总理让她介绍家里这点收入怎么过日子的?这一老一小,边谈边算账。事后总理的脸色很严肃并伴随着内疚的目光,说一个司机师傅每月 40 多块钱养活七口之家,上有老下有小,还要供孩子们上学,实在不容易。他对女孩说:"我这个总理没当好啊,你们生活这么困难我都不知道。"在回家的路上总理对我说:你了解一下这位工人师傅家的住址,有机会我拜访一下这位老工人。后来因为工作繁忙这一愿望没能实现,但这位司机的精神和他一家勤俭过日子的事情,总理曾多次向身边工作人员和亲属讲过,要大家学习工人师傅的艰苦奋斗精神。总理的亲友有多人在北京,1964 年 8 月,总理与家人聚会时讲:"我们家是封建家庭……"8 月 2 日和 10 日又在聚会时给亲属联系家庭历史讲过"五关"(五关即思想关、政治关、社会关、亲属关及生活关)进行教育。他列举了电车老司机家庭困难情况后问:"你们谁家曾困难到这个程度?"

小鱼和一辆童车的故事

我和爱人是在周总理和邓大姐关怀下,在西花厅结婚的。当时我们住在西花厅院内,不久爱人怀孕了。1956 年 5 月 27 日孩子还未出生,总理就曾关切地询问孩子出生了没有?那天我恰好上午刚送爱人住进医院,随即和总理到钓鱼台散步。总理听说后风趣地说,如果今天孩子生下来,那就是我们钓来的小鱼,就叫小鱼吧!托总理的福,果然孩子在那天降生了,我

关心教育下一代

周恩来在苏联给小鱼购买的童车

们就给她起名叫小鱼,这就是我们的大女儿。小鱼四五岁的时候常常一个人跑到总理办公室去看画报。总理办公,她看画报,不吵不闹,一呆就是一两个小时。

当时国务院明文规定,因公出国每人可以领取一定数量的置装费和零用钱。从实行工资制起,周总理出国访问70多次,先后访问30多个国家,从未领取过置装费和零用钱。1959年1月24日,周总理率领中共代表团出席苏共第21次代表大会。在苏联期间,苏共中央按惯例发给代表团成员每人300～500卢布的零用钱。周总理用这笔零用钱购买了三辆童车。这种童车不仅外观漂亮,结实耐用(车轮是用硬橡胶做的不用打气），而且车座能高能低，能做三轮车骑，又能做两轮自行车骑，组装简单。周总理带回来的三辆童车，送给侄女和何谦的孩子各一辆，另一辆送给了我两岁多的大女儿小鱼。当时正处在三年困难时期，同时我国的轻工业还比较落后，还谈不上生产高级童车，所以这辆童车就成为了我们家的"传家宝"。说它是"宝"，因为是周总理关心下一代的礼物，是用苏共中央发给的零用钱买的，是当时的社会主义国家苏联生产的，又是从数千里外坐飞机运回的。当时大家见到这辆童车都叫好，总要问从哪里买的？多少钱买的？小朋友见了更是羡慕得不肯离去，都要用手摸摸，要求骑一骑，一个人骑车前边走，后边跟着一群孩子。说实在的，比现在买进一部卧车还高兴。

这辆童车，我大女儿小鱼两岁多开始骑，一直骑到七八岁；后来又由二女儿骑、儿子骑；近几年来又是两个外孙先后骑。我家两代人五个小孩子就是这样延续着骑，已传了42年。现在这辆童车仍旧完好无损。2008年2月，天津"周恩来邓颖超纪念馆"提出想作为文物征集收藏，我们全家人一致同意。2月24日，在天津"周恩来邓颖超纪念馆"举行的周总理身边工作人员革命文物捐献会上，我带着大女儿和三岁半的小外孙，一起把这辆有意义的童车捐献给了纪念馆，当时，小外孙还在纪念馆大厅骑着这辆车绕了好多圈。让它作为革命文物教育更多后代，使伟大的无产阶级革命家关心教育下一代的崇高品德永照人间。

邓大姐率队撤离延安

1947年春，蒋介石调集了几十万军队，进攻陕甘宁边区，妄图一举把他视为眼中钉肉中刺的解放区消灭掉。延安作为革命圣地和党中央所在地，从2月份开始，就根据党中央的战略部署坚壁清野，有计划地进行战略转移。

党中央机关组织分批转移，其中机关家属及子女组成一个小分队，由邓颖超大姐和康克清大姐负责。这支小分队共有老弱小30多人，其中有先行渡过黄河的毛泽东主席的小女儿李讷，有刘少奇同志的两个孩子涛涛和丁丁，有任弼时同志的夫人陈琮英和孩子任远远，还有陆定一的夫人严慰冰和孩子、王若飞同志的夫人李佩芝和孩子、王明的夫人和孩子，再就是几位老同志。转移路线是先东渡黄河，到山西兴县蔡家崖晋绥军区司令部所在地，然后根据情况再定行止。由于这支老弱小小分队是邓大姐带队，周恩来副主席让我跟随邓大姐先转移，并叮嘱我一定要帮助邓大姐完成好这次转移任务。

离开枣园后沟前，周副主席来同邓大姐告别，又特地嘱咐我说："大姐身体不好，你要多帮助她。"少奇同志也拉着邓大姐的手说："路上多保重，我那两个孩子涛涛和丁丁就托付给你了，祝你一路平安！"当时邓大姐正患心脏病，而且病情较严重，脸和腿浮肿得用手指一按一个坑。当时陕甘宁边区被国民党四面封锁，条件非常艰苦，医疗条件更差，根本无药可用。尽管如此，邓大姐还是毅然决然地接受了党中央的委托，担负起了领导这支小分队转移的重任。

  3月13日傍晚,我们从延安枣园后沟乘吉普车出发,当晚到达延安以东50里外的集结地——永平镇。在永平镇停了两天多,邓大姐和康大姐把小分队组织好以后,3月16日下午3点钟过后,我们乘坐一辆大卡车开始上路,向黄河岸边进发。之所以在这个时间上路,是因为国民党飞机在每天下午3点以前飞往陕甘宁边区,到处寻找目标狂轰乱炸,3点以后就不再来了。

  待大家上车坐好后,邓大姐作了一个简短的动员。她说:"我和康大姐受党中央的委托,负责带领大家先东渡黄河,然后再定行止。我们的第一个目的地是山西兴县蔡家崖,晋绥军区所在地。我们这次行军不同寻常,是战时的行军。为了躲开敌机的轰炸和扫射,我们只能在每天下午3点以后和晚上走,这对于我们这些老弱妇女和孩子来说,定会遇到很多预想不到的困难。希望大家严格要求自己,互爱互敬,互相帮助,克服当前面临的困难,战胜困难,顺利到达党中央给我们指定和安排的地点。"

  小分队出发后,头一天就出师不利,晚上九十点钟,卡车开过一条小河时,后轮掉进了冰窟窿,不管怎么加大马力,汽车哼哼着后轮就是拖不上来。这天夜晚天黑地冻,伸手不见五指,前不着村后不着店,又没有手电筒,大家手足无措,简直不知道该怎么办。邓大姐下车问明情况后,命令我:"小成,你快去附近找找老乡,请他们带上工具来帮我们把车弄上来。"这支小分队只有我一个带枪的男青年,也只有我最适合去执行这一任务。我顺着山沟右边的小路,小跑着走去,边走边呼唤老乡。走了大约半小时,也没呼唤到一个老乡。我急中生智,当即掏出随身带的驳壳枪朝天开了两枪,目的是想用枪声引起狗叫声,这样我就可以顺着狗叫声找着村子、找到老乡。不成想,打了两枪以后一点动静也没有,可见我们所在的地方是一片荒野，一户人家也没有。照这样下去只能是白走。怎么办？无奈之下，我只好原路返回，再想别的办法。

我摸着黑一溜儿小跑回到原来的小河边，发现卡车已经从冰窟窿里开出来了，正停在那里等我，我不禁又惊又喜。一问，才知道我走后朱德总司令正好路过这里，是朱总司令他们的汽车把卡车拉出来的。邓大姐见我跑得气喘吁吁，当即招呼我："小成，你回来了，快上车。"我上车后，汽车哼哼两声开动起来，当夜我们到达了一个预定宿营的小村庄。

第二天上午10点多钟，我们刚吃完早饭，敌人的飞机轰鸣着朝我们的小村庄飞来了。由于我们的卡车没有隐蔽好，被敌机发现了。敌机低空盘旋着，对卡车进行反复扫射。在这紧急时刻，邓大姐就像一名久经沙场的指挥官，命令我："小成，你快去告诉大家，在窑洞里不要出来，以免暴露目标遭到敌机扫射，并告诉司机把卡车开远一些隐蔽起来。另外，你也出去找个隐蔽的地方，注意观察，看有没有人走出窑洞……"

幸亏这次来的敌机是侦察机，不是轰炸机，只是低空盘旋扫射了几次，没有扔炸弹就飞走了。村子没有受到什么损失，人员也无伤亡。卡车经司机检查，也只是被敌机机枪打穿了几个洞，机件并没坏，丝毫不影响行驶。

下午，我们按照预定行程到达了黄河岸边的西岸吴堡渡口，有两只木船已等在那里，待我们上船后就向东岸驶去。这里的黄河不同下游，夹杂泥沙的河水一片浑黄，激流滚滚，浪涛飞涌。面对浊浪滚滚的大河，我们乘坐的又是一只小小的木船，大家你看看我，我看看你，都不免有些慌张，生怕有什么闪失，特别是那些孩子们，没见过这么大的河，更怕掉进水里。邓大姐看了看大家，镇定地向大家宣布："请大家注意，第一，上船后要坐好，手把紧船，不得乱说乱动，要听从船头的指挥；第二，上下船大家要互相帮助，照顾好各自的孩子，

不要让他们东窜西窜，更不要慌乱。"大家看到邓大姐那样镇定，立刻有了主心骨，慌乱的情绪都稳定了下来，互相搀扶着陆续上了船。

邓大姐把小分队分成两拨，第一拨由康大姐率领乘第一只船先行，第二拨由邓大姐率领乘坐另一只船。由于邓大姐组织得法，大家又都服从指挥，虽然黄河激流飞荡，浪花四溅，船只飘摇，大家还是顺利地渡过了黄河，抵达了东岸的军渡渡口。在军渡迎接我们的有晋绥军区的陈副司令员、中央办公厅先遣组的范离副部长。过了黄河，大家心理上自然有了一种安全感，因为已经离开了激战的河西。

但是过了黄河新的麻烦又来了。第二天出发时，我们的交通工具由卡车改成了马和毛驴，一家一头。有人说，从来没骑过马和毛驴，孩子闹，大人也有意见，折腾了一个多小时也未能启程。康大姐做工作根本不听，向邓大姐汇报后，邓大姐有些生气。她走到小分队集结处，压着火气对大家说："我们这次行军，不同往常，有马和毛驴就已经不错了。毛主席他们正在同敌人作战，他们连这个条件也没有，我们还有什么不满意的，还有什么困难克服不了的！有的同志说，东西多一个毛驴不够用，那就请你把次要的、当前用不着的东西扔掉。如果舍不得扔那就背着走。还有的同志说没有骑过马不敢骑，那就请你牵着走。我们每家能有一匹马或一头毛驴就已经不错了，我也是一匹马嘛。我们不能再给地方上增添麻烦了。"邓大姐说过之后，大家停止了吵闹，小分队很快就出发了。

有一天晚上，小分队到达了另一预定宿营地。大家都按照事先分配的房子住下了，唯独严慰冰嫌房子又小又黑，不肯进去住。康大姐给她做工作也不听，她说的又是一口上海话，谁也听不懂。康大姐向邓大姐汇报后，邓大姐走到严慰冰的住处，严肃地对她说：慰冰同志，你想想毛主席和定一同志他们

邓大姐率队撤离延安

正在同敌人打仗,不管白天黑夜,风里来雨里去,就连这样的房子也住不上呀。我们就在这里住几个小时,别人行,你就不行吗?说完邓大姐离开了。之后邓大姐又要我去查看。我到那里一看,严慰冰正往屋里搬东西呢。

经过几天艰难的行军,终于到达了第一个目的地晋绥军区所在地兴县蔡家崖。到达兴县后,小分队中的大部分人都由中央先遣组作了安排。人员虽然减少了一部分,但除了少奇同志的两个孩子和保姆耿贵珍外,又增加了毛主席的小女儿李讷和保姆李若同志。我们还要带他们到第二个目的地,晋察冀军区所在地河北省阜平县城南庄。

在兴县,邓大姐、康大姐和少奇同志的两个孩子和保姆、毛主席的小女儿李讷,我们一起住在靠近防空洞的一个小院子里。因为兴县是晋绥军区所在地,也是敌机重点侦察和轰炸的目标之一。邓大姐像关心自己的孩子一样,每天查看、询问孩子们的情况,还特别交待我说:"我们住的地方是军区,敌人的飞机常来侦察、扫射和轰炸,你要特别注意,听到警报声或防空电话通报,就赶紧招呼孩子们钻进防空洞,千万不能麻痹大意。"军区领导对防空问题也很重视,指示电话总机和通讯员,一有空情首先要通知邓大姐。为了安全起见,还给耿贵珍、李若规定:不准带孩子远离驻地。

有一天上午,警报响得特别早。像往常一样,我通知两个保姆后,就跟邓大姐进了防空洞。我们刚进去,就听到了敌机的嗡嗡声,紧接着就是震耳欲聋的炸弹爆炸声,炸弹就投在我们住的小院子里。邓大姐看了看大家,发现涛涛、丁丁和耿桂珍都没进来。他们是否有危险了?邓大姐急了,当即责问我:"你告诉耿桂珍带孩子进防空洞了没有?"我说:"告诉了。"邓大姐又说:"告诉了怎么还没进来?你快去把他们接来!"我也急了,立即冲出防空洞,穿过飞机炸弹刚刚炸起的烟尘,跑进耿桂珍和涛涛、丁丁的住房。涛涛和丁丁吓得号啕大哭，涛涛抱着阿姨的腿，耿桂珍也吓蒙了，抱着丁丁手足无措，不知如何是好。我一拉耿桂珍说："还不快走？"耿桂珍这才清醒过来，她抱起不到一岁的丁丁，我抱起涛涛，穿过烟雾，向防空洞跑去。邓大姐一直在洞口望着，见我们来了，这才松了一口气，跟我们一起进了防空洞。经检查，三个人都还好没有伤着，只是丁丁仍然哇哇地哭个不停，小脸上满是灰尘，被眼泪冲得一道道的。邓大姐一面掏出手绢给她擦眼泪，一面哄他："小宝宝，不哭，不哭。"由于敌机反复侦察，那天我们在防空洞里呆的时间最长，李讷累得都站不住了，就坐在保姆的腿上。

  解除空袭警报后，我们出了防空洞，回到院子里一看，院子里炸了一个大坑，全院窑洞、平房窗户上的玻璃和窗户纸没有一块是完好的，全被震碎了，就是房子没倒。敌机轰炸这个院子的原因，估计可能是晒在院子里的小孩尿布暴露了目标。随后部队来了一个班的战士帮助打扫清理现场，糊窗户。军区陈副司令员把我们接到另外一个地方吃了午饭，才又回到原住处。

  我们在这里一直呆到4月下旬。有一天，少奇同志和朱德总司令要去晋察冀，路过这里，少奇同志就把自己的孩子和耿桂珍接走了。第二天，朱总司令、康大姐、邓大姐带着李讷、李若和我，我们分乘三辆吉普车，离开兴县晋绥军区，由陈副司令员陪同，赶赴我们的第二个目的地——晋察冀军区。当天晚上我们宿在岢岚县。晚饭后，康大姐约邓大姐和陈副司令员一道去看李讷，只见李讷房间里挂着一张她自己画的小女孩的画像，小女孩留着两条大辫子，下边歪歪斜斜的写着"李讷六岁半"，好像还没画完。我们正看着这幅画，通讯员送来一份急电，要邓大姐带李讷返回三交，参加中央后委工作。次日早饭后,送走朱总司令,邓大姐就带着李讷、李若和我一起乘吉普车返回了三交。

在这40多天的转移活动中,虽然环境艰苦,情况复杂多变,但是邓大姐还是带领小分队顺利地完成了党中央给予的任务。特别是邓大姐在几次关键时刻的讲话和处理问题的果断,不但使大家心悦诚服,而且充分展示了她作为一位妇女领袖的智慧和人格魅力。

周副主席在西柏坡

西柏坡位于太行山的东麓，滹沱河北岸。西柏坡是1948年3月至1949年3月期间党中央的所在地，当年，毛主席、周副主席、朱德总司令等都住在这里。

这个党中央所在地的选定，始于1947年4月份。那时毛泽东主席（化名李德胜）、周恩来副主席（化名胡必成）、任弼时同志（化名斯林）、陆定一同志（化名郑位）组成前委。因形势的需要，党中央决定成立后委。由叶剑英、李克农、杨尚昆等同志在山西兴县三交双塔村组建临时中央后委。同时，刘少奇、朱德总司令、董必武赴晋察冀边区寻找适合的地点建立后委。他们于1947年4月中旬到达河北阜平县南庄——晋察冀军区所在地。关于后委的地点，由聂荣臻司令员建议设在当时建屏县（现平山县）西柏坡地区。西柏坡是抗日的老根据地，群众基础好，周围有很多大的村庄，是鱼米之乡，很适合中央后委工作。中央派人专程考察后，批准在西柏坡地区建立后委，同时撤销了山西三交后委。

1948年3月，转战陕北取得决定的胜利后，毛主席率领中央前委于4月13日来到河北阜平县南庄——晋察冀军区司令部所在地。4月23日，周恩来和任弼时等率领中央机关从阜平晋察冀军区来到西柏坡，与原在这里的刘少奇为首的中央工作委员会会合。不久，毛泽东也来到西柏坡。中央机关到达后，中央工作委员会和已从晋绥转移来的中央后方委员会都撤销，西柏坡成为中共中央的所在地。用周恩来的话说："西柏坡是毛主席和党中央进入北平前,解放全中国的最后一个农村指挥所。指挥三大战役在此。"①

那时,周副主席是代总参谋长,协助毛主席指挥全国的解放战争。同时还领导着国统区"第二条战线"的斗争,工作特别繁忙。作为周恩来身边的警卫人员,我亲身经历了这一切。在西柏坡近一年的时间中,一些事使我至今难忘。

"天天都是东方红"

这里所说的"天天都是东方红",不是天天唱《东方红》,而是指在西柏坡期间,周副主席夜以继日的工作,每天晚上都要工作到东方发亮,有时日出后,才去睡几个钟头的觉,连吃饭都是在办公室里。特别是在三大战役期间,1948年10月17日至1月2日进行的辽沈战役,历时52天,歼灭敌人和改编敌军近50万人;1948年11月6日至1949年1月10日进行的淮海战役,历时65天,歼敌65万;1948年12月至1949年1月31日进行的平津战役,共歼敌和改编敌军52万余人。②

尽管这里在滹沱河边上,四面环山,青山绿水,风景秀丽,空气清新,用今天的话来说,是个难得的休闲的好去处。但是当时身负重任的周副主席除了偶尔到院子外边散散步,却没有时间去欣赏那如画的风光。

在西柏坡,我们大都是借助农民的房子,自己也修建了一些临时性的简易平房,还打了几间土窑洞。但由于土质不好,窑洞里用木架子支撑着,围墙都是"干打垒"。简易平房里的

---

① 周恩来题词手迹。
② 见《叶子龙回忆录》140~141页。

隔断墙是用高粱秆打成箔,外边糊上一层泥巴,只是象征性的隔断,隔人不隔音。

周副主席的办公室很简陋,布置也很简单,除了一张办公桌,几把椅子,一个大沙发外,再就是墙上挂着全国各战场的作战地图。地图上用红、蓝两色小三角旗和箭头表明了敌我双方军事行动和兵力部署的现状。小三角旗是用纸剪成的,用针钉在图上,随着敌我双方军队情况的变化,可以随时移动。红旗代表我方,蓝旗代表敌方。每天上午周副主席去休息时,作战室的同志便根据当天各战场的实际情况,将红、蓝小旗和箭头变动一次,以便周副主席能随时掌握我军在各战场的进展情况。

在西柏坡一年的时间里,周副主席除了睡觉和去毛主席那里开会外,不是伏在桌上写电报,就是看电报、看文件,要不就是站在地图前凝神思索如何打,才能以最小的代价,取得最大的胜利。他很少出去活动,就连吃饭也都是我们给他送到办公室。根据有关同志统计,他每天要写几千到万把字的作战电报,最多一天写到过22份作战电报。

由于周副主席每天都要工作到第二天清晨才去休息,所以邓大姐开玩笑地说:"老伴儿,你可真是'天天都是东方红'啊。"

艰苦朴素的生活

在西柏坡期间,因为处于艰苦的战争年代,生活比起在延安来虽说有所改善,但还是很艰苦。由于当时的后勤部门物资匮乏,常常不能保障供给。从中央领导到我们这些工作人员,衣服鞋袜都是由后勤部门按规定发放,可以说无一例外,没有谁搞特殊。衣服破了,就打上个补丁。所以从干部到战士,从领导到一般工作人员都穿补丁衣服。

周副主席在西柏坡穿的那双布鞋，就是警卫员王还寿在转战陕北时给做的。在西柏坡穿破了，前边露出了脚趾头，我们找了块黑布请刘少奇家的保姆耿桂珍同志给补了两个包头。后来周副主席就是穿着这双布鞋，在1949年3月进入北平城的。以后，周副主席在晚上办公时又把它当成便鞋穿，他说这双鞋穿着舒服。1958年春，军委政治学院对全军进行艰苦朴素传统教育，周副主席的这双补丁布鞋、补丁衣服和吃饭的碗筷、饭盒等都被政治学院拿去当实物教材，对部队进行教育。后被军事博物馆作为文物收藏了。

西柏坡四面环山，冬天特别冷时，就在门上挂个棉门帘挡风，室内烧个火盆取暖。当时从上到下实行供给制，吃饭分大灶、小灶食堂。除为毛主席单设有一个小灶厨房外，其他领导同志一律到小灶食堂吃饭。当时所谓大灶、小灶就是供给标准不同，小灶菜的花样比大灶多一些。

当时周副主席是人人皆知的工作最忙、睡眠最少的人。为了协助毛主席指挥全国解放战争，为了领导和发动敌占区的反饥饿、反内战的群众斗争，他作为军委副主席和代参谋总长，可以说是夜以继日，呕心沥血。在西柏坡后期，他还坚持到小灶食堂吃饭。由于他夜间工作，白天休息，大家吃午饭时他才起床吃早饭，早饭是我们给打回来。而大家吃晚饭时他去食堂吃午饭。因此只好将他晚饭的饭菜从小灶食堂打回来，等到午夜警卫员将饭菜放到小火炉上热一热，再端给他吃。为了保证周副主席的健康，当时我们提议让小灶食堂每晚留下一个厨师给他做晚餐，但他坚决不同意，说不能为他一个人给厨房的同志增加工作，增添负担。当时行政处长伍云甫、警卫处长汪东兴为此专门找周副主席商量，说他工作那么忙，长期熬下去会影响健康，让小灶厨房每晚留个人给他做晚餐，完全是工作需

要,并不算什么特殊,周副主席仍然不同意。直到最后提出由毛主席的小灶师傅高进文,每晚给他做好晚餐放在小灶厨房,把小灶厨房的钥匙留给我们一把。到午夜他需要进餐时,我们到毛主席的小灶厨房把做好的饭热热,再给他端回来,他才同意。1948年冬春就是这样做的。

雨夜救人

7月下旬,西柏坡接连下了几天连阴雨。7月30日下了一场瓢泼大雨。这天夜里大家都睡了,全村处在一片黑暗中,只有毛主席、周副主席和其他几位领导办公室的灯光还亮着。半夜突然又下起了暴雨,雨水倾盆而下。忽然听到有人喊:"救人啊!快来救人啊!"显然有什么地方出事了。周副主席听到后叫我们出去了解一下,看出了什么事。我们戴上草帽,冒着雨去了解情况。原来是后山坡上的两个窑洞塌了,里边住着几个人。周副主席一听,立即站起身来就往外走。路过工作人员的住房,要了顶草帽戴上,顶着倾盆大雨,快步走出了后门,应声向出事地点走去。我和王还寿提着马灯紧跟在后边。周副主席嫌照明不好,要过马灯自己提着向出事地点走去。

快到出事地点时,周副主席大声问:"人救出来没有?"在场的人回答:因为土层太厚,还没救出来。到了倒塌的窑洞前,周副主席见人多工具少,有人干脆用手扒土。他问在场的警卫排长阎长林,部队为什么没有来。阎长林说已经派人通知了。这时警卫连的战士扛着铁锹排队跑步赶来了。周副主席当即对战士说:"窑洞被大水冲塌了,里面压着我们的同志,我们要尽快把他们救出来。你们是主力军,动作一定要快!"然后又对阎长林说:"阎排长,由你来指挥,分分工,第一线管挖土,第二线管运土,机关的同志管营救,务必尽快把压在里面的同志救出来。"大雨继续在下,周副主席站在泥水中,指挥着抢救工作。

警卫连的战士年轻力壮,就像在战场上一样,行动起来个个都像小老虎,没用多大工夫就把冲塌的窑洞挖通了一个洞,只听窑洞深处有人急切的喊:"我在这儿呢,我在这儿呢!"周副主席听到喊声,就让战士们快挖。战士们听到喊声,手下也加劲挖,很快就把压在里面的人救了出来。周副主席见他说话清晰,知道他伤不重,就问他:"里面还有几个人?"那人回答:"就我们两个人,里边还有一个。"周副主席握着他的手追问:"怎么样?不要紧吧?"那人见是周副主席,很激动,跪下就要磕头:"谢谢您救了我一命,我一辈子都不会忘记的。"周副主席赶紧把他扶起来,拉着他的手说:"不是我救了你,是大家救了你。赶快让医生去给你检查检查。"那人走后,周副主席又问那人是谁,旁边行政科的人回答,那人是延安来的老乡,是来为我们修地炉子的。周副主席说:"幸亏没出事,要真出了事,我们就真对不起陕北老乡了。"

战士们又挖了一会儿,周副主席又向里边喊话:"喂!我们在外边讲话,你听见没有?快回答!"只听见里边瓮声瓮气地说:"听见了,闷死人了。"听口音是四川人,是管理科的一个干部。周副主席嘱咐战士们,挖土要小心,注意不要让铁锹碰着人。又挖了一会儿,才把那个管理科的同志救出来。

这边窑洞的人救出来了,管理科的同志说那边倒塌的窑洞还有三个人。第二个窑洞土层厚,周副主席让第一线和第二线的战士大换班继续快挖,并让大家吸取教训,先挖通一个洞让空气进去。由于土层厚,战士挖了一会儿,人还没救出来。周副主席号召大家加紧挖,一定要把里边的三个人都活着救出来。接着指挥让第一线的人下来,让第二线的人上去。战士们齐心协力很快挖开了一个洞,听到里边有人喊叫。一个战士爬进去,把那个人救了出来。周副主席问他身上疼不疼,他一见是周副主席,激动得想说却又说不出话来。周副主席又问他,离里边的同志远不远。他上气不接下气地说,不远,刚才还和我说话呢。战士们又挖开了几个小通气孔,免得把里面的人闷坏。见里面还没动静,战士们又继续挖,已经挖到衣服和被褥了,一个战士用手抠了抠,抠出两只脚,而且还在动。几个战士一起用手挖土,很快把这人救了出来,他虽然不能说话,但还有呼吸。经赶到的医生抢救,说还有危险。周副主席指示,用担架抬到汽车上,尽快送往中央医院。这时雨下得小了。

三个人已经救出了两个,还有一个人未救出来。周副主席又指示战士们继续挖。又挖了一会儿,整个窑洞里边的基础已清晰可见,就是不见那个人。周副主席急了,要战士们清理窑洞外的泥土,一定要把最后一个人救出来。清理的结果,才发现那个同志是睡在靠门的床上,被山坡上冲下来的土推出门外,埋在两个窑洞间的泥土中了。由于埋的时间太长,虽经医生打强心针,做人工呼吸,仍然没能抢救过来。他就是专为中央首长理发的曹庆维同志。

抢救战斗结束后,周副主席对大家说:"同志们辛苦了,大家拼命干了一场,救活了四个同志,曹庆维同志没救活,我们很悲痛,也很惋惜,这是天灾。大家衣服都湿了,也都累了,快回去换换衣服休息吧。谢谢大家。"

之后,周副主席又冒着雨和行政处长伍云甫、行政科长何明孝以及王还寿,还有我和阎长林排长,把现场又看了一遍,然后同伍处长又去检查别处的危险房屋和窑洞。他告诉伍处长,所有的危险房屋和窑洞,今后一律不许再住人,以免发生今天这样的事。当走到西头最后一个窑洞时,见郭管理员的家属正抱着小孩在雨里坐着。周副主席问她为什么还没搬走,她说没有房子往那里搬啊。周副主席说，那就先搬到食堂去，这里危险，不能再住人了。检查完又对伍处长说："看来我们打窑洞犯了经验主义的错误，明知这里土质不好，还在这里打窑洞，尽管里边用木架撑着，哪能顶住半个山坡的重量啊！"

回来路过毛主席住的院子的后门，周副主席停了一下，一看自己全身被雨水浇得湿淋淋的，就对阎长林说，你就把今晚的事向毛主席汇报一下吧，请毛主席放心。

回到办公室，我打了一盆热水，请周副主席脱掉湿衣服，擦擦身子。当他摘下手表时，一看表蒙子里已经进水了，就让我拿去第二天找地方给修一修。我接过表一看，这时已是凌晨3点半多了。周副主席换了一身干净衣服，又继续伏在桌上办公，直到日出东方。

修　　表

第二天上午，我骑马先到东边的峡谷、郭苏两个大的村镇，找能修表的地方。从东到西找遍了两个村镇，没有找到一个能修表的店。说来也难怪，当时连国家机关中下级干部都没有手表，农村哪有人能买得起手表呢。再说农民当时也不需要手表，无奈只得骑马回来。

下午，我又骑马去西边的洪子店镇想法修手表，又是找遍了全镇，也没找到修表店，只找到一个卖眼镜的小店。我进去问镇上哪有修表的？答，没有。卖眼镜的看了看手表说，不能修。我一再要求请他帮助把表里的水给擦一下，他答应试试看，但有话在先，坏了不负责。我同意后，他打开表蒙子给擦了擦进去的水，没敢动机芯。我问多少钱？他不要钱，最后我留了手工费。周副主席的表后来常出毛病。1949年夏，因怕耽误工作，邓大姐让我

找特会科赖祖烈科长给换了一块好的手表。

喜得珍贵礼物——收音机

农历五月里的西柏坡，天气晴朗，气候宜人。大片大片的麦田，经风一吹，如波涛滚滚，此起彼伏，看上去煞是喜人。住在西柏坡的首长们，有时也忙中偷闲，到田间去散散步，舒畅心胸，梳理一下思路。

一天中午，周副主席和邓大姐从小灶食堂吃饭回来。邓大姐告诉我准备开水，说下午有客人要来。我问几个人，邓大姐说就一个人。为什么要事先准备开水呢？因为当时不像现在有暖水瓶、热水器，要泡茶需要事先把开水烧好。

下午两点半，一辆美式吉普车开到院门口停下来，邓大姐赶去迎接，我也随后跟出去。从车上下来一位英姿勃勃的军人，约30多岁，个子高高的。他向邓大姐敬礼后，让司机从吉普车上搬下来了两个小木箱子，说是陈毅军长让他带给周副主席和邓大姐的。他们边走边说着进了周副主席办公室。我和司机把两个小木箱搬到了邓大姐的办公室，放好箱子。我沏好茶给客人和周副主席、邓大姐送去时，只见他们指着墙上的军事地图在谈，显然是谈当时的战况。看得出周副主席、邓大姐很尊重客人，客人也更敬重主人。我感到这位客人不平凡，我到前院机要室去问叶子龙科长。叶科长告诉我客人叫杨立三，是军委后勤部长，刚从前方回来。他还说杨和周副主席、邓大姐都很熟，长征时周副主席患病，他曾为周副主席抬过担架。原来还有这么一段缘由。他们谈了整整一上午。

晚饭是杨立三同周副主席、邓大姐一起到小灶食堂吃的。饭后送走客人回来，大姐和我一起打开了那两个小木箱。一个箱子装有两层串联起来的一号电池，约有七八十斤重。遗憾的是当时没有手电筒，否则可以派上大用场。另一个箱子里装的是一个铁壳收音机。大姐说，这可是个宝贝。这收音机是外国货，又没有说明书，不知怎么用。大姐察看了一番说，看来得请教专家了。

第二天，大姐把王铮同志（建国初期任二机部部长）请了来。王铮是搞机械的，是行家，他很细心地检查了一遍，非常高兴地说，这可是个最好的收音机，是美国最新生产的军用收音机，有四个波段。一、二、三波段是长波、中波和短波，第四波段可当收发报机用，第四波段的零部件被拆去了。邓大姐很高兴，对王铮说，这是陈毅军长特意托杨立三部长带给恩来的。王铮说，有了它就方便多了，可听听当天的新闻，也可听听蒋介石和美国对当前的战况说些什么。接着他又教我们如何使用，并说，可用220伏交流电，如果用110伏交流电将收音机后边的一个小铁片换个位置就行了。如果用直流电另有插孔，还有微调，并把它们所在位置一一指给我们后，还安装了一个简易天线。接着他把电源调到220伏处，插在台灯的插座上，打开收音机试了一下，声音很大，音质也很好，觉得没有什么问题了，这才告辞。临走时说，如有什么问题再找他。

当时，西柏坡没有报纸，也没有什么书和杂志，有了这部收音机，邓大姐可真是如获至宝。每天下午、晚上，只要没有什么紧急事务要处理，她必定坐在收音机前收听当日的新闻。每逢听到有特别的消息还要讲给周副主席听。为此，一次邓大姐风趣地对周副主席说，你看，我都成了你的义务情报员了。

送收音机，是我第一次见到杨立三部长。后来在辽沈、平津、淮海三大战役期间，以及建国后的抗美援朝期间，杨立三都是周副主席、邓大姐家中的常客，每星期总有两三个晚上来汇报工作或是接受新的工作任务，一谈就是几个小时。杨立三

部长始终保持着军人的风姿,每次来见周副主席和临走告别时,总要立正行军礼。

也许是长征中的那段渊源,周副主席和邓大姐都把杨立三视若家人。

1954年11月,杨立三部长积劳成疾不幸去世,周副主席和邓大姐送了花圈,并参加了追悼会。会后,周副主席还亲自扶棺将杨立三部长的灵柩送到墓地,看着下葬后,才同杨立三部长的夫人李琴握手告别,并嘱李琴同志节哀珍重。

三个梨的故事

在西柏坡,我们住在村子最东边的一个小院里,作战部长李涛和我们住在一起。我们和毛主席、任弼时是邻居,毛主席、任弼时各单住一个小院。三个小院是一个大院,大院门是一个大豁口,右边有几间平房是机要室。

刚住进去时,周副主席办公室西侧有棵小梨树,树干已有核桃那么粗了。因为梨树在这里是稀罕物,周副主席和邓大姐特意嘱咐我们:你们要把这棵小树管好,要常浇水,不要干死了。周副主席、邓大姐既然这么认真,我们自然不敢怠慢,因为我们是共产党、八路军,是人民的队伍,是保护人民利益的。为了保护好小梨树,我们除了适时浇水外,还特地在树旁插上了一个木桩,来保护这棵小梨树,并将吃过的鱼虾的肠肚等废弃物作为肥料埋在树下。

功夫不负有心人,过了不长时间,这棵小梨树居然开了花,是一簇小白花,后来还结了三个果。此后,我们对它的护理就更精心了,每天都要看看这三个果还在不在,长大了没有,长了多少。

到了秋后，梨成熟了，是雪花梨，个头还挺大。周副主席指示我，把梨摘下来送还给房东。我抓住树枝小心翼翼地把梨摘下来，用手绢包好。当送给房东时，房东说什么也不收，说这是经你们管理才长出的梨，你们就拿去吃了吧。我向房东解释：我们共产党、八路军纪律严明，要按三大纪律、八项注意办事，不拿群众一针一线。我们又是党中央领导机关，当然更不能随便吃老百姓的东西。虽再三说明，房东就是不收，一定要我拿回来。万般无奈，我只好按高于当时的市场价给了房东钱，把三个梨又拿了回来，向周副主席汇报了送梨、给钱的经过。根据周副主席的意见，给作战部长李涛送去了一个，剩下的两个我们大伙分吃了。也许是自己亲手劳动结成的果，大家吃得非常香甜。

邓大姐教我做鱼

西柏坡位于河北建屏县（现平山县），离石家庄不是很远。村子虽不大，但背靠大山，面向滹沱河，不但风景秀丽，而且农产丰富，既有小麦、玉米，又有水稻，是个较为富裕的小山村。

正由于它的地理位置、自然条件比较优越，党中央、毛主席才把这里作为指挥全国几十个战场、特别是三大战役，由农村进入城市、最后取得全国胜利的指挥所。也是毛主席、党中央领导进北京的一个过渡之地。

正是由于这里是临时性的过渡之地，所以生活和居住等方面一切从简，没搞什么修建。首长们要是想洗澡，也只能烧水擦一擦。夏天我们就到滹沱河里洗一洗。当然，有时也会在河里游游泳，或在河里抓抓鱼。河里的鱼真不少，有白条、鲫鱼，还有鲤鱼，摸到了就美餐一顿。如果多时就送到厨房，给大家改善生活。有一次我们抓到两条大鲤鱼，每条约有二斤重。拿回来时邓大姐看到了就问，这鱼是哪里来的？我们说是游泳时抓的。邓大姐说这么好的鱼，得好好做一做，吃起来才有味。然后又问，你们会做鱼吗？我们都说不会。邓大姐说，今天我来教你们做红烧鱼。我们只吃过鱼，谁都没见过做鱼，当然更不知道怎么做红烧鱼，又是邓大姐亲自教，自然巴不得，便异口同声地说，好！太好了！邓大姐又问，你们会杀鱼吗？我说我会。邓大姐让我杀好鱼，刮掉鱼鳞洗净后，还要到小灶伙房要几样东西来才能做。她写了一个条子，我拿着到小灶伙房要了少量的葱、姜、蒜、酱油、醋、大料、油、盐等，我还借了一口小锅、一个铲子。邓大姐亲自动手一边做一边给我们讲，说这是周副主席教她做的。具体做法是：她先把各种调料备好，由于当时没有料酒，就放了一点白酒在一个大碗里，加水搅匀放在一边备用。然后将洗好的鱼切成块，放在面粉里滚一下，待锅里的油加热后，分次放在油锅里煎（因为油少，不能炸）一下，最后把鱼全放在油锅里，再把备好的调料放进去，又放了一些白糖。她说，如果有条件放几片肥肉或猪皮会更好吃。我们用小火炖了半个多小时，中间将鱼块翻了两次就做好了。做好后，邓大姐先夹了两块叫我们尝了尝，大家都称赞说里外一个味儿，确实很好吃。就连我这个在国共和谈时期曾随周副主席去过重庆、南京，吃过各种做法的鱼的人，也觉得这红烧鱼做得非常好，可称得上是天下第一美味。大姐还告诉我们，周副主席当年在法国巴黎勤工俭学时，为了节省费用，他们几个穷学生在一起自己起火做饭。他们有分工，有管采购的，有管做饭的，有管洗碗的……周副主席管做饭，他用豆腐能做出十几道菜，这都是勤工俭学练出来的。大家听得目瞪口呆，惊讶不已。

晚饭时,邓大姐带了约三分之二到小灶食堂里和大家一起吃。我和王还寿(也是警卫员)则把饭从食堂里打回来,就着红烧鱼美美地吃了一顿,还剩了不少。留到第二天中午连汤带鱼都成了鱼冻了,我们问邓大姐,是否把剩下的鱼热热再带到小灶食堂去吃。大姐说不用了,你们留着吃吧。你们不懂得,鱼冻比刚烧出来的鱼更好吃。邓大姐既然说了,我们也不好再坚持,就留下来中午就着饭又饱餐了一顿。这鱼冻吃起来确实另有一番滋味。

也就从这时我学会了做红烧鱼。几十年来我家每逢做红烧鱼都是我按照大姐教的方法,也就是周副主席做鱼的方法,只不过加的不再是白酒,而是料酒了。按这种方法烧出的鱼,确实与众不同。凡是来我家做客、吃过我烧的鱼的人,都交口称赞,有的甚至说比饭馆里烧的鱼还要好吃。

西柏坡的舞会

党中央搬到西柏坡后,由于这里是小山村,条件比较差,且正在进行辽沈、平津、淮海三大战役,召开七届二中全会,为进入北平、解放全中国做准备,工作繁忙,所以没有按照中央机关的老传统组织文化学校、搞俱乐部等,一切从简。但为了让首长们活跃一下生活,放松身心,1948年夏秋,组织了几次舞会。舞会的组织者就是原中办机关俱乐部负责人,时任警卫科指导员的毛崇横,舞会地点就在村东、毛主席和几位领导同志住的大院子里。

大院向西有一个豁口出入,一进豁口右边几间简易的平房是机要办公室。大院子里靠北边有三个小院子,从西往东分别是毛主席、任弼时、周恩来三家的住处。大院是一片空地,很

像是农家的打谷场,这就是举办舞会的地方。

为了活跃首长们的生活,由毛崇横提议举办舞会,经请示办公厅主任杨尚昆同志批准,一个星期六的下午在食堂贴出了公告,告知大家当天晚饭后在东大院空场举办舞会,欢迎届时光临。同时让警卫排长阎长林报告毛主席。

晚饭后,毛崇横找了几个年轻同志,把场地扫了一遍,又到食堂搬来凳子,放在东边和南边,在北边临近首长住地,摆了两条长桌和几把椅子供首长用,形成了个半圆形的场子,这就算是舞池了。没有电灯就找来汽灯挂上。没有乐队,就把机要局会拉二胡、会吹口琴、会拉手风琴的同志接来。舞伴自然是机要局的女同志,还有就是从各单位邀请来的女同志,男同志自由参加,或跳舞或在一旁助兴。

回想过去在延安时,每逢星期六都在杨家岭中央大礼堂举办舞会。那时住在王家坪、枣园的首长都来参加舞会,可谓盛况空前。可是自从转战陕北一年多来,由于离开了延安,由于战争,中央机关一直在农村转来转去,再也没举行过舞会。

也许是因为工作太紧张,急需放松一下,也许是因为一年多没参加舞会了,大家兴致都非常高,吃过晚饭都早早的聚集到大院空场上,单等舞会开场了。

天黑下来,点起汽灯,奏起音乐后,舞会就开始了。最先来的是朱德总司令,接着毛主席和江青也来了,然后是刘少奇和王光美同志,周副主席等都相继到来,大家无不报以热烈的掌声,以示欢迎。乐队奏起了乐曲,晚会开得很活跃。当时按照延安的老传统,跳的是交谊舞。因为女同志很少,舞场里有的是两个男同志一起跳,尽管如此,大家跳得还是很起劲,很酣畅,直至尽兴。

说到这次舞会,邓大姐曾问我,这个主意是谁出的?我告诉她是毛崇横指导员,并说一切都是他操办的。邓大姐为此还特地向毛崇横表示了谢意:"毛指导员,得谢谢你,你为领导同志办了一件好事,……"

说起办这次舞会,毛崇横真不容易,除了要请示、借汽灯,还要组织乐队、舞伴。特别是那个汽灯,只有纱罩,没有玻璃罩,夏季农村飞蛾又很多,飞蛾一见灯光就扑来,而纱罩一碰破,汽灯就不亮了。这时警卫人员就把马灯提来赶快挂上,作为临时照明用,等汽灯换上纱罩再用。为了解决这个问题,毛崇横只好搬来一张小桌子,他站在上面,不停地用草帽扑打飞蛾,防止飞蛾碰上纱罩,以保证舞会顺利进行,直至结束。

我跳交谊舞就是在西柏坡学会的。一开始,我既不懂得什么慢三步、快三步,也不懂得踩音乐的节拍,笨手笨脚地不知踩了多少次王还寿的脚。王还寿颇有耐心,不厌其烦地手把手直到把我教会。

然而作为舞会的策划者、组织者的毛崇横,虽然在西柏坡举办了多次舞会,他却一次也没有跳过舞。不是他不会跳,也不是不想跳,而他是为了保证中央首长和同志们跳得尽兴,始终站在桌上,用草帽轰赶扑打灯罩的飞蛾,全心全意为了舞会顺利进行,全心全意为领导和大家服务。

一堂难忘的课

建国前,我们的干部战士绝大部分是工农出身,文化水平较低。党中央为了提高大家的文化素质,规定各级机关要组织文化学习。在延安时各级机关相继建立了业余文化学校,为广大干部战士补习文化知识,而且为方便因值班不能按时听课同志们学习,每次都是上午讲一次课,晚上再讲一次课。文化补习对干部战士帮助很大,我就是从那时开始学习文化的。在我

的记忆中,有一堂课给我留下的印象最深。

当时,大家刚从山沟里出来,没见过大城市,不知大城市是什么样子。为了让大家对大城市有所了解,为进入北平做好思想准备,这堂课的内容是介绍北平。因年代久远,主持人是哪位已记不清了,但讲课人和讲课的内容给我的印象很深。讲课的是于光远同志,他很谦虚地说:"我在清华园读过几年书,对北平有一点了解。"他告诉我们,北平是座四四方方的古老城市,有12个城门,围着城墙走一圈有40里路。城里的街道都是正南正北的走向,东西城街道的名称大都对称。比如东四、西四等。他又着重介绍在北平城中间有座故宫,那是皇帝住的地方,里边有三座大殿。故宫里还存放着国内外进贡的珍宝。故宫每天定时开放,供人参观。……

接着他又介绍西郊的万牲园(现动物园)。他说万牲园和他就读的学校都在西郊,所以他常去万牲园。听他讲万牲园里有各种各样的动物,如长颈鹿、麋鹿……凶猛的有老虎、豹子。喂一只老虎、豹子,每天要十多斤肉。最小的还有蚂蚁,养在玻璃钵中,这样游人可以观察到它们在窝里生活的情况。另外还有大象、犀牛等,水中有珍贵的河马、鳄鱼等。说长颈鹿、麋鹿不吃肉,吃青草,因为长颈鹿的脖子长,要在高处挂个筐子喂。他讲课时不用稿子,但思路开阔,清晰,讲得生动有趣,我们听得津津有味。随着他讲到之处,我们在脑海中努力勾画着北平的样子,心中期盼着全国胜利时大部队进入北平的那一天。我们进北平的日子也指日可待了。

回想起来,在西柏坡近一年的时间,生活虽然艰苦,但精神上却很充实,可以说是苦中有乐。缅怀和周副主席、邓大姐共同度过的日日夜夜,感慨万千,这些珍贵而美好的回忆发人深思,催人奋进,激励着我们永不停步,去创造更加美好的未来。

周副主席在西柏坡

告别西柏坡

周恩来在解放后的一个批示中写道:"西柏坡是毛主席和党中央进入北平前,解放全中国的最后一个农村指挥所。指挥三大战役在此,开党的七届二中全会在此。"①

毛主席和党中央在西柏坡的近一年中,运筹帷幄、决胜千里,一举摧毁了国民党反动派的反动统治,1949 年春,中国共产党领导的、经亿万人民数十年浴血奋战的新民主主义革命已经取得了不可逆转的胜利。3 月 23 日是毛主席率领中央机关进军北平的日子。

3 月 22 日下午,作战室的同志经周副主席同意,把他办公室的地图和有关资料收走了。我们把捆好的行李和书籍都交给了收行李的同志装上了卡车。晚上机要室把电报和机要文件也收走了,周副主席只留一个文件包,装的是一些必办的材料。

晚饭后,行政处长伍云甫、警卫处长汪东兴来向周副主席汇报第二天走的安排。临走时汪东兴处长告诉我说,明天走时周副主席坐 6 号吉普车。邓大姐因在北平召开全国妇代会,已走多日了。

因一切准备就绪,晚上 10 点后,周副主席破格在院子里散了会儿步。当时几位首长处最数周副主席处人少,只有副主席和我们两个警卫员,整个院子里显得清静。因为没什么事情了,副主席约在 12 点左右洗了脚,拿了本书也休息了,要我明天早上 8 点叫他起床。

---

① 见《叶子龙回忆录》137 页,中央文献出版社 2000 年 10 月第 1 版。

23日，早上7点多钟，没等我叫周副主席自己就起来了，我们趁他上厕所的时间将他的被褥包好，再把所有带的东西收好放在大门口。周副主席洗漱后，对我们住的房子做了一次检查，边查边问："你们有没有损坏过老乡的东西？""没有！"说着从小院子出来，在大院里散步。

8点，周副主席在去食堂吃饭的路上，正巧碰上行政处长伍云甫，两人边走边说那天大灶不起火，所有人都在小灶食堂吃饭，我们也当了一次"首长"。吃饭时，周副主席对伍云甫说："你负责收尾，一定要按'三大纪律、八项注意'办，做到群众满意，他们帮助毛主席、党中央为解放战争的胜利做出了贡献。"并让伍处长代表毛主席向他们问好，谢谢他们。

饭后周副主席在大院里散步，顺便看了看作战办公室、机要办公室，都已人走屋空了。随后又来到毛主席住处，问值班卫士李银桥："主席什么时候睡的？"李银桥说："主席让10点叫他起床。"周副主席说可以晚点叫，让主席多睡会儿。（原定11点出发）说话间叶子龙来了，他同周副主席握手说："昨天睡得好吧？"说着任弼时出来了，紧接着朱总司令、少奇同志都来了。因为是进北平的日子，看得出大家都很兴奋和激动，穿得也很整洁，大家谈笑风生，充满了喜悦。

毛主席出来后，与刘少奇、周恩来、朱德及许多同志紧紧握手。临上车前他对周恩来说："今天是进京的日子，赶考去哟！"周恩来说："是啊，我们都应当能够考试及格，不要退回来！"毛主席说："不能退回来，退回来就失败了。我们决不当李自成。"说着，他向大家挥了一下手："请走！希望我们都能考个好成绩！"

就这样，人民领袖毛泽东和他的战友们沐浴着春风，告别了西柏坡，离开了莽莽群山，向着大平原，向着北平进军，走向新中国。

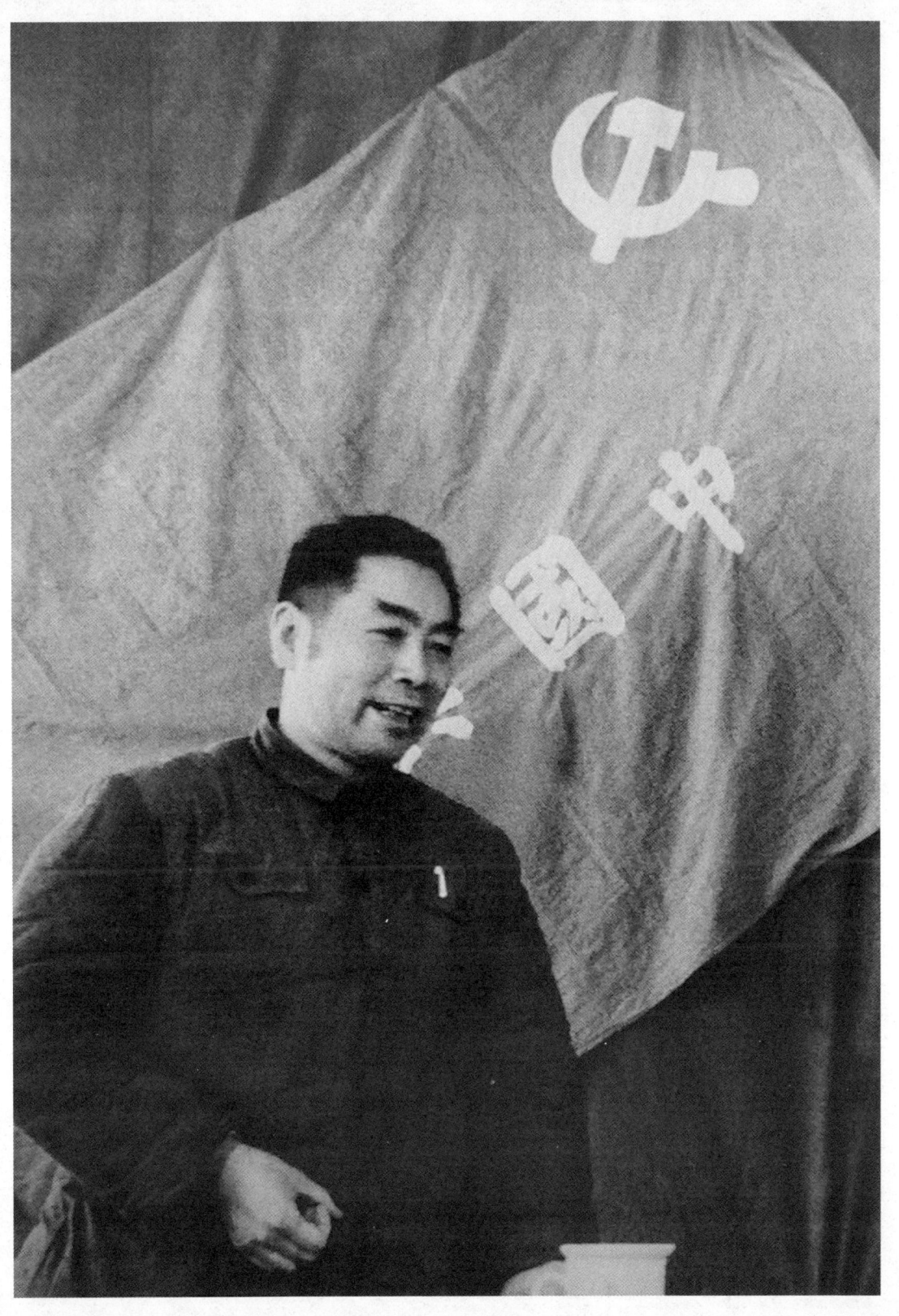

周恩来在西柏坡召开的七届二中全会上讲话

初到香山的日子

周副主席和邓大姐住在原香山饭店右侧的一个小院里，小院共有七间小平房，呈三角形，前边有走廊连接，两头门有出入口，一边通上面，可去香山饭店，一边通下面，要进城去毛主席处一般都走这个门。

室内布置情况：从下边上来第一间，是工作人员住房，内有两张单人木板床，一个三屉桌和一把木椅。第二间是会议室，有一套旧沙发，一个小长方形茶几，一套茶具和两个新热水瓶。第三间是周副主席办公室，内有一张写字台，一把转椅，几把木椅子，桌上放一部自动电话机。拐弯第一间是餐室，一张方桌，四把椅子。餐具都是自己从西柏坡带来的。第二间是邓大姐办公室，一张小一点的写字台，一把弹簧椅，另有两把木椅。第三间是周副主席和邓大姐的卧室，放一张双人床和一张单人床，都是木板床。单人床上铺布弹簧垫，双人床上铺布褥子，有两把木椅子。最后一间仍是工作人员住房，放有两个单人木板床，一个三屉桌和一把木椅子。所有用具除热水瓶外都是旧的，没有衣柜、书柜和衣架。尽管如此，条件比起在西柏坡是强多了。当天上山后，书记处首长在毛主席住处开会吃晚饭，周副主席回来已经很晚了，看了看房间，说住的还不坏嘛！

到香山的第二天就进城工作。当时在城里的活动地点主要有三处：一是北京饭店，那里住的主要是民主人士；二是六国饭店,准备给国民党政府谈判代表作住处;三是中南海勤政殿和丰泽园,国共谈判、重要会谈和会见客人都在这里。毛主席和党中央其他领导人都住在香山。周副主席的工作都在城里,因此,每天白天进城,晚上从城里回香山。当时道路很不好走,每次从香山经青龙桥、海淀、西直门、中南海,往返单程需要一个小时左右。有时一天跑两趟。那时通讯也很不方便,经常有急事打不通电话,给工作带来很多不利。记得有两次有急事打不通电话,急得团团转也无济于事。只好乘汽车到住地,现场解决。

当时,邓大姐正在参加中国妇女第一次全国代表大会,住在城里妇联会办公室,很少回香山。他们二位首长见面时,邓大姐风趣地说:我们又是几天没见面了……

当时,北平的社会治安状况很复杂。虽然和平解放了,傅作义的部队也改编了,但国民党特务的破坏活动仍时有发生。曾破获了国民党特务预谋用迫击炮炮轰天安门的案件。青岛、舟山群岛还未解放。5月4日,国民党六架飞机偷袭了南苑机场,投弹30枚,炸毁机库一个,飞机4架,房屋20幢,死伤24人。4月24日晚,特务放火烧了北京电车总厂,烧毁电车42辆,造成很大经济损失。4月25日,周副主席进城给情报、公安干部作报告,先听取汇报。会上,当周副主席得知电车总厂被烧时,要休会,带领有关同志亲临现场察看,后未去成。在报告时有针对性地对情报、公安干部指示说:"今后发生问题,领导干部要到现场。""要受气不讲,有苦不说,舍己救人,冒险犯难,埋头苦干,长期艰苦奋斗,并传之后代。"那时,香山挖了防空洞,景山顶上安有防空警报器。有一天上午得知敌机要来空袭时,周副主席等曾到北郊旧土城外树林里躲避。每次开大型会议,对与会来的汽车,周副主席都指示公安部门采取疏散隐蔽措施,以防万一。

当时，唯一的交通工具是汽车，但也是很少很旧的。周副主席用的一辆车，是从天津调来的紫红色美国车，牌子名科力司，很显眼，全北平就这么一辆这种颜色的车。邓大姐建议给更换一辆，但别的车更破旧，不能保证工作，只好用它。为了保证周副主席的安全，在一段时间里，周副主席出入城时，给派一辆随车，是美国的旧吉普车，速度慢跟不上。有时周副主席白天不要随车，晚上出入城时才要随车。我们的周副主席，

1946年中共代表团在重庆用的车（黑色）

初到香山的日子

1946年中共代表团在重庆用的车（紫色）

就是在这样情况复杂、条件有限的情况下，日理万机地工作着。

在香山期间，只有一次在去主席处开会途中发现看错了表，出来的时间早了。他顺便到香山饭店转了一圈，问及一些情况，同伙房同志见了面。当时厨师都是从西柏坡来的老同志。除去主席处开会外，没有别的活动。连住在下面的少奇同志、朱总司令家都没有去过。

为了减轻周副主席每天往返的劳累，约在4月底或5月

81

初，我们在中南海临时找了间房子，是在丰泽园东院的最后一排叫紫云轩。紫云轩共五间房，东边两间供周副主席用。西边的两间供林伯渠同志用。中间一间是过厅。作为周副主席临时在这里休息，这样有时就住在城里。一直到 10 月初，才将香山的家全都搬到中南海西花厅。

周副主席在香山

进北平

1949年3月23日，毛主席、刘少奇、周恩来、朱德、任弼时率领中央机关离开河北西柏坡，向北平进发。每家一辆吉普车坐人，一辆卡车拉行李，浩浩荡荡，很是壮观。沿途因路况不好，没能按预定日程到达住地——保定，到达唐县时已近黄昏，只好临时在一小村庄住下。第二天中午到达保定，听取了地方负责同志的工作汇报后，继续北上。到达涿县时，受到时任北平市军管会主任、北平市市长叶剑英的迎接。他向毛主席及中央领导汇报，要搞欢迎中央进北平仪式的安排。

24日深夜在涿县换乘火车，25日晨抵达清华园车站，然后换乘汽车到颐和园休息。上午，周副主席让我留下看管文件等物，他同有关同志去机场检查阅兵式的现场。下午，同毛主席和其他中央领导同志，在西苑机场检阅了入城部队，并第一次接见了在北平的高级民主人士，然后回到香山。

周副主席当时既是党中央副主席、中央军委副主席，同时还是中央军委代总参谋长。由于身肩重任，所以到颐和园后他顾不上休息，让我留下看管文件行李，就同有关同志去西苑机场检查下午阅兵式现场，为毛主席、朱总司令及其他中央领导下午在西郊机场检阅我军的进城部队和会见高级民主人士进行

安排。事必躬亲，这是周副主席的一贯作风。据随行的同志说，那天上午，他在西苑机场先听取了有关下午检阅安排的汇报，又察看了阅兵仪式场地布置和行走路线，询问了受检部队情况，并对检阅安排做了适当调整，这才返回颐和园。吃过午饭，稍事休息，下午陪同毛主席、朱总司令参加阅兵式。检阅完毕，又会见了民主人士。活动结束后，才陪同毛主席和其他领导同志一道去了香山住地。

住香山

当时中央机关之所以住在香山，是因为北平刚刚解放，国民党特务及残余势力还没肃清，而且平西地区早在1949年以前已被我方控制，地区党组织健全，群众基础也好，比城里要安全得多。住香山也是一个过渡。毛主席、周副主席和其他中央领导同志在10月初前一直住在这里。6月以后，毛主席和周副主席有时住城里中南海，有时住香山，直到10月初，才搬到中南海。

那天，在西苑机场举行阅兵仪式时，留在颐和园的我们大部分人先去了香山住地。

香山当时上山去住地只有一条临时修的只能单行走吉普车的小路，通到双清别墅下边，中间不能错车，只能先上去一辆吉普车，等车返回后，另一辆吉普才能上去……这样等毛主席和中央领导都上去后，我们才能搬行李上去。由于等候时间长，大家都很着急，问有没有别的路可上，说有，是一条笔直的石阶路。当时香山大门是个四方的水泥框架，没有门，上面写着"香山慈幼院"。为了汽车能开进去，在大门的东侧开了一个豁口，进去20米左右有座小桥，桥两边各有一个小水池，说是水池，里面既无水又无鱼，杂草丛生。左前方有一条笔直很陡的石阶路去香山饭店，也是去我们住地的通道。后来我们边登山边数了一下，到住地要有130多级。在香山半山腰处向左，可去毛主席住地双清别墅，向右50米处有一个大圆门，进去是朱总司令和少奇同志、周副主席住处。香山饭店在最高处，要去香山饭店还要登100多级台阶。

当时香山住地，距卧佛寺、碧云寺、樱桃沟、鬼见愁这些风景点都很近，但周副主席工作繁忙，无暇顾及，一处也没去游览过。

周副主席虽说住香山，但只是晚上住一住，白天大都在城里奔波。如果说他在西柏坡时工作很忙，那么在进城后就更忙了。首要的是准备和南京国民党举行和平谈判；另一方面他还要协助毛主席指挥解放战争，准备百万大军过长江，彻底摧毁南京国民党反动政权，解放全中国。再就是与当时在北平的民主人士以及在香港等地其他民主人士座谈，讨论筹备召开新政协，制订共同纲领，研究组织新政府等有关问题。还有就是对傅作义部队如何收编，如何稳定北平的社会秩序，安定民心等。这么多的工作压在肩上，周副主席可称是日理万机了。

交通与通讯

周副主席当时在城里活动，主要地点一个是北京饭店（因为民主人士都住在那里），一个是六国饭店，那里是国民党南京政府和谈代表下榻的地方（六国饭店位于正义路和东交民巷十字路口东南角上，现已改建为外交部招待所）；另一个就是中南海勤政殿，国共两党和谈，同一些客人的重要会谈、会见也都在这里。

由于当时交通、通讯条件都很差，给工作造成很大困难。

周副主席的坐车是从天津选调来的美国道基车，紫红色的。当时全北平这种颜色的车只有这么一辆，很显眼。邓大姐提出能否换一辆，但别的车更旧，质量不行，不能保证工作，只好作罢。

当时北平刚刚解放，还没对反革命进行镇压，国民党特务活动猖狂，抢劫、杀人、绑票时有发生。当时青岛及舟山尚未解放，国民党飞机曾偷袭我南苑机场，造成了很大的损失。为安全起见，警卫处还给周副主席加派了一辆随车——美国旧吉普，可是由于它速度慢，跟不上主车，路上时常不得不停下来等它。那时周副主席每天都要去城里一趟，有时去两趟，有一次回香山晚了，西直门城门已关闭，经交涉，守门部队才打开城门让周副主席出城。就这样直到1953年从苏联进口了一批吉姆车后，才换下了这辆车。

同样，那时的通讯条件也不成，经常打不通电话，急得团团转。记得一次是周副主席在中南海勤政殿，写共同纲领时有事要找铁道部部长滕代远，晚上打了20分钟电话，就是打不通，周副主席只好让我坐车到东城煤渣胡同滕部长的住处，把他接来。还有一次，是周副主席从香山饭店打电话给住在六国饭店的国民党代表团黄绍竑，有事要向黄绍竑交代，而黄绍竑第二天要乘飞机回南京，向李宗仁请示国共谈判的有关事宜。多次要电话就是不通，周副主席只好于次日赶往西苑机场，当面向黄绍竑交代。那时从香山去西苑机场，要经过青龙桥、海淀镇、紫竹院、机场路。路上，周副主席一再催促他的专车司机钟步云，把车开得快一点，再快一点，务必在黄绍竑、屈武他们的飞机起飞前赶到机场。虽说路况差，那次车速也达到了每小时70英里以上，赶到机场时，黄绍竑正在登机。周副主席就在飞机旁，把重要事项向黄绍竑做了交代。由于通讯条件的制约，给工作格外增加了难度。

周副主席在香山

察看六国饭店和中南海

六国饭店位于正义路和东交民巷的十字路口东南角处，门口朝西，是一幢欧式楼房。

那时进入六国饭店的门是一个玻璃十字格小转门，随车的申虎城和张长胜，抢先进入小转门的门格，由于从来没走过这种门，两个人站在一个门格里，一个要进，一个要出，结果进的进不去，出的出不来。周副主席看着他们那个狼狈样子，不由得哈哈大笑，真是刘姥姥进大观园，出尽洋相。后来还是周副主席教他们怎么走，手把手教他们一个一个进了饭店。

当时先到场的是齐燕铭和负责接待国民党代表团的王拓。他们带领周副主席首先查看了国民党代表要入住的房间，并对代表们谁住哪个房间做了一点调整，然后又看了看代表们吃饭的餐厅，并过问了伙食标准。

从六国饭店出来，周副主席和我们又乘车来到中南海，查看国共和谈的地点。由于我们进中南海新华门时，门口无人过问，引起了周副主席对中南海安全的关注。

在这里负责打前站的是周子健。车开到丰泽园门口，我们和周副主席下了车。这时周子健和城工部的几个干部已等候在丰泽园门口。周副主席首先问了中南海有几个门？除了新华门，其他几个门平时开不开？接着又问，进入中南海要不要证件？要什么样的证件。周子健告诉周副主席，中南海共有新华门、西门、北门和东门四个门，除了新华门，其他三个门平时都不开。至于进入中南海的证件，周子健说，我们做了一个圆证章，证章的上面是中南海三个字，中间是五角星，下面是出入证字样。说着他拿出几枚铜质的圆证章，给了我们每人一枚，让我们佩戴在左胸前，另外又拿出一枚，让我们也给周副主席戴上。周副主席说："这种证章怎么行，谁戴上都能进，万一丢了怎么办？"周副主席又说，应该用硬纸做成折叠式的，外边有中南海出入证字样，里面写上姓名、性别、年龄、工作单位，将来还要贴上本人免冠照片。

1949年进中南海的证章

关于具体的谈判地点，周子健带周副主席先看了丰泽园颐年堂，因为里边没有厕所，只有一个男用小便池，周副主席说不行。后来又看了勤政殿，勤政殿门口有两个大铜狮子，整个大殿未经修缮，虽然旧了一些，但里边设施比较齐备。通过过厅就是大厅，大厅中间摆着一个扇形的大办公桌，桌上铺着绿毛呢、玻璃板。周子健介绍说，这是当年袁世凯办公用的，后来傅作义也用过。大厅西边是一个大房间，可以做休息室，里边有卫生间。周副主席看后说："谈判就定在这里吧，大厅中间要摆上长方会议桌，作为谈判用，西边的大房间有卫生间，可作为国民党代表团休息时使用，我方代表团休息就在东边的房间。"

当时城工部已在中南海办公。周副主席告诉城工部的同志说，我们已通知国民党南京政府，4月1日在北平谈判。国民党代表团从新华门进出中南海，并告诉城工部的同志，要尽快做好准备。

起草共同纲领

当时政协常委会决定成立三个组，起草有关文件。周副主席分工负责起草《共同纲领》。他用一个礼拜时间全力以赴地从事这项工作，起草之前，他先读了毛主席的《新民主主义论》、《论联合政府》等文章，并参阅了苏联的一些资料，必要时还找滕代远、李维汉等有关人员谈话。写好一部分就通过机要秘书叶子龙送给在丰泽园的毛主席审阅，毛主席审阅后提些意见又通过叶子龙送到勤政殿来。这一周他没外出，不会客，把自己关在勤政殿，直至《共同纲领》书写完成。执著、认真、负责，这是周副主席的一贯作风。

电车厂事件

当时虽说北平和平解放了,傅作义部队也改编了,但北平的社会治安依然很复杂,土匪恶霸横行,尤其是国民党特务破坏活动相当猖獗。4月24日晚,国民党特务放火烧了北平电车总厂,烧毁电车42辆,造成了严重的经济损失。5月4日国民党飞机偷袭了南苑机场,投弹30枚,炸毁了机库一个,飞机4架,房屋20幢,死伤24人。我公安部门还破获了一起意大利人李安东和日本人山口隆一企图在我开国大典时,用迫击炮炮轰天安门的案件。

4月25日,周副主席在给情报、公安干部作报告前,先听取了情报、公安干部的汇报。当得知电车厂昨晚被烧后,当即要休会,带领有关人员亲临电车厂现场去察看,后来没有去成。在作报告时他有针对性地指出:"今后发生问题,干部一定要到现场"、"要受气不讲,有苦不说,舍己救人,冒险犯难,埋头苦干,长期艰苦奋斗,并传之后代。"

为了防备国民党飞机来偷袭,那时在香山挖了防空洞,景山顶上安了警报器。有一次获悉国民党飞机要来偷袭,周副主席曾到北郊旧土城外的树林去躲避。因此,每次开大型会议,都指示公安干部要对与会同志乘坐的汽车采取疏散隐蔽措施,以防不测。

周副主席在香山

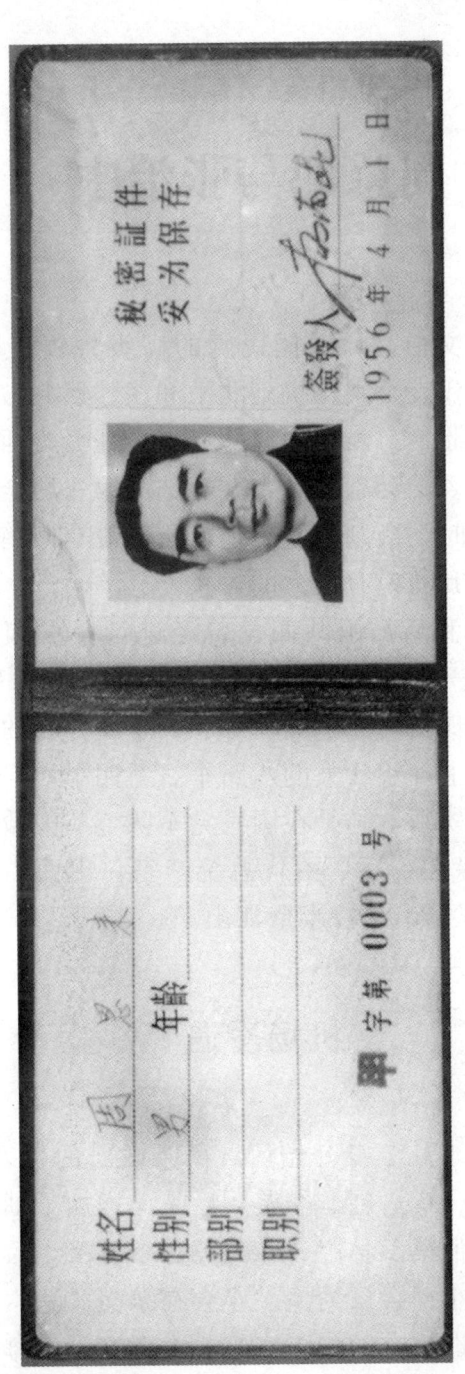

1956年周总理进中南海的证件

周总理与张治中

张治中，字文白，原系国民党的高级将领，1949年作为南京政府的首席代表，乘飞机到北平和谈。谈判破裂后，他没回南京而留在了北平。新中国成立后，被任命为西北军政委员会副主席、国防委员会副主席，并当选为第一届全国人大常委会副委员长。当时，谈判破裂后他之所以没有回南京，与周副主席的诚挚关怀和劝说有极大的关系。

抗日战争胜利后，国共两党曾经进行两次和谈，一次是1945年，一次是1949年。1945年是在重庆，而1949年这次是在北平，也即现在的北京。重庆和谈，蒋介石的目的在于收编我在抗日战争中日益壮大的八路军、新四军，实现国民党一党统治。而北平谈判，则是在国民党军队节节失败后，蒋介石宣布"下野"，躲在幕后，由代总统李宗仁出面，妄图搞"划江而治"，在长江以南维持半壁江山。

机场冷遇

这次谈判是4月1日开始的。南京政府的代表是张治中、邵力子、黄绍竑、章士钊、李蒸，后来又增加了刘斐。我方代表是周恩来、林伯渠、林彪、叶剑英、李维汉，后来又增加了聂荣臻。会谈以小型会议为主，小会在东交民巷六国饭店，后改名国际饭店，即现今的华丰宾馆，大会在中南海勤政殿。

南京代表团是4月1日下午两点达北平的。同来的除张治中等5人外，还有代表团顾问屈武等其他工作人员20多人。按惯例，周副主席作为我方首席代表，应当到机场去迎接，但周副主席没有去，其他和谈代表也没有去，去的是北平市副市长徐冰、和谈代表齐铭燕、东北野战军参谋长刘亚楼等人。张治中等人受到如此冷遇，颇感不快，也不理解。因为张治中在1946年落实"整军方案"和解决花园口问题上，曾和美国代表马歇尔同周副主席打过很长时间的交道，那时他对周副主席的印象是彬彬有礼，进退有节而不失原则，由衷钦佩敬仰，而这次却如此怠慢，颇感不快。直到晚上6点，周副主席和中共代表团其他成员，到六国饭店去看望，并设宴招待，他和邵力子等人胸中的不快才豁然冰释。

饭后，周副主席和林伯渠约张治中和邵力子谈话。谈话中，周副主席严厉质问张治中，你是南京政府的代表，还是蒋介石的代表？张治中说，当然是南京政府的代表。周副主席又问他，你既是南京政府的代表，为什么离开南京前还要到溪口去见蒋介石？张治中嗫嚅着说，蒋虽然已"下野"，退居溪口，但军队还在他手上，和谈如果得不到蒋的同意，即使协议达成也没有用。周副主席当即指出，文白先生（张治中，字文白，那时都称字不称名）不知你考虑过没有，你这样只会加强蒋的地位，混淆视听，证明蒋有力量控制南京代表团，控制和谈。接着又斩钉截铁地说，这种由蒋导演的和谈我们是不能接受的，历经战乱的人民也是不能接受的。这时，张治中和邵力子才明白，周副主席为什么不到机场去迎接。事出有因，是张治中先到溪口见了蒋介石，而后才有机场的怠慢和冷遇！

问张治中我军多长时间能渡过长江

周副主席和张治中等人会见后,4月2日,双方代表按照头天晚上商定的办法,在六国饭店进行个别交谈。周副主席和张治中谈,叶剑英和黄绍竑谈,林伯渠和章士钊谈,李维汉和邵力子谈,聂荣臻和李蒸谈,林彪和刘斐谈。

周恩来与张治中

这次和谈是蒋介石在1月1日发表的一篇声明中提出的。在这篇声明中，他一改过去那种咄咄逼人的气势，说什么只望和平能实现，他本人的进退出处，决不介怀。他的条件是保留伪宪法、伪法统和反动军队。蒋介石之所以此时要求和谈，是因为他在美国支持下发动内战，经过两年零九个月的较量，特别是经过辽沈、平津、淮海三大战役，政治、经济、军事力量大大削弱，已处于穷途末路。

针对蒋介石的声明，毛主席于1月14日发表了《关于时局的声明》，表示可以和谈，但要在八项条件的基础上进行。这八项条件是：一、惩办战争罪犯；二、废除伪宪法；三、废除伪法统；四、依据民主原则改编一切反动军队；五、没收官僚资本；六、改革土地制度；七、废除卖国条约；八、召开没有反动分子参加的政治协商会议，成立民主联合政府，接管南京国民党政府及其所属各级政府的一切权力。

我方虽然同意和谈，但并没有放弃过江的准备。

和谈从4月1日张治中等人到达北平开始，4月2日到12日，由双方代表个别交换意见，4月13日早晨，周副主席向南京政府提交了《国内和平协定草案》，晚9时双方会谈在中南海勤政殿正式举行。会上，周副主席首先就草案作了说明，然后张治中发言，表示南京政府发动内战是个很大的错误，然后指出了协议草案中不能接受的地方，并表示将很快拿出修正案。这次会议开了大约3个小时。14日经过一天的研究，张治中拿出了修正案。据张治中后来回忆，这个修正案与原草案最大的不同，是词句力求和缓，避免刺眼，同时对军队改编、联合政府作了若干修正。15日晚7时，周副主席会见张治中，把协议最后定案交给了他。当晚9时，在勤政殿举行了第二次会议，会上，周副主席就协议定稿作了说明，指出哪些方面已接受了南京方面的意见，作了让步，同时也指出有两点不能让步，这就是改编国民党军队的程序问题和解放军渡江接收国民党一部分地方政权的问题。并让南京代表团转告代总统李宗仁和行政院长何应钦，这个协议是最后的定案。会议开到晚10时许才结束。

当晚南京代表团回到六国饭店，立即开会研究，并决定次日派屈武和黄绍竑带着协议回南京请示。4月16日，屈武、黄绍竑带着协议飞回南京，李宗仁立即召集白崇禧、夏威等人商议，白崇禧一看协议就怒气冲冲地对黄绍竑说，这等于投降，像这样的条件你也带得回来！之后，张群带着协议去溪口见蒋介石，蒋看后拍案大怒：文白无能，丧权辱国！4月20日，李宗仁、何应钦电复张治中，拒绝接受和平协定。

早在谈判之前，解放军就已做好渡江的准备，之所以未及时渡江，是想用和平的方式达到胜利，使国家少受到破坏，多给国家保存一些人力物力，以利于未来的和平建设。和谈既已破裂，于是毛主席、朱总司令于4月21日向解放军下达了渡江的命令。

4月20日下午7时，周副主席去六国饭店，礼节性地拜访了张治中，对张治中说，既然南京政府拒绝在协议上签字，人民解放军就只好渡江了。张治中无言以对。临别，张治中送周副主席到楼梯口。周副主席忽然停住脚，回头问张治中，文白先生你看，人民解放军渡江需要多长时间？张治中思索了片刻说，南京方面有海陆空军30万，又修了几个月工事，我看没有一个礼拜是过不去的。周副主席笑了笑，便握手告别，然后下了楼。

回到中南海勤政殿，周副主席继续办公，看文件，大约在后半夜三四点钟，接到前线指挥部打来的电话，说已渡江成功，并说他们在浦口通过电讯局要通了南京的电话。南京电信局说，他们（指南京政府）早就跑了，我们正等着你们来接收。第二天一早，周副主席让我要通六国饭店电话，找张治中听电话。周副主席又把这一消息在电话上告诉了张治中。

挽留张治中

和谈已经破裂，解放军又已渡江，张治中、屈武、邵力子等人，非常懊丧。特别是张治中，作为首席代表受命于危难之中，本想这次和谈能谈出一个好结果，谁知蒋介石、张群、白崇禧、何应钦等人不识时务，仍然坚持其顽固立场，最后不得不放弃南京，丢盔弃甲，向两广云贵败逃。

尤其使他想不到的是，解放大军渡江之快之猛，更是始料未及。原先对解放军有能力过江，他并不怀疑，觉得那是迟早的事，只不过要费一些时日。因为长江是个天险，是一道天然屏障，加之国民党拥有陆海空30万军队，又修了三个半月的江防工事，虽然军事力量已大大削弱，但还不致一触即溃，另外，长江有外国军舰游弋，美国不会撒手不管。而解放军一无飞机，二无舰艇和大炮，要靠木船渡江，使天险变通途显非易事。然而毛主席、朱总司令一声令下，在邓小平总前委的指挥下，从4月20日子夜起，在西起九江东北的湖口，东至江阴，长达500余公里的战线上发起攻击，硬是凭着木船，强渡长江，一举摧毁了国民党经营了三个半月的防线，解放军渡江之快，犹如神兵从天而降。

见和谈已经破裂，解放军百万雄师又已过江，张治中觉得再无留在北平的必要，经与代表团其他成员商议后，于4月22日向周副主席和南京表示，准备24日回南京复命。周副主席得知后，当天就到六国饭店去看望张治中，恳切地希望张治中能留下来，并说，这次和谈，协定虽然遭到了南京政府的拒

绝,双方代表都觉得十分遗憾,但目前形势发展迅速,南京政府内部已四分五裂,今后恢复和谈,估计不是没有可能。即使全面和平办不到,在局部地区也可能会出现和平。张治中仍很犹豫,觉得自己是南京政府派出的,理应回去复命,否则从道义上也说不过去。周副主席又进一步劝说,以"西安事变"为例劝张治中说,"西安事变"我们已经对不起一个姓张的朋友,今天我们不能再对不起你。

周副主席所说的"西安事变"中对不起姓张的朋友是指张学良,在"西安事变"后,张学良不听劝说去见蒋介石,结果遭到了蒋介石的软禁和迫害。张治中对蒋介石翻云覆雨、寡廉鲜耻、心狠手辣早有所闻,听了周副主席情词恳挚的劝说,于是决定留下。南京代表团其他成员也决定留下。4月25日,白崇禧派飞机来北平接张治中等人。周副主席邀张治中一同去西郊机场,说要去接客人。张治中问是什么人,周副主席笑了笑说,你去了就知道了。张治中见周副主席说得很神秘,也不好再问,待到了机场,见到"客人",才知道"客人"不是别人,乃是自己的夫人和其他九位家属,不由欣喜若狂。事后张治中才知道,这一切都是周副主席的安排。周副主席在得知白崇禧派飞机来接张治中等人后,当即通知了上海地下党,要上海地下党秘密把张治中的夫人及其他家属送上了飞机。

和谈时的几个细节

其一:对六国饭店的安排

前面已经谈到,南京代表团的住地在六国饭店。因此,在南京代表抵达北平的前夕,周副主席即对六国饭店进行了视察,并对警卫、食宿、住房作了调整。

当时，周副主席并未进城，住在香山，进城需要经过玉泉山、青龙桥、海淀镇、西直门、西单、长安街、正义路，才能到达六国饭店。

当时我们车辆少，周副主席进城时，随车警卫处只给我们配了一辆小吉普，前边周副主席乘坐的主车速度一快，后边的吉普就跟不上了，要主车停下来等随卫车，再不就主车开慢一些，让随卫车能跟上。

1949年3月26日，也就是南京政府代表团抵达北平的前一天，吃了早点，我们随周副主席乘车，由香山住地出发进城到六国饭店。那天随卫的是张长胜和申虎城。六国饭店的门和别的门不同，是个玻璃小转门，张、申从未见过这样的门，想先进门观察一下，再让周副主席进去。两人走到门前，一同进入到转门的格子里，进也进不去，出也出不来，结果闹了个大笑话。周副主席一见哈哈大笑，说，你们真是土八路没有进过城，净出洋相。随即从门格子里把他们拉出来，然后告诉他们，一个格子里只能进一个人，才能转进去，并作了示范。张、申两人这才明白。

进了饭店，周副主席在前厅首先听取了负责接待南京代表团的王拓同志的汇报，然后登上饭店二楼，看了给代表团每个成员安排的房间，以及房间的设备，并对张治中、屈武、邵力子等人的房间做了一些调整。而后又看了看为代表团安排的会议室，最后下楼看了看厨房和餐厅，并与厨师和服务员一一握手，说辛苦你们了。临离开，又再叮嘱王拓等负责接待的同志，代表团的吃住行一定要安排好，要保证绝对安全，这是政治任务，不得有丝毫的马虎。

其二：对勤政殿的安排

中南海勤政殿，是1949年与南京政府代表团正式会谈的

地方，会场布置既要严肃庄重，又要得体大方，不能随意而为，想怎么布置就怎么布置，需要有正式会谈气氛，因此，周副主席非常重视。

3月26日，视察完六国饭店，周副主席又驱车前往中南海勤政殿。需要进新华门，我们随周副主席进新华门时，警卫没有让停车检查，车一直开进去，直到丰泽园才停下。这时，周子健、齐燕铭和城工部的人已在那里迎候。周副主席一下车就问齐燕铭，进新华门警卫为什么不示意停车检查，你们进门是不是也这样？齐燕铭拿出几个小圆牌给我们戴，说他们是凭小圆牌出入。周副主席看了看，小圆牌是铝质的，上有"出入证"三个字，背面编有号码。周副主席说，这怎么成，小圆牌丢了，别人捡去戴上，不同样可以进出！并指示，马上换上纸质的，印上姓名、年龄、性别、单位，今后还要贴照片。接着又走进丰泽园、颐年堂，到里面看了看，那里只有一个小便池，连洗手的地方都没有。然后又去了勤政殿。

勤政殿在一个小院子里。到勤政殿需要先上几个台阶，进院门后再上几个台阶，经过长廊才能抵达正殿。正殿较大，较宽敞，中间摆着一张半圆形的长桌，据说当年袁世凯曾用他做过办公桌，傅作义也用过。其他布置也都是原来的样子，未加任何改变。周副主席又走进两边的房间看了看，出来说，行。国共双方正式会谈就在这里举行。同时决定西边给国民党代表，东边给我方用，对会谈布置，也都一一作了具体安排，然后才离开勤政殿去北京饭店同刚到的民主人士谈话。

100

参观瀛台

　　1949年国共两党在北平和平谈判期间,大约是三四月间的一天。当时蒋介石没有诚意进行国共和谈,不想交出政权、交出军队,想以长江为界把中国分而治之,即把长江以北交给共产党,而长江以南则仍由他的国民党统治。当时的苏联领导人斯大林也有这个意思。而毛主席和党中央其他领导同志,则坚持废除旧法统,坚持改编国民党军队,所以两党谈判根本谈不拢,常常是谈谈停停,而且多是小会商谈,很少开大会,有时大会也开得很短。当时周总理是党中央副主席,周总理根据他的日程安排,计划在会议间隙去瀛台参观。

　　那天大会是在中南海勤政殿开的,散会后,周总理走出勤政殿,看了看腕上的手表,对我们说,走,到瀛台看看去!

　　瀛台在中南海,是南海中的一个小岛。岛上有殿宇、假山、亭子。中南海是新中国成立以来党中央和国务院的所在地。从南面的新华门进去,就是碧波粼粼的南海,南海北岸就是勤政殿,勤政殿与瀛台相对。南海北岸有一小独木桥直通岛上,过了木桥就是瀛台。这个在皇家园林中本不起眼的地方,之所以中外闻名,是因为"戊戌政变",慈禧太后囚禁光绪皇帝的地方。

　　当时瀛台不对外开放,无人管理。我们随周总理步行过桥,爬上一个斜坡,不远几步,就是瀛台了。瀛台大门没有锁,虚掩着,我们推开门,进去转了转。由于常年无人打扫,地上到处是灰尘、落叶,走廊上挂满了蜘蛛网,门窗廊柱油漆斑驳，一派荒凉景象。

我们跟随周总理，看了看瀛台，就从旁边一个小门走出来，来到海边。当年的海边不同于现在，是天然的土坡，又值三四月，天气已开始转暖，荒草蔓蔓的土坡上，已有青青嫩草长出。我们走到斜坡时，见有许多青蛙和鳖在岸边。鳖在岸边晒太阳，它们见有人来，便一个个扑通扑通地跳到水里去了。坡下临近水边是用片石铺的。走到南边有一个花坛近四米高，中间竖着一块木化石，约有一人多高，周围用铁丝网围着，显然是为了保护它，不致遭到破坏。中间有一块木牌子，上边模模糊糊不知写了些什么，在旁边的铁丝网上还开了个洞，不知是什么人干的。周总理走近去，戴上老花眼镜看了很久才离开。牌子上写了些什么，周总理没说，我们也没打听。以后谁也没提起过。后来我想，很可能那块木牌子上写的是那块木化石的名字以及它的来历。

我们随周总理看完木化石，就从东边往回走。这里有几个假山，还有个亭子。周总理走到其中的一个亭子上，掸了掸亭子围栏上的灰尘，坐下来休息了一会儿。在休息期间，周总理给我们讲起了慈禧太后在瀛台囚禁光绪皇帝的历史。我们都是从农村出来的，又是到北平不久，见闻很少，尤其是对近现代历史知道得更少。通过周总理的讲述，才知道什么是"戊戌政变"。在"戊戌政变"中，光绪皇帝在康有为、梁启超、谭嗣同等人的鼓动下实行新政，即"百日维新"，遭到慈禧太后及一班坚守"祖制"的王公大臣的嫉恨。他们收买了在天津掌握新军的袁世凯，把光绪皇帝囚禁在瀛台，每天按着慈禧指示办，晚上从水上用船把妃子送来。一直到1900年，八国联军进占北京前夕，慈禧太后才匆匆忙忙把光绪皇帝放出来，一同逃往西安。当然，逃跑之前，慈禧太后并没有忘记光绪皇帝的爱妃珍妃，她让太监把一直支持光绪皇帝的珍妃推进井里。现故宫当中的"珍妃井",就是当年珍妃被淹死的那口井。从1898年9月21日"戊戌政变"到1900年8月八国联军攻占北京以前,光绪皇帝一直囚禁在这里。周总理还告诉我们,慈禧太后是个守旧派,权力欲很重,她垂帘听政,从不让任何人觊觎她的权力,光绪虽然名为皇帝,但一切都得听她的。他这个皇帝做得也太窝囊了。也就是从周总理这次讲述,我才知道了"戊戌政变"、"百日维新"和"八国联军"。

  周恩来总理讲完,也歇过来了,我们就又回到木桥,通过木桥登上南海北岸,回到勤政殿,这是当时国共两党谈判,也是周总理在城里临时办公和居住的地方。

西花厅的土冷气

西花厅是国民党旧市委的办公处，现在还有许多旧家具是旧市委留下的，用的电扇也是旧市委留下的。电扇有四个挡，但只能用两个挡，开到三挡时就嘎啦啦响，像散了架一样。用的冰箱，是从上海调来的一个老式冰箱，不除霜。有一次除霜，除了一盆冰，放在我们值班室。小姜（贵春）说，把这盆冰放在总理办公室电扇前好不好？我们几人都同意，结果效果很好。那时冬天在南海结冰时，由部队战士去拉冰冷藏备用，我与部队联系，结果给了我们一大块约1米见方、1尺厚的冰块。夏天用洗衣服的铝盆装一块冰放在总理办公室，降温效果很好。这个办法很快也传到其他首长家里。

周总理关心毛主席

关心主席的安危

当年毛主席会客在颐年堂。颐年堂后边就是军委办公的武成殿。一天晚上我和韩福裕随总理去开会，正赶上颐年堂修暖气，一些修理暖气未完工的管子头露在地面上，总理一看没修好，就跟我说："你在这儿看着，别让主席摔着。"总理和韩福裕去了武成殿，我一人留在那儿，过了一会儿一位服务员来了，我就把事情交代给她看守，嘱咐别让主席绊着。我去武成殿找总理了，总理一见我来了，着急地问："谁让你来了？"我说明了情况。总理急了，大声说："我让你看着你就看着！"我听了又赶紧回到原处坚守岗位了。

周总理对毛主席的安全及健康非常关心。

新中国成立初期，我们只有一辆旧的保险车给毛主席使用。一次从新六所开会回来，经过公主坟时，毛主席乘坐的那辆保险车后车门突然开了，周总理乘坐的车在毛主席的车子后面，总理在车里发现了这一情况后说："你看，多危险！回去告诉汪东兴，今后外出上车后，一定锁上后车门。不锁后门，不准开车。"总理的指示以后成了我们警卫工作安全制度中的一条规定。

上世纪50年代整修中南海，在中南海毛主席居住房子的

后门临水处,修建了一个小码头,人们可以从那里下水划船游玩。一天晚上周总理从颐年堂开会回来坐车经过小码头,发现小码头的电线杆旁有一个人躺着睡觉。由于车子开得很快,天又黑,我们谁都没有发现。回到西花厅,总理让我们马上给警卫科李树槐科长打电话,叫他派人去看看谁在那里睡觉。李树槐查看后电话告诉我们,确实有人在那里睡觉,是秘书局的一个同志在水里游泳后累了,躺在那里睡着了。总理批评我们说,你们就不注意。后来在毛主席住处的后门加了一个岗哨。据毛主席的副卫士长李银桥告诉我们,这件事反映到了毛主席那里,主席说:"还是我们总理,上至国家大事,连生活上的小事他也管了。"

还有,每次毛主席在他的住处颐年堂请客时,周总理为了节省毛主席的时间,都要我去颐年堂向服务员交代什么时间上菜,什么时间上热的湿毛巾。上菜时可以两菜并在一起上,从而节省时间。

总理曾说过宣传主席就是宣传党,为此他时时处处关注着主席的安危,尤其在建国初期更为关注。总理就是这样一个人,心中装的是党和国家,是国计民生的大事,却把自己的安危置之度外。记得在一次去六国饭店与国民党代表谈判的路上,他一摸胡子说该理发了,为找理发店,让车子开得慢些在马路两边找理发店,终于在王府井帅府园南边找到了一个理发店。下了车,我们进了理发店。因为那时没照片宣传,所以老百姓并不认识周副主席。当时我问有师傅吗?请给这位同志刮个脸。周副主席坐下后,跟老师傅说刮前请用热毛巾多焐一下,我们的周副主席与百姓一样平静的坐在那里刮脸,理发店里气氛融洽而温馨。事情过去了几十年,我去王府井找当年的理发店,几十年后的王府井发生了巨大变化,当年的理发店已变了模样,我试着进了一个位置相似的美容店,向店里年青师傅们说起往事，他们惊讶的张大了嘴，他们甚至不敢相信，当年有这样伟大的人物光临这里。这就是我们的周总理，一位平凡而又伟大的人。

三次让房

  1949年3月25日，党中央从河北平山西柏坡进驻北平。开始，毛主席和周总理都住在香山。由于工作需要，周总理每天都要去城里。当时从香山到城里必须经过青龙桥、海淀、西直门，这段土路很难走，走一趟要花费1个多小时。为了让周总理中午能休息一下，我们在中南海给找了一处比较安静的房子，就是现在的菊香书屋。后来毛主席准备住进中南海不回香山了，周总理叫我到菊香书屋把我们的东西收拾一下，搬到前面的房子里。之后，周总理又亲自到菊香书屋看了一下，说这里安静，毛主席可以在这里睡觉，东边还可以办公。这是第一次让房。毛主席在菊香书屋住了些日子，江青也要从香山搬下来与毛主席同住。这样一来，房子就不够了。当时菊香书屋前面的院子空着，周总理就搬到了前面的院子里。这个院子里有三间东厢房，一间做卧室，一间是卫生间，中间是过厅，办公就到勤政殿。周总理在这住了一段时间，毛主席的女儿李讷、李敏也要搬过来，周总理就让中南海修建科将西花厅收拾出来，作了一些简单的粉刷和修理后，总理就又从菊香书屋搬到了西花厅，一直住到1976年逝世。

周副主席与开国大典

说起开国大典,有些事情已经见诸报端,或者散见于一些同志的专稿和回忆录中,但也有一些事情,由于种种原因尘封至今,鲜为人知。比如在开国大典前夕,周副主席为准备开国大典活动的几个具体细节,除当时在场的人,就很少有人知道。

当时,周副主席是中共中央副主席,负责筹备开国大典。我是他的随身警卫,亲身经历了他筹备开国大典的几次重要活动,所以对这几次活动的具体细节知道得比较清楚,现在有机会写出来展示给大家,同时以表达我对这位伟大的马克思主义者、毛主席的亲密战友、人民的好总理的追思。

一次筹委扩大会

1949年7月初[①],周副主席奉毛主席和党中央之命,负责筹备开国大典。筹委会由周副主席任主任,彭真、林伯渠、聂荣臻、李维汉任副主任,负责选择大典地址、拟定大典内容、确定大典举行的时间……

[①] 关于筹委会成立的时间在《开国大典备忘录》133页的记载是:"在7月10日前几天,中共中央成立了开国大典筹备委员会,主任周副主席,副主任彭真、林伯渠、聂荣臻、李维汉。拟订大典内容为:一、中华人民共和国中央人民政府成立典礼;二、中国人民解放军阅兵式;三、人民群众游行活动。"

周副主席与开国大典

当时，周副主席工作本来就很忙，从西柏坡迁到北京（当时叫北平）之后，既要协助毛主席指挥全国的解放战争，又要准备国共和谈，和统管新政协的各项准备工作，起草《共同纲领》，再加筹备开国大典，更是忙得不可开交。

当时，周副主席在中南海勤政殿办公，因此，他经常召集国庆筹备组的成员在这里开会，听取汇报，研究和布置下一步的工作。

记得9月20日前后，周副主席在勤政殿召开了一次筹备扩大会议。参加这次扩大会议的有20多人。叶子龙让我们工作人员坐在后边旁听。

会议开始后，先是听取各有关方面大典筹备工作进展情况的汇报，接下来研究落实大典的几项工作，最后，周副主席强调了几点：

第一点是天安门城楼的安全问题。因为开国大典主席台将设在这里，毛主席和中共中央领导人、各民主党派、无党派民主人士，将齐集这里，宣布新中国——中华人民共和国成立，检阅中国人民解放军陆海空三军部队，检阅几十万群众游行队伍。由于天安门城楼所处位置的重要性，在安全问题上决不能出现任何大的闪失，一旦出现，就会影响开国大典的顺利进行。因此，在这次筹委扩大会议上，周副主席特别强调，对天安门城楼的安全问题，一定要给予足够的重视。他说，全国各族人民及全世界都很关注这次开国大典，因为它象征着一个崭新的中国已经屹立在世界东方，象征着中国人民经过一百多年来，特别是近几十年的前赴后继，浴血奋战，终于推翻了三座大山，摆脱了帝国主义、封建主义、官僚资本主义的统治，使自己真正成为中华大地的主人！……对天安门城楼的安全问题，一定要请专家彻底检查，对建筑的安全做出书面鉴定，不得出现任何闪失，保证绝对安全。

第二点是空军参加检阅问题,周副主席说,毛主席说了,开国大典要有飞机,没有飞机不好,人家飞机多,举行重大活动是三架一组,我们飞机少,可以先两架一组,以后飞机多了,再三架一组。对此,周副主席说,关于这个问题,我们可按毛主席的指示办,但一定要保证绝对安全,不能出任何问题。飞机都是老旧的飞机,对不能保证绝对安全的飞机,不能参加。飞机少怎么办?可考虑让先参加检阅的飞机再参加第二次检阅。他说,第一组从天安门上空飞过以后,绕一个大圈,等第二组、第三组……飞过以后,再飞回来接上参加第二次检阅,这样,飞机少的问题就解决了,但一定要安排好。

第三点,周副主席要求,从 25 日起,要组织工兵部队,对预定的行车路线、故宫、中山公园、劳动人民文化宫、观礼台、天安门广场、正阳门、前门箭楼等地进行扫雷检查,检查完后控制起来,并在开国大典前 48 小时,实行戒严管制。此外,他还要求京津卫戍区、北京市公安总局等单位做好防空和社会面的控制工作,以防敌机侵扰和敌特的破坏。总之,要保证开国大典的绝对安全,不出任何问题。

第四点,周副主席问:"旗杆多高?"答:"20 多米,因没有材料只能做这么高。"周副主席指示:要做到升国旗、奏国歌、鸣礼炮三项同时进行,同时完结,以升旗为准。

亲临现场检查安排

为了在开国大典举行之时,使以毛主席为首的中央人民政府全体成员,能够安全、准时地到达会场,登上天安门城楼,事必躬亲的周副主席,于 9 月 29 日进行一次实地演练。

当日上午 10 时 30 分左右,在中南海勤政殿办公的周副主席，走出勤政殿，在门口对我们说，60多人从会场出来上车需要5分钟。他看了看手表，乘汽车按去天安门走预定路线要司机缓慢行驶，出中南海东门，进故宫西门、出午门，直到天安门城楼后边停下，下了车，他看了看表，走了7分钟。这时余心清、李福坤等人早已在此迎候，周副主席说，人和车在这里聚齐需要5分钟，并对现场指挥车辆的同志说，10月1日，中央领导人来后，一律从西马道上天安门，其他领导人从东马道上天安门，你们要把停车的地方留出来。5分钟后，他和在场的同志从西马道缓步往城门楼上登（登天安门的东西马道是对称的，都各有67个台阶，马道共分四段，每段都有一个小平台）。周副主席在大家的陪同下，先上一个小坡，登了16个台阶，来到第一个小平台停下来说，在这里休息一分钟，然后又登了17个台阶来到第二个小平台，又休息一分钟，接下来又登了17个台阶，来到第三个小平台，又休息一分钟，最后又登了17个台阶，到达天安门西大平台上，庄严雄伟的天安门城楼就矗立在这里。周副主席看了看，一共用了8分钟。然后他对在场的人说，朱总司令和几位副主席都是六七十岁的人了，需要这么长时间才能走上来。

这时，周副主席见中央人民广播电台负责转播开国大典盛况的人也在西平台，他把广播电台负责人叫过来，他站在离台阶3米左右处说，10月1日，毛主席和其他中央领导人走到这里时，你们要通过广播宣布，告诉大家一个好消息，毛主席登上天安门了！这时，广场乐队立刻奏《东方红》乐曲。

和电台的同志说完，周副主席与在场的人边走边说，慢慢走到天安门城楼中间，站在毛主席要检阅的地方，他又看了表，没讲话，把脸转向左边，见那里有一根茶杯粗六七十公分高的木桩子，顶部还安有一个电开关，一个30岁左右的同志赶紧指着那个木桩子介绍说，这是毛主席升国旗用的电开关，下边附有电线，一直到达广场的旗杆上面，到时候，毛主席只要把开关往右拧一下，五星红旗就会冉冉升到旗杆顶，在广场上飘扬。周副主席问，你能保证吗？那位同志答，能保证，我都试过几次了，没问题，一定能保证。周副主席又一连提了几个问题，到时候停电了怎么办？电线中途出了问题怎么办？……接着对那位同志说，要保证国旗到时候能顺利升上去，你要做两手准备，一旦停电或是线路出了问题，就是用人也要准时把国旗升上去！那位同志连连点头称是，并保证一定做到万无一失。然后，周副主席站在中间台阶上，左看右看向李福坤了解天安门广场两侧民房的情况，李福坤说，东边是公安部和市公安局，没有民房。西边主要是司法部，民房不多。后对余心清说，孙中山的像摆的远了，要向这里移近一些，还要抬高一些。

  随后来到城楼内大厅，中间有高出地面约 20 公分的木制平台，面积约 30 平方米，上面铺着地毯，三面摆有沙发和茶几。周围用高盆景的松柏、桂花、水仙花和屏风围着。余心清介绍说，这是主席、副主席休息的地方。周副主席走上去看了看，没说话。大厅两侧摆有约 15 米长，1.5 米宽拼成的长条桌，上铺白台布，周围有椅子。余心清说，这是供大家休息用茶点处。两头有临时医疗点。高大的大厅只用了前半部。布置既朴素又大方实用，周副主席看了没说话。

  亲临天安门城楼实地检查安排完，周副主席从东马道下了城楼。上车前对余心清说，还要准备两副担架，何香凝、司徒美堂要坐担架，其他人自便。在回中南海的路上，我坐在汽车副驾驶座上，周副主席和何谦坐在后边座上。周副主席又说，从勤政殿起步要 5 分钟，路上行车 7 分钟，下车后等 5 分钟，上天安门城楼 8 分钟，从西平台到检阅台要 5 分钟，总共需要半小时太紧了，要留 5 分钟余地给年岁大的老人，几位副主席都是六七十岁的老人，留点余地好……

参加开国大典

　　按照大典筹委会的安排,开国大典决定在10月1日下午3时在天安门城楼举行。举行前,按照事先预定议程,下午2时先在中南海勤政殿召开中央人民政府第一次会议,即宣誓就职仪式,会议很简短,毛主席简短讲话后,大家鼓掌表示同意。会后集体去天安门,参加开国大典。

　　大典的主持人是中央人民政府秘书长林伯渠,总指挥是周副主席。10月1日是新中国成立的日子,毛主席、各位副主席及委员们都衣帽整洁地前来参加会议和开国大典。2时25分,周副主席宣布,现在大家可以走了。大家兴致勃勃,又说又笑地离开勤政殿,走向各自的汽车,去参加开国大典。车队按预定的路线出中南海东门,进故宫西门,然后出午门,直达天安门城楼下。周副主席看了看表,时间还早,便请毛主席等一下几位副主席,5分钟后大家一起从西马道登天安门城楼。

　　此时,天安门已经整修得焕然一新。赭红色的门洞顶端高悬着毛主席的巨幅画像,东西两边是两条横幅标语:一为"中华人民共和国万岁!"一为"中央人民政府万岁!"城楼的九开间大殿上,悬挂着红底黄字"中华人民共和国中央人民政府成立典礼"横标,大殿房檐下挂着八盏特大大红宫灯,八面红旗呈水平分别排列在天安门东西平台上。

　　当毛主席、朱德、刘少奇、宋庆龄等神采奕奕地将要走到预定的位置时,一向从不走在毛主席前面的周副主席,这一次却例外地从毛主席左侧快步走到前面,向中央人民广播电台设在天安门平台上转播的同志挥手示意,早已做好准备的电台播音员,心领神会,立即通过扩音器宣布:告诉大家一个好消息，毛主席登上天安门了！广场上的两个军乐团立即奏响了《东方红》乐曲，随着乐曲，广场上30万群众立刻欢腾起来，"毛主席万岁！"的欢呼声，此起彼伏，接连不断。毛主席站在天安门平台上，向欢呼雀跃的群众挥手致意。这时事无巨细的周副主席向后一看，几位年长的副主席还没有跟上，他立即要我找工作人员去搀扶他们。几位老人在工作人员搀扶下，于3时前到达了自己的位子。开国大典前有三位老人是坐担架抬上城楼的，他们是何香凝、张澜、司徒美堂[①]。

下午3时整，中央人民政府秘书长林伯渠宣布开国大典开始，请毛主席升国旗。这时，毛主席向左转身拧动木桩上的电钮，新中国国旗——第一面五星红旗在矗立于广场上22米[②]高的旗杆上冉冉升起。广场上的两个军乐队奏国歌（《义勇军进行曲》），设在前门内马路两侧上的108门礼炮分两组鸣放礼炮28响[③]。（按事先规定：升国旗、奏国歌、鸣礼炮同步进行。）以示中国共产党成立至建立新中国整整经过了28年。再接下来是毛主席讲话，当他用浓重的湖南口音的普通话宣布："中华人民共和国中央人民政府成立了！"向全世界庄严地宣告了新中国的诞生时，广场上响起了兴奋热烈的掌声。当他宣布任命周恩来为中央人民政府政务院总理兼外交部长时，城楼平台上、广场上再次响起长时间的掌声，有的领导人向周副主席握手表示祝贺。

[①] 访问当时在天安门负责招待、服务工作的李钊科长，他说，看了你写的文章后，补充一点，开国大典那天张澜副主席、何香凝和司徒美堂三个人是坐担架抬上去的。

[②] 访问国旗护卫队王炳乾队长，关于旗杆高度和升旗时间，他说，旧旗杆高度从地平线算起22米，升旗时间和现在一样都是2分零7秒。

[③] 礼炮究竟是多少门？有的说56门，有的说54门……为此我访问了当时负责礼炮现场保卫工作公安中队参谋张文奇同志。他说，关于礼炮，当时华北军区作战处唐永健处长负责共用108门山炮组成礼炮队，108门礼炮分两组轮放。经过多次演练才达到总理提出与升旗同步的要求。

再接下来是朱总司令走下天安门城楼，检阅中国人民解放军陆海空三军部队……

关心天安门广场的建设

1949年9月29日周副主席检查开国大典准备工作。周副主席站在天安门城楼上，对天安门广场地区察看了很长时间。当时天安门广场东西各有一道红色的围墙，广场面积比现在小得多。中间是煤碴地面，凹凸不平，杂草丛生。东北角还有个三座门。

周副主席请彭真、刘仁、梁思成、赵鹏飞等人到天安门城楼上商议。周副主席说，世界上各国首都都没有这么大的广场。接着带着他们走到平台的东南角，他说最好把广场上东西两侧的围墙拆掉，留出足够宽的广场和广场两侧的交通要道，在广场东面修建历史博物馆。然后又引导大家走到西南角说，在西侧修建国家大剧院。最后又引领大家走到平台中央说，向前看是前门和箭楼，以后还要在广场上修纪念碑。天安门东侧有劳动人民文化宫，西侧是中山公园，后面有故宫，这么好的地方，世界上都没有。我们一定要建设好，建成全国的政治文化中心。他问大家有什么意见？大家都表示，周副主席看得全面、看得远，都表示同意。

一套呢子中山服引发的故事

周恩来总理既是中国共产党的缔造者之一,也是中国人民解放军和中华人民共和国的主要缔造者之一。作为老一代无产阶级革命家、新中国的奠基人,不论衣食住行无一不是全党清正廉洁的典范,这从一套藏青呢子中山服上可见一斑。

1949年,新中国一成立,在全党全军享有极高威望的周恩来就被任命为中华人民共和国政务院总理兼外交部部长。作为新中国的第一任总理和外交部长,百废待兴,其国务活动之频繁,外交活动之众多,可想而知。国务活动尤其是外交活动,要求衣帽整洁,自然不能与在解放区时着一身土布衣服同日而语。

为了使周恩来总理衣着能够体面一些、光鲜一些,1949年初冬,我们建议给周恩来总理做一套好一些的进口的毛料中山服,邓大姐也同意了。当时实行供给制,干部的衣食住行包括子女的抚育均由国家负责。莫说给周恩来总理做一身进口料子的呢子衣服,就是做两套三套,政务院事务管理局也会给报销。我们把做一套毛料冬服的意见报告给周恩来总理后,周恩来总理考虑到国家当时很困难,不同意做进口料子的,因为进口料子比国产料子要贵得多。他说,现在国家还很困难,做那么好的呢料没必要,做一套国产料子的就行了。后来,我们拿来几块国产呢料样品,经他亲自选定做了一套国产藏青呢子的中山装。也正是这套国产藏青呢子中山装,后来引发了周恩来总理办公桌不用玻璃板而用桌布、办公室戴套袖和外出时眼镜盒里放圆珠笔的故事。

周恩来总理穿上这套中山装，头一个冬天还不错，看上去板板正正，很像那么回事似的，到了第二年冬天就原形毕露了。原来国产毛料是资本家生产的，资本家为了获得高额利润，在毛料里掺进了棉花成分，经过洗涤后，上衣胸前的扣眼边便出现了白茬。

周恩来总理搬进中南海西花厅办公后，办公家具都是旧的，办公桌也是旧的，不但有些地方油漆已经脱落，桌面斑斑驳驳很难看，接缝处还裂开了很长一道口子。为了弥补这些缺陷，国务院行政处给办公桌上铺了一块玻璃板，将缺陷遮盖起来。周恩来总理发现上衣胸前扣眼处出现白茬后，就找原因，找来找去，得出的结论是趴在桌前办公时被玻璃板边磨的，于是便让我们把玻璃板撤掉。玻璃板撤了，可桌面又很难看，油漆脱落处斑斑驳驳，接缝处又裂了老长一道口子，总不能就这样在上面批阅文件办公吧！怎么办？周恩来总理提议在桌上铺块布。铺什么布呢？当时市面上并没有宽面布，呢料倒是有宽面的，可周恩来总理又不让用，说那样太不勤俭节约了，不符合勤俭建国的精神。经再三考虑，决定去买三幅绿色布，一幅半做一块，做两块便于洗涤替换着用。之所以采用绿色是考虑到周恩来总理长期在那里办公，绿色对眼睛有好处。

撤掉玻璃板，换上绿桌布，上衣前胸扣眼处磨损起白茬的问题倒是解决了，但不久问题又来了。过了不长时间，又发现上衣两只袖子的肘部发白变色了。周恩来总理很生气，对我们说："资本家就知道唯利是图。"他想了一下，又对我说："这样吧，你去找块布做两个套袖，也好保护一下袖子。"我说："那怎么成，您活动那么多，戴上套袖多不方便。"他说："这有什么不方便的，你们能戴我为什么不能戴？"我按照他的要求特地到布店买了一块比较柔软的青斜纹布做了一副套袖。周恩来总理戴上后非常高兴，他说："这样不光能防止袖子磨白，还能防止磨破。"后来经他提议去掉了套袖上的松紧带，他更满意了。

自从有了套袖，每年冬季在西花厅办公，周恩来总理往办公桌前一站，头一件事就是先戴上套袖。不仅如此，诸如在办公室开小会、找人谈话、吃饭等等，也都戴着套袖。有时在西花厅前客厅会见外宾，走到客厅门前，发现套袖没取下，我们便帮他取下，再去见外宾。有两次晚上在会客厅会见苏联驻华大使尤金，他都是戴着套袖接见的。

这副套袖周恩来总理用了 20 多年，边都磨破起毛了，成了毛边。有位秘书曾风趣地对我说："总理的套袖破得都长胡子了，你们也不给换副新的？"其实，我们又何尝不愿给周恩来总理换副新的，我们几次提议换一副，但几次都被周恩来总理拒绝了，他说："换它干什么，还可以用嘛！"

周恩来总理去世后，这副套袖捐献给了中国革命历史博物馆，作为革命历史文物收藏了。

办公桌上的玻璃板把国产毛料中山装上衣胸前的扣眼边蹭白的问题解决了，桌子磨白了上衣胳臂肘部的问题也解决了。不久，问题又出现了，这套国产藏青毛料中山装上衣胸前左边小兜插钢笔的地方又出现了一道白印。周恩来总理发现后，指着对我们说："你们看，这里又出毛病了。"为了不致使钢笔帽把小兜上那道白印磨得更白，看着不像个样子，从此，周恩来总理不再把钢笔插在胸前左边的小兜上了，外出开会时就把钢笔放在眼镜盒里。后来，我们发现圆珠笔比较小巧轻便，用起来不用灌墨水，也不用拔笔帽，比钢笔要方便，我就建议周恩来总理改用圆珠笔。周恩来总理采纳了我的建议，以后外出开会时在眼镜盒里总是放一支圆珠笔。这以后，周恩来总理就不再用钢笔了，在家办公主要用羊毫小楷毛笔和铅笔，外出就用红蓝两色圆珠笔。周恩来总理用了多年的派克钢笔是1946年在南京宋庆龄送给周恩来的。后来,邓颖超同志把这支钢笔送给保健护士董丽荷了。

由于这套国产藏青毛料中山装质量太差,毛病越来越多,为此我们每年都要送到洗染店去特殊处理一次。周恩来总理就这么凑合着穿了几年,以后把这套衣服的上衣给值班的卫士共用,成了值班卫士夜间御寒的工作服。再后来,邓颖超同志把这套中山服送给了卫士韩福裕同志,他穿了一冬后,就把这套中山装当做纪念物收藏起来。在周恩来总理逝世后中国革命博物馆征集周恩来总理的遗物时,韩福裕同志捐献出来。现在这套毛料中山装已作为革命历史文物收藏进了革命博物馆。

三年困难时期周恩来用过的毛巾

1954年日内瓦会议周恩来用过的皮包

周总理尊重关爱齐白石

周总理一向尊重关爱我国的老艺术家，国画大师齐白石就是其中之一。

早在1949年全国政协筹备期间，周总理就提出以代表或特邀代表的形式，邀请一些在社会上颇有影响的文化名人，像齐白石、徐悲鸿、梅兰芳、程砚秋等参加会议，共商国是。当时齐白石已是90岁高龄的老人，行动不便，参加活动时需要有家人陪同。周总理特别交代，一定要保证老人用车。第一届全国政协会议在中南海怀仁堂举行，会议期间，周总理又特地到休息室看望老人，询问了老人的身体情况，祝愿老人健康长寿，并向老人的家人交代：老人活动时，一定要注意他的安全，防止磕碰，特别要防止摔跤。生活上有什么问题，需要政府帮助解决的或者需要我来解决的，可以提出来，不要不好意思。

1956年9月，世界和平理事会在北京召开，这次会议有很多国家的代表参加，是一次反对战争、争取世界和平的大会。会议筹备期间，周总理提出在主席台正中央，最好要挂一张象征世界和平的和平鸽的标志画。在研究画和平鸽的人选时，周总理提出，最好是选用在世界上有影响的画家，最后确定由齐白石担当。齐白石老人画好这幅画后，送到总理处，周总理看了，认为画画得很好，就是没有署名。周总理说，不要紧，可以另外说明这幅画是齐白石特地为这次大会作的，并说明绘画日期，那样会更有意义。

会议开幕后，举行了授予齐白石国际和平奖的仪式，周总理出席了这次授奖仪式，他握着老人的手说："我代表党和政府热烈祝贺您为祖国赢得了光荣，为世界和平做出了贡献。希望您好好保重身体，健康长寿！"

1956年9月1日周总理出席世界和平理事会，在授予齐白石国际和平奖后向他道贺。

周总理看望齐白石

齐白石是著名的大画家，是第一届全国政协常委，在国际上也闻名遐迩，所以经常有外国人去他家登门拜访。但他原在西城跨车胡同的住房很简陋，与大师级画家的名分不相称。周总理指示国务院机关事务管理局给他在东城找一套较好的房子，让他搬去住。后来整修的这座房子还有花房、画室，但齐白石老人总还是觉得老房子好。

一天上午，齐白石老人来到西花厅，要见周总理。当时总理正在睡觉。我们告诉他，总理现在不在，你不要来了，以后总理看你去。总理起床后，我们报告了齐白石老人来访的事。

总理当天下午就冒着小雨，到老人的原住地去看望他。总理去后问老人有什么事情，老人说，他喜欢原来在他家工作的一位约三四十岁的男服务员。总理说，你喜欢就还让他为你服务吧！当时老人已经八九十岁了，思维和说话都较慢，老人没再提别的要求。当时下着雨，我坐在门槛上听着他们谈话。

后来有一次星期六的晚上，欧美同学会举行舞会，邀请总理参加。总理跳了几场舞后，齐白石老人也来了，总理就陪老人谈话。几天后，齐白石老人送来了这次谈话的照片，这照片成为总理和齐白石老人的最后一张合影。总理非常注意关心照顾这些对国家有贡献、有影响的老人们的工作、生活起居，倾听他们的意见和要求。这次看望齐白石老人，只是一个小例子。

我给周总理管家

说管家，其实真正的管家是邓颖超大姐，我是在邓大姐的指示或请示她同意后的具体执行者。

1945年8月底或9月初的一天，即我到杨家岭的第二天，邓大姐对我交代工作时说，我们家没有小孩，东西也没多少，以后我们这个家就由你来管吧。

在延安的时间短，又是供给制，除领取公家发给的东西外，没有多少事情要做。津贴费由邓大姐自己掌握，那时我刚去也不太熟悉，在延安也没有什么东西可买。在我的记忆中，只是拿布去供给部做过一个被里，改过一次衣服，到中央医院取过两次药，到城南关新市场买过两次东西。此外，就是每天日常的打扫房间、洗衣服、打饭和开水，给其他领导同志送信送文件等工作。

1945年到重庆，后到南京。在重庆、南京国统区期间，我主管内勤，何谦主管外勤。这时，我管家的职权范围比延安大了些，除日常工作外，有时也跟随外出做警卫工作。另一方面，为保证他们的生活需要，我手中有几十元钱，可买一般生活用品，如茶叶、水果及日用品，买后，由龙飞虎科长批准报销。买大些的东西要请示龙飞虎后再买。这时还是实行供给制，需要的东西也可去领取，条件比在延安时有所改善。1946年11月19日回延安之前，需要多买些刮脸刀片和茶叶，也是先请示经批准后办的。

1948年3月在延安、西柏坡期间（转战陕北期间，我跟邓大姐已先东渡黄河），衣食住行我都管。当时我们有3个警卫人员，包括王还寿及关兰轩同志，以我为主，管衣食住。我的管家权限基本上与在国统区差不多，除了领取公家发的东西外，为了保证周副主席和邓大姐的健康，组织上给了我一些机动钱，可买些水果、土特产等，买后到行政科报销。记得除买水果外，只买过一个银勺子。

在西柏坡期间，由于是战争年代，有的东西延安坚壁清野时，都给埋在延安的山沟里了。当时他们的东西不多，有些发的东西，他们不要，给退回去了。那时管家也比较简单容易。

真正的管家，还是在1949年进城以后。进城后在供给制时期，因他们工作忙，两人的津贴都由我管，何谦同志管总账。1956年，何谦同志去公安学院学习，就由我管起来了。1958年我去公安学院学习，又都由何谦同志管了两年。

先说衣，进城后，物质条件好了，根据需要我提出该换的衣物换换，如被、褥、内衣等，根据他们的需要，经请示邓大姐后，就买了料子做了。生活用品由津贴费支出。大的如出国制装，由公家报销后记账。为了管好用好不浪费，经济上手续清楚，我首先定了规矩，无论买大的小的东西，不管是发票还是白条，都必须有经手人、收货人二人签名才有效。如水果、烧饼、油条等小的食品，要自己写白条，经手人和收货人两人签名。我每月初将上月份的收支情况用表分类登记、附上单据，送大姐审阅一次。衣服逐渐多了，主要是制作和保管问题。根据邓大姐的指示，每年4月和10月清理一次，把过季的衣服清洗晾晒后，放上樟脑球装箱，把应季穿的衣物拿出来晾晒后准备穿用。每年两次检查清理，以保证随穿随用。

后来供给制改成了包干制，他们的津贴费多了，开支项目也随之增加了，有了管钱的问题，即家庭经济问题。我们又组建了由邓大姐秘书、厨房管理员和我组成的3人小组，除按以前每月费用分类造册送大姐审阅外,每个季度由我召集3人小组,在卫士办公室集体审查一次。其程序一是先看单据、审核签名,二是核对账目相符,三是做季度总表,列明收入、支出、结余,最后由3人签名。1953年"三反五反"后期,警卫局派摄影科张文锁同志来审查首长家庭账目,我们拿出账目并报告了管理办法。他看了账目并核对了收音机等物品说,没问题,这个管理办法,是适合家庭经济管理。多少年来,经济手续清楚,没出现过任何账目不清问题,几十年如一日,20多年的账目存了一铁皮箱。

总理身体一直很好,很少生病,在"文革"前可以说没生过什么大病。总理在同时代领导人中冬天是穿衣服最少的。冬季数九天一般上衣只穿一件棉毛衫,一件布衬衣,一件西服背心,外面加一件薄呢上衣,下身一件布衬裤,外面一件薄呢长裤。50年代去机场接人,那时风大天冷,总理也只同意把西服背心换成毛背心,外穿一件呢大衣。在建国初期即1950年初访问苏联,当时满洲里及西伯利亚温度达零下40多摄氏度。临行前,邓大姐和我到特会室,为了做一件厚大衣,到战利品中找了一件旧貂绒皮筒子大衣,换了个料子面,配了个皮领子,这是为总理做的第一件皮大衣。但总理嫌这件大衣重,很少穿。后来又为他做了一件薄的皮大衣。说起皮大衣,还有个小插曲。有一次,总理穿着那件薄的皮大衣去少奇同志家里谈工作,到了少奇同志家,我们不好跟进去。回来时不知是谁帮忙还是总理自己穿的大衣,结果把少奇同志的大衣穿回来了。过了一些日子,邓大姐发现这件皮大衣袖子里面没有皮筒子,一定是在哪里穿错了。邓大姐要我们几个人回忆,在别处都是我们帮助脱大衣、拿大衣,只有去少奇同志那里我们没跟进去。后来问王光美同志,果然是与少奇同志的大衣穿错了。这两件皮大衣从外表看,颜色、式样都一样,只是袖子里有无皮筒子之分。这件事很长时间谁都没发现，却被细心的邓大姐发现了。

总理冬天盖的被子也比别人少，房间内只有19～20摄氏度，他盖的被子使用很细的纱布，里面铺上棉花，分别做成厚的、薄的被子。厚的也只有1斤多棉花。由于总理有流鼻血的毛病，不能用新棉花新被子，所以被子做好后，要我们先用一段时间，压压实再给他用。

总理年龄越来越大，但穿的衣服越来越薄，这是与他体质好密切相关的。

西花厅第一次家宴

1949年12月下旬，周恩来总理和邓颖超大姐，在西花厅举行家宴，宴请中央人民政府副主席张澜、最高人民法院院长沈钧儒以及陈叔通、马叙伦、章士钊等高级民主人士。作陪的是中央统战部副部长徐冰。

这是周总理担任政务院总理兼外交部长后，第一次举行家宴，也是他和邓大姐搬进中南海西花厅后，第一次举行家宴。

这次家宴是周总理亲自安排的，点的菜中，除四个小菜外，还有红烧鲤鱼、宫保鸡丁、油焖大虾、栗子烧白菜等。虽然没有山珍海味，只是几个普通的菜，但在当时来说，已是够隆重的了。

这次家宴，好像是给哪位民主人士做寿，因为周总理没说，我也弄不清楚，我是从客人的着装猜测的。应邀来的客人，一律盛装。这盛装，既不像改革开放后，一律西装革履，也不像改革开放前，清一色的中山装，而是深色带寿字的长袍马褂，和镶嵌着各色玉石的瓜皮小帽，只有章士钊一人戴礼帽。我之所以猜想是给某位民主人士做寿，是因为应邀出席的客人个个长袍马褂上均带有寿字，不是祝寿，他们是不会穿这种长袍马褂的。可以说这是新中国和旧中国两个时代交替的一大特色。

当时，西花厅并未修缮，门窗、廊柱上的油漆有的已经脱落，有的柱子上裂着大口子。室内铺地的大方砖也不太平整，虽说铺有薄薄的红花地毯，但也只是铺在主要地方，桌椅、沙发也都是旧的。一进门，有一个板式旧屏风，屏风前后钉有两排衣帽钩，既是屏风又是衣帽架，可说是一物两用。

预定的时间到了，客人们一个个陆续来到了西花厅。客人们一进门，先向早已等在客厅门口的周总理和邓大姐行拱手礼，总理和大姐则和客人握手致意，然后请客人落座，嘘寒问暖。每位客人一到，都是如此。

就是这个一物两用的木屏风，这次却让我们吃尽了苦头，几乎闹出笑话。这木屏风上的挂钩很小，是铜的，挂大衣、放帽子都没问题。可是，挂上大衣再挂上瓜皮小帽，就不争气了。第一个客人来了，我们接过大衣、瓜皮小帽挂上去，由于瓜皮小帽是缎子的，很滑，挂钩小，很难挂稳。第二个客人来了，开门一震，帽子就滑到了地上，我们不得不拣起来，重新挂好。谁知第三个客人一来，开门一震，不光第一个客人的帽子又滑到了地上，就连第二个客人的帽子也滑到了地上。挂钩显然是挂不成了，我们只好将客人的帽子放到旁边的茶几上。这一来虽说不会再出现让客人的帽子滑到地上的事，但问题又来了，客人的帽子，除了章士钊的是礼帽，容易记住，章士钊走时往他手里一送就行了。可是别的人就不同了，他们一色的都是瓜皮小帽，谁也记不住每个客人的帽子，很容易弄错。为了不致在客人告别的时候，张冠李戴，有个同志出了个主意，用一个大茶盘铺一块毛巾，把瓜皮帽放在茶盘上。这样在客人告别时，我们把放瓜皮小帽的茶盘托在手上，让客人自己取。正是这个主意，再加上来客不是很多，这才解决了这个难题，要不然，可真会出洋相，闹笑话。

客人到齐后，宴会开始。由于是家宴，没有餐巾，也没有现在饭桌上用的餐巾纸。饮料也没有现在的"雪碧"、"可口可乐"之类，只有清茶一杯和酒。因为来的都是老年人，也只有红葡萄酒。

客人到餐桌落座后，开始上菜。当时上菜的分工是，先由厨房将菜送到卫士值班室,然后由招待员接过送上餐桌。

那天负责往餐桌上菜的是翁锡禄同志。由于是在西花厅第一次举行家宴,大家都没有经验,翁锡禄同志也是第一次,也没有经验。而且来的又都是高级民主人士,都是生人,自然不免有些紧张。在上宫保鸡丁、油焖大虾、红烧鲤鱼等几个菜时,还比较顺利,唯独上栗子烧白菜时出了问题。翁锡禄左手端着栗子烧白菜,右手去挪桌上的其他菜,打算腾个地方放栗子烧白菜,不想右手去挪别的菜时,手一滑,将一大盘栗子烧白菜,正好扣在沈钧儒怀里,沈钧儒带寿字的长袍马褂,登时被白菜、栗子和汤水弄了个一塌糊涂。虽说是失手,并不是出于故意,但毕竟是对客人的大不敬。周总理很生气,翁锡禄也心慌。周总理当即大声说:"去,去把成元功叫来!"

翁锡禄满头大汗,跑到值班室来找我。我见他神色慌张,忙问:"怎么回事?"他说:"坏了,上菜时我一失手,把菜倒在沈老的身上了……总理叫你快去!"我赶紧起身,随翁锡禄快步来到餐厅,走近桌前一看,也傻了,整整一盘菜都扣到了沈钧儒的怀里。沈老双手托着长袍坐在椅子上,周总理一脸愠怒。我恭恭敬敬地说:"沈老,实在对不起。"我从地上拣起菜盘,请沈老站起来,把怀里的菜抖到盘里。翁锡禄这时也忙开了,拿过一块抹布,就往沈钧儒的长袍马褂上擦。周总理一看急了:"你拿什么给沈老擦,你太不懂事了,走开!"翁锡禄一时手足无措,不知怎么做才好。我连忙从隔壁房间里取来几条新毛巾,小心翼翼地把一只手伸进沈老的长袍马褂里托着,一只手用毛巾擦衣服上的油污。擦拭干净后,为了不致把里面的衣服弄脏,我特意在沈老的腿上垫了一块新毛巾,请沈老坐好,又在外面铺了一块新毛巾。

一切停当后,周总理、邓大姐和客人们重新坐好进餐。这时新的菜又送来了,翁锡禄战战兢兢地接过,又要往餐桌上送。此时，周总理余怒未消，对翁锡禄说："你走开！"然后指着我说："今天我要你来上菜！"翁锡禄红着脸只好走开。我让翁锡禄转告厨师，想办法重做一个素菜。厨师另做了一个冬菇炒豆角补上了。尽管我已跟随了周总理多年，但我只见过宴请客人，也从未参与过这样的工作。接过这个差事，我也有些紧张，生怕再弄出什么纰漏。我小心翼翼地上菜，给主客斟酒、倒茶水。我忙得满头大汗，还好未再出纰漏。

尽管翁锡禄在上菜时出了点纰漏，但一时的乌云很快就消散了，并没有影响主客双方的情绪，大家欢声笑语，互相敬酒，祝几位老人健康长寿。大家吃得津津有味。饭后主客双方又叙谈了很长时间，听口气好像是周总理就任命政府人选方面，征求张澜、沈钧儒、章士钊等人的意见。

谈完，客人们拱手告别，周总理和邓大姐把客人送出西花厅，一直看着他们各自上了自己的汽车，开走，这才返回西花厅。

客人走后，周总理对我说："记住，以后再请客人要找有经验的人来招待，免得再出纰漏。"我知道周总理指的是今天的事，忙说："好。"

徐冰是最后一个走的，我们在重庆、在西柏坡的时候就很熟悉了。临走，他拍拍我的肩膀说："老弟，今天辛苦你了。"我说："没有什么，是我们应该做的。"

说实在的，我跟周总理已经多年了，他待身边的工作人员一向很温和、很体贴，就像长辈对自己的后辈一样，从未见他像今天这样发这么大的脾气。这也难怪，因为这些客人都是高级民主人士，又是在新的中央政府里的重要人物，你给人家身上扣了一盘子菜，放在谁身上，谁的脸上都会挂不住，更何况是一个堂堂的新政府总理。后来，凡是有家宴，无论外宾、内宾，都让中南海中办招待科，带上全套餐具及用品来西花厅，负责宴请招待工作。

关心北京城市建设

敬爱的周总理对党和人民无限忠诚，为人民鞠躬尽瘁。新中国建立后，他为国家的建设费尽了心血。为缅怀人民的好总理，仅就我在他身边亲身经历的有关北京城市建设的三件事，作一叙述，以寄托我的不尽思念。

一、对建设天安门广场的设想

走到天安门广场，你就会看到，在这个世界各国首都中最大的广场上，东有高大的革命历史博物馆，西有庄严的人民大会堂，中有人民英雄纪念碑、毛主席纪念堂、正阳门和箭楼。每天，中外游客人来人往，络绎不绝。参观的、照相留念的、放风筝的、玩耍的，无不喜气洋洋，遇到重大节日，更是人山人海。

但是，当初的天安门广场远不是今天这个样子，也远没有这么大。那时，天安门前道路很窄，还有东、西三座门，有轨电车在路上通行，广场东、西两面各有一道红墙，红墙内一片荒芜，地面凹凸不平，杂草丛生……

今天的天安门广场，是完全按照周恩来总理的设想建成的。

我是周恩来总理身边的警卫人员，据我所知，他第一次提出天安门广场建设的设想，是在1949年，也就是10月1日新中国成立的那一天下午。

那天,他刚被毛泽东主席宣布为政务院总理。

下午3点整,他和毛泽东主席以及其他党和国家领导人一起登上天安门城楼,在《东方红》的乐曲声中,怀着激动的心情,和首都30万各族人民一道,共同庆祝新中国的诞生。

欢庆之余,他把古建筑学家梁思成、北京市的领导和各有关方面的负责人召集在一起,谈了他对天安门广场建设的设想。

他高兴而自豪地说:"天安门广场是世界各国首都中最大的广场,我们应把它建成最美的广场。"之后,他把大家引到天安门城楼的东南角,用手指着广场东侧,对大家说:"在那里要建一个大的历史博物馆。"接着又把大家引到天安门城楼的西南角,指着广场的西侧说:"在西侧我们要建一个大的国家剧院。"然后又回到天安门城楼的中间,对大家说:"广场地处北京市市中心,站在这里向前看,有正阳门和箭楼,以后还有纪念碑……左边有历史博物馆,右边有国家大剧院,后边是故宫、劳动人民文化宫、中山公园。建成后,将是北京和全国人民活动娱乐的中心。"

建国后,北京市城建部门根据周恩来总理的设想逐步拆除了天安门前的有轨电车的轨道和东、西两边的三座门,拓宽了长安大街。人民英雄纪念碑1949年9月30日在天安门广场奠基,1958年5月1日落成。还于1958年拆除了广场东边的红墙和公安街,以及位于公安街的北京市公安局、财政部、北京市消防大队,并向东扩展,修建了6.5万多平方米的革命历史博物馆。西边则拆除了广场西侧的红墙和司法部街及司法大院等一批房子,向西扩展,只是修建的不是国家大剧院,而是17万平方米的人民大会堂。接着又栽种了各种长青树木和开花灌木。毛主席逝世后,修建了毛主席纪念堂,于是便成了今

天这个样子。

改革开放以来,毛主席纪念堂、人民大会堂、天安门城楼相继开放。全国各族人民、来我国访问的外宾以及旅游者,不但可以到纪念堂去瞻仰毛主席的遗容,还能看毛主席、周恩来、刘少奇、朱德纪念展室;到人民大会堂参观,在人民大会堂品尝国宴厨师烹制的名菜佳肴;还可以登上天安门城楼,站在当年毛主席曾经检阅过游行队伍的地方,照张相留作永久的纪念。

现在,天安门广场已经成为中华人民共和国的象征,中国人民和世界人民的向往之地。

每当我路过天安门广场时,我就会想起周恩来总理,想起当年他在天安门城楼,向梁思成、向北京市领导和有关方面的负责人,谈他对天安门广场建设的构想。此情此景,永驻我的心中,常忆常新。

二、踏勘北京团城

人们去北海游览,下了车,走到古色古香的北海南门(门楣上有"永光左门"的匾额),首先会看到紧挨着北海南门有一道弧形的青砖砌成的高墙,一头绕向北海园内,一头沿着宽阔的柏油道路,绕向北海大桥,即以前的"金鳌玉蛛桥"。这就是北海有名的团城。

团城城高4.6米,金代为大宁宫的一部分,元代称团城,又称瀛洲。城上建有承光殿、东西配殿、景门、衍祥门、古籁堂、馀清斋、艺海轩、沁香亭、镜澜亭、朵云亭、玉瓮亭等,布局别致,富丽堂皇;院内古树参天,枝桠交错,特别是被乾隆皇帝封为"遮荫侯"、"白袍将军"、"探海侯"的松柏,如伞

关心北京城市建设

如盖，苍劲挺拔，承光殿内的白玉佛、玉瓮亭中的玉瓮——渎山大玉海，更是世所少有。

人们游览北海，免不了要登团城。但人们并不知道，团城能够保留下来，供人们参观游览，与周恩来总理的英明决策有关。

记得1949年刚进城时，北海大桥桥面只有几米宽，用石块铺成，由于年深日久，早已凹凸不平，加之桥东西两头各有一座牌楼，西面的一座叫"金鳌"，东面的一座叫"玉蝀"，由于坡陡路弯，交通常常堵塞，也易发生交通事故。1950年整修和清挖中南海、北海，将北海大桥改建成了13米宽，两旁加了汉白玉护栏，路面也都改用柏油浇注。但是随着经济的发展，人口和车辆的增加，新改建的北海大桥，已远远不适应交通的需求。特别是桥东头的"玉蝀"牌楼，紧挨着团城，车辆绕团城开到这里，稍不注意，就会出现车祸。

有鉴于此，1954年，北京市城建部门再次提出扩建北海大桥。扩建方案有两种意见：一种是将团城拆除或部分拆除，把北海大桥向北面扩展；另一种，以古建筑学家梁思成为代表，坚决反对拆除团城。理由是，团城是金、元、明、清四代的重要古迹，同北海构成了一组完美的古建筑群，很有历史价值。两种意见争执不下。北京市将改建方案及两种意见，送呈周恩来总理，请周恩来总理审定。

周恩来总理对有争议的问题，一向很慎重，从不马上下决断。一天早晨，工作了一整夜的周恩来总理，从办公室出来，我们以为他该休息了，准备去安置。他却对我说："你找个同志去北海团城问一问，有没有值班的，如有，我们去团城看看，不要告诉其他人。"去团城的人回来告诉说，团城有值班的。我们便跟随周恩来总理去了团城。

当时团城不对游人开放，北海游人也很少。时值夏天，晨风习习,给人一种清凉的感觉。我们登上团城,在遮天蔽日的古树下,首先看到的是玉瓮亭。周恩来总理仔细看了看有关玉瓮的介绍。玉瓮,又称"渎山大玉海",用一块整玉雕成,通高70厘米,周长493厘米,膛深55厘米,重约500公斤。周身浮雕有海浪、海龙、海马、海猪、海鹿、海犀等。传说元世祖忽必烈时,曾将玉瓮放置于琼华岛上的广寒殿,用以盛酒,大宴群臣。明代广寒殿倒塌,玉瓮失落民间,清乾隆十年,以千金购回,置于承光殿,乾隆十四年建玉瓮亭,并命翰林40人各赋诗一首,刻玉瓮亭石柱之上。玉瓮厚重古朴,气势雄浑,堪为我国早期的玉雕精品。周恩来总理围着玉瓮看了看,说:"确实是一件很有价值的国宝。"

接着,周恩来总理又在值班人员的带领下,走进承光殿,仔细看了陈放在殿中的白玉佛及其简介,然后说:"这样好的文物竟遭到破坏,这是帝国主义侵略中国的一个罪证。"他所说的"文物遭到破坏",指的是玉佛左臂被损。1900年八国联军侵占北京时,团城上的衍祥门被毁,白玉佛左臂被损,团城各殿堂的珍宝文物被洗劫一空。

走出承光殿,周恩来总理又到门上挂着汉、满两种文字匾额的古籁堂、馀清斋、沁香亭去看了看,由于里边没有文物,没有进去,只是在外边看了看。然后走到植于金代被清乾隆皇帝封为"遮荫侯"的古松和同时被封为"白袍将军"的白皮松跟前看了看。它们连同团城院内另外十来棵松柏,虽已有800多年的历史,但仍然树干挺拔,枝叶繁茂,郁郁葱葱,生机盎然。关于几棵古树受封,还有一个传说。相传有一年盛夏,乾隆来游团城,宫人摆案于树荫之下。清风徐徐吹来,乾隆暑汗全消。乾隆高兴之余,当即封此树为"遮荫侯",封另两树为配官"白袍将军"及"探海侯"。"探海侯"今已不复存。看后,周恩来总理转脸问我们:"你们在什么地方见过这么大的玉佛?

你们知道这松柏长在这么高的地方,经过了几百年,为什么还这么繁茂?"我们几个青年都来自农村,谁也回答不出。

这时,周恩来总理便给我们讲起了团城的历史,讲了它从金、元到明、清的变迁,讲了1900年八国联军对它的掠夺和破坏,同时还讲了保留团城的意义。使我们几个青年人受到了一次历史教育和爱国主义教育。

开始,我们谁也不明白工作了一整夜的周恩来总理不去休息,为什么跑到团城来?这时才明白,他是要来实地踏勘。

看完"遮荫侯",周恩来总理又走到团城东南角停下来。这时,太阳已经从东方升起,有点晃眼。周恩来总理费力地抬起他那当年因惊马伤残的右臂,手搭凉棚遮挡着直射的阳光,向东瞭望。东面的景山和景山上的富览、辑芳、万春、观妙、周赏五座亭子,故宫的神武门北和上门、护城河和故宫西北角的多脊多角的角楼,尽收眼底,就像一座立体雕塑,美不胜收。然而周恩来总理向东瞭望的目的,并不在于欣赏这一带的景色,而是看北海前门这条路能否展宽拉直。接着,他又转过脸向中南海,左右观察。当看到与北海桑园门相对的中南海蕉园门(现已不存在)时,用手指着问我们:"那里的房子现在是什么单位?"我们回答说是中央办公厅供应站。他点了点头,再没说什么,又转身走到团城西南角停下,左右眺望,并不时回头看看景山。西面过了北海大桥,就是青砖绿瓦、古色古香、飞檐斗拱的北京图书馆。周总理看完后自言自语地说:"就是拆了团城,道路也拉不直,还得动北京图书馆。看来还是让好。"究竟"让"什么,周恩来总理没有说,我们几个随行的青年人也摸不着头脑。

看完,我们随周恩来总理离开团城,回中南海休息。

后来,听总理的秘书讲,就是这次去团城实地踏勘,周总理才对改建北海大桥和拓宽马路方案的两种意见,心里有了底：决定保留团城；并决定拆掉中南海北面的蕉园门和福华门，将中南海红墙南移，以便将马路展宽；北海大桥也向南展宽至36米，解决这里的交通堵塞。这时，我们才明白周总理自言自语说的"看来还是让好"那句话的涵义。

不久，北京城建部门开始动工，堵了中南海的蕉园门，拆了福华门，中南海国务院红墙南移，将桥东桥西两座牌楼移进公园，改建了北海大桥，马路向南展宽，解决了交通堵塞，保留了团城，也保留了北京图书馆。就是今天我们看到的这个样子。

周恩来总理1975年病重期间，正值北海公园停止对游人开放。周总理有时到北海公园散散步。一次走到公园永安桥南头"堆云"牌楼处，停下脚步，仰首望着团城北侧围墙，看了很久很久，在思索着什么，之后对陪同的北海公园管理处负责人说："北海能和团城连起来多好，可以方便游人参观游览。但不要拆墙挖洞。"公园管理处根据周总理的指示，请建筑设计院画了图，做了模型，逐级上报，最后经中央领导同志审定批准，建成现在的踏步通道，给游人参观北海和团城带来很大的便利。遗憾的是周总理没有能够亲眼看一看按着他老人家指示完成的这项工程。他老人家在病重期间还关心着人民群众，还关心着保护文物古迹，这是我们永远不能忘怀的。

周总理踢足球

上世纪50年代初,我国国家足球队成立不久,国家体委邀请印度尼西亚国家足球队及教练来传授技术,进行足球友谊比赛交流经验。第一次在先农坛体育场进行友谊比赛,副总理兼国家体委主任贺龙邀请周总理前去观看比赛。比赛当天,周总理、贺龙副总理、体委荣高棠秘书长及印尼驻华大使等人在主席台上观看比赛。这是总理第一次看足球比赛。两国足球队员入场后,互相交换队旗,赠送纪念品。开始比赛前印尼足球队按照他们的民族传统,在赛前全体队员围成一个圆圈,用一个藤编的足球,在主席台前进行技术表演。队员们相互间以各种方式将球传来传去,显示其高超的球技。每当传一个好球时,都引起全场热烈的掌声。表演结束后,由队长将藤球送给主席台上的最高领导人或德高望重的长者,以表示尊敬。这次队长把藤球送给了周总理。

比赛中,荣高棠向总理介绍说,在我国足球队员中有一个9号队员史万春[①],是建国前有名的老队员,曾在北京饭店工作,我们把他要回来了。并指着9号队员说,他就是史万春。比赛中裁判吹哨,我们一个队员犯规了,总理问这是什么犯规?荣高棠解释,一方向对方进攻时,在对方禁区内,没有带着球超过对方球员时,叫越位犯规。另一次裁判吹哨判球员犯

[①]经电话采访史万春老人,证实他1943年至1951年在北京饭店工作,50年代在国家足球队的号码是9号。

规时，总理又询问荣高棠，荣高棠解释是球员抬脚过高，这是危险动作，容易对球员造成伤害。这次我坐在总理后面，我也是第一次观看足球比赛，所以印象特别深刻。比赛结果客队获胜。

比赛结束后，周总理、贺龙副总理、荣高棠秘书长和印尼驻华大使走到球场与两国队员一一握手，并合影留念。事后我把藤球带回来，放在客厅里。有时总理让我们当守门员，把客厅的屏风当球门。这个屏风是平板式的，有两米宽、两米高，顶部安装有5块玻璃，两边各有几个衣帽钩。总理让我们守门，总理站在五六米以外射门，很有意思。总理将球射进"球门"后，高兴得哈哈大笑。有时饭后或从洗手间出来，也踢上几分钟。因为总理对踢球活动很感兴趣，我就去买了一个小孩玩的足球来代替藤球。总理后来就经常踢小足球，这个运动对总理来说是个很好的休息和运动。

有一次总理射门把小足球踢飞了，飞到屏风上面，把屏风上的一块玻璃打碎了。总理说这块玻璃是我打碎的，我自己掏钱配一块。第二天，我请总务处的木工韩师傅换上了一块新玻璃，收了3角钱。总理吃饭时，我汇报了更换玻璃的事情。为了更好地进行这个运动，我让总务处的铁工班用4分水管做了一个1米高、2米多宽的折叠式铁架子，我在后面用线绳编结成网当做球门。踢球时把架子拉开，踢完球折起来放好，不占地方，也很方便。这样总理踢球的兴趣更大了。

50年代冬季，北京风沙很大，天气也特别冷，最低温度可降到零下18度。有两个冬季总理经常在室内踢足球。1965年总理把这个小足球送给了保健护士郑淑芸的儿子小钢。毛主席纪念堂成立周恩来纪念室时，郑淑芸将这个球送到纪念室。现在这个小足球是毛主席纪念堂周恩来纪念室的藏品。

陪伴周总理终身的小药盒

周总理长期习惯夜间办公，因公务繁忙，每天睡眠只有四五小时，多则五六小时，我在总理身边20年，他从不睡午觉，事实是他忙得没有时间午睡。

1945年秋，我刚刚到总理身边不久，随即去了重庆（当时的国统区）。时任总理副官的何谦同志给我讲了周总理有流鼻血的情况，说外出时一定要带上小药盒，那时的小药盒很简单，是个针剂肾上腺素的纸盒，里面装有6支肾上腺素针剂，还有一小包脱脂棉和一个小砂轮。1946年秋，在南京我们每人得到一小纸箱救济物品，据说是美国士兵一周的食品。里边有一个小急救盒，大约8公分宽，10多公分长，1公分厚，是硬塑料的，我见很合适作小药盒，就用它作药盒了。

有一次董老、李维汉、邓大姐在总理办公室开会。总理突然流起鼻血了。会议立即中断。总理坐在沙发上，我和邓大姐、何谦不断换湿毛巾，用湿毛巾、用棉球沾上肾上腺素总也止不住血，直到用完5瓶肾上腺素才止住。何谦说这是最厉害的一次。

总理流鼻血的病是经常发生的，不论是办公、开会或找人谈工作，不分时间和场合，突然鼻子就流血了，有时流得很厉害，挺吓人的，止都止不住。一旦发现流鼻血，采取的措施是让他马上捏住鼻子，仰头坐下不要动，同时把止血棉球放入鼻内，再用凉毛巾敷在前额上。一般这样一两次流血即可止住，流血多时要换多次止血棉球和凉毛巾。

1946年底回延安后,为了备战的需要,小药盒又增加了红药水、万金油和小苏打片(这是有一次总理胃疼,邓大姐写了个纸条,让我到中央医院去要药,当时没有什么药,就给了小苏打片)。

1949年进北京后,小药盒又增加了用途,小药盒中间用粗的猴皮筋捆住,盒子的一面用小塑料袋装了十几根牙签,别在一面上,另一面在外出时,别上总理办公室门上的钥匙。总理身边工作的卫士都会处理总理鼻出血。卫士交接班首先交接小药盒,这已形成了制度。

为了防止流鼻血,总理根据医生的意见,每天早晨用凉水洗脸,同时洗鼻子。开始用滴管吸水冲洗鼻子,饮食也注意不吃易上火的食物。长期以来,总理穿衣也比别人少,冬天上衣一般是一件棉毛衫、西服加背心,外衣是薄的法兰绒,下身只穿一件布衬裤和法兰绒外裤。盖的被子不用新棉花,比一般人的被子薄得多,弹被套的人嫌太薄不给弹,是我用棉花絮上薄薄的一层缝好做被子。室内温度不能高,保持20摄氏度左右,冬天保持室内不干燥,这些都是预防措施。即使这样,总理时不时还会流鼻血。

如果周总理外出,无论在京、去外地或出国访问,我们跟随的警卫值班人员,都得把小药盒带上,以备万一流鼻血使用。

60年代,解放军发明了止血粉,小药盒里的肾上腺素改为止血粉了,原来的脱脂棉早就改为消毒棉球(用拇指粗的小玻璃瓶装),还有酒精棉球及一把小镊子。值班卫士像带自己的武装一样,外出时都要带上,而且交接班首先要交接小药盒。这个小药盒一直用到最后。

同志之间相互称同志好

20世纪50年代,周恩来总理到广州参加毛主席召集的中央工作会议。这是新中国建立后,周总理第一次去广州。我作为总理的警卫人员也跟去了。这次去广州,有两件事至今令我记忆犹新。

一件事是发现了毛主席最早写的一篇关于调查研究的文章。毛主席的机要秘书叶子龙叫人打印了发给大家学习。当时能获得毛主席早年写的文章,大家如获至宝。我们几个人凑到一起一边阅读,一边讨论,很想读熟记牢,一口气能把它背下来,这不仅能提高自己的思想水平,也是对毛主席的感情和尊敬。因为毛主席领导中国革命,从小到大,从战争中学习战争,推翻了"三座大山",建立了新中国,结束了中国半个多世纪以来半封建半殖民地的地位,使中国人民在世界的东方真正站立起来了,成了世界上一支不可忽视的力量,一个崛起的民族。

另一件事是一天我随周总理去毛主席的住处开会回来,门口收发室送来一张纸条,上面写着:"恩来同志,今天来看你,你不在,说是开会去了……很想能见到你。你哪天有空,请秘书给我打个电话。"落款是张剑虹,还留有电话号码。

20世纪三四十年代,周总理一直在国民党统治区,既代表党中央和国民党进行和平谈判,还领导党在国统区的秘密工作。当时他身为党的副主席、中央军委副主席,一直提倡大家相互之间以"同志"相称。所谓"同志",即志同道合。中国民主主

义革命先驱孙中山先生就曾主张大家相互间以"同志"相称。在其遗嘱中就明确写着"革命尚未成功,同志仍需努力"。

张剑虹(曾用名建红)在第二次国共合作时期,曾跟随周总理长期在国统区工作。先是在国民党政府的陪都重庆八路军办事处,后来抗日战争胜利,国民党政府迁回南京,她又随办事处转移到南京,直到国共和谈破裂,才随代表团撤回延安。

新中国建立后,她作为解放军报驻广州记者站记者,和爱人一同来到广州工作。由于在国统区那段黑暗的日子里,她和周总理、和办事处的同志们一起工作、一起生活,时时防备国民党特务的监视、跟踪、暗算,大家自然亲如家人。再加上几年没见,听说周总理来了,这样大好的机会,当然不会放过。于是她专程来到周总理的住处,看望老领导。

周总理看到她的留条很高兴,他拿着留条对我们说,我还很少看到有她这样以"同志"称呼我的,她还保持着老八路的作风。她想见我,好,我也正想见见当年的老同志。

有一天中央没有会议,周总理便让我打电话给张剑虹,如果她有时间,请她来吃午饭,一起叙叙旧,最好把孩子带来。我通过电话把周总理的意思转告给了张剑虹。张剑虹非常高兴,答应一定准时来。

午饭前,我按约定时间到她门口去接她。她如约而至,只是因孩子上学没有带来。她穿着一身解放军军服,看上去又挺拔又干练。当时我穿的也是解放军军服。都是老八路,又在一起工作过,几年不见,显得格外亲切。我把张剑虹领到周总理的住处。她见到周总理先是敬了个军礼,接着问周总理好。总理握着她的手,一边连声应答,好、好,一边说,你保持了老八路的作风,留条上以"同志"相称,很好,我很高兴,以后还要这样。

吃饭时,按照总理的吩咐,我让厨房多加了一个菜,由原来的两菜一汤变成三菜一汤。开饭时周总理对张剑虹说，今天我没把你当客人，我们一起吃顿便饭。张剑虹连连说，吃便饭好，吃便饭好。他们边吃边谈。虽然一个是国家总理，一个是普通记者，但谈得很投机，一点也不拘谨。饭后总理和张剑虹又在院子里散了一会儿步。他们在散步时，我也跟在后边。散步中间，总理提了一些问题，张剑虹一一作了回答。周总理和张剑虹的会见，不仅是一次老领导与老部下亲切愉快的会见，还是周总理所作的一次很好的社会调查。

把张剑虹送走后，周总理对我说，你记着，今后每逢到外地，如有老同志时，务必提醒我。他们很想见我，我也很想见他们。多年不见了嘛，总有些话要说。周总理的话我完全理解，他作为一个大国的总理，虽然日理万机，但他从未忘记那些在艰苦的岁月里跟他一同战斗、一同工作过的老同志。

周总理、邓大姐买公债

新中国建立之初,急需恢复生产,建设新的国家。饱尝长期战争之苦的人民,也迫切希望能够尽快恢复生产,使国家强盛起来,摆脱贫困,甩掉"东亚病夫"的帽子,不再遭受帝国主义的欺凌。而要恢复生产,搞新的建设,改变面貌,就需要大量资金。

这大量资金哪里来?国民党留给我们的是个烂摊子,当时全国工业很少,钢产量每年只有90多万吨,农业虽然经过土改,但还是一家一户的个体小生产,缺乏机械化,再加美帝国主义对我国实行封锁,全国还有部分地区没有解放,筹集资金相当困难。

在这种情况下,党中央作了三条决定:第一,要增产节约;第二,要发行公债;第三,要争取外援。1949年底,政务院经中央批准,决定发行胜利折实公债。

之所以发行胜利折实公债,是因为当时全国刚解放不久,物价波动很大,而以市场上小米的价格折实算,到期仍以小米折实价格还本付息,不使购买公债的人吃亏。这是周总理在政务会议上讲的。

决定在全国发行胜利折实公债之后,全国各地各大报纸,均以头版头条发表消息进行宣传,全国总动员,做到家喻户晓。

周总理深知,要想把胜利折实公债,在全国发动起来,自己作为政务院总理,要求别人做的事,首先自己要带头做到,

周总理、邓大姐买公债

然后才能要求大家做,才有号召力。

怎么带这个头呢?当时虽说全国解放了,建立了新中国,全国党政军各级机关工作人员,仍在实行供给制,仍在沿用战争时期那套军事共产主义的做法,不论职务高低,一律平等,吃穿用全由政府包办,个人几乎没有什么积蓄去购买胜利折实公债。怎么办?

于是周总理就和邓大姐商量,决定把他们保存了几十年的很有纪念意义的东西,拿去卖掉,买公债。就在发行公债消息发表的第二天,邓大姐把我找去,她把一个小包打开,从里面取出几张照片,又包好。把小包交给我,让我把小包里的东西卖掉,然后购买公债,支援国家建设。

我一看这个小包就明白了。那还是1947年2月间的事。当时蒋介石发动全面内战,胡宗南率领国民党十几万大军进攻我党中央所在地延安。党中央号召陕甘宁边区全体军民坚壁清野,不给敌人一粒粮食和任何可以用来作战的物资。2月中旬,一天,邓大姐把我叫到她和周副主席住的窑洞里说:"小成,我们也把东西整理一下,好随时准备转移,免得到时手忙脚乱的。"说着,她把保存了几十年的东西拿出来,一边用布一件一件地擦干净,一边给我介绍。她指着一块金银两色的怀表说:"这块怀表是恩来的父亲留给恩来作纪念的,是纪念品。"又指着一双用银链连着的银筷子和两个金戒指说:"这双刻有花纹的银筷子,是我母亲用过的,是我母亲留给我的纪念品;这两个金戒指,是当年我和恩来结婚时的纪念品。"又指着十几个小金五角星和几个小金叶片说:"这是国民党军队将军军服上的肩章和领章上表示军衔级别的标志物,是国共合作时恩来戴过的。"一一介绍完,她每样都用柔软的白麻纸包好。然后又拿出一包用硬纸壳包着的照片,打开,一张一张给我介绍:"这是恩来小时候的照片,这是恩来在法国留学时的照片,

这是恩来在黄埔军校时的照片,这是恩来和我结婚的照片……"总之都是一些很值得保存的很有意义的照片。介绍完后,邓大姐让我用当年她和周副主席参加国共和谈,后来和谈破裂,从南京撤离时带回的玻璃雨衣(实系20世纪40年代刚出现的塑料制品)包起来,然后用绳子捆好,并在上面贴了一张纸条,纸条上写了周恩来的名字并交中央办公厅特会科。当时,我们住在延安枣园后沟,邓大姐要我骑马去杨家岭交给特会科科长赖祖烈。

我把这包东西交给赖祖烈后,不久,中央决定委托邓大姐和朱总司令夫人康克清,率领中央直属机关部分老弱、妇女、小孩先东渡黄河,到晋绥军区作为第一个落脚点。

3月13日傍晚,我们乘吉普车先撤出了延安,当晚到达了延安东边的永坪镇。第二天,见到了特会科的同志,邓大姐就问他们,她交给特会科转移的东西现在在哪里?特会科的同志说,特会科转移的东西还在前面,离永坪镇十多里的一个小镇上。邓大姐怕不安全,决定自己随身携带。第二天,就给赖祖烈写了个条子,要我骑马去找赖祖烈,把那小包又要了回来。此后,邓大姐辗转于晋绥军区的蔡家崖、三交后卫,直到1947年6月在西柏坡参加土地会议,再到北京,这个小包一直带在身边。

这么珍贵的东西,邓大姐要我拿去卖掉,我实在不忍心,就对邓大姐说:"这么珍贵有纪念意义的东西拿去卖掉,太可惜了,我看还是留着吧。再说,就是卖也卖不了几个钱。"邓大姐说:"按说,是不该卖。可是我们要建设新中国,需要钱,钱从哪里来?就得靠我们大家,有一分钱出一分力。再说,我已经跟恩来商量过了,这些东西再有意义,留着也是死物,把它卖了,买成公债,支援国家建设,死物变活物,不是更有意义?"

周总理、邓大姐买公债

　　周总理和邓大姐历来就是大公无私，公而忘私的，我还有什么话说呢。只好将小包拿到西安门大街路北一家设在二楼的金银首饰收购店（即现在西安门大街101号）卖了，卖的钱买了公债。

　　直到现在我一直感到很遗憾，在当年我没有能力也没有权力，把这包珍贵的东西留下来，当时的纪律也不允许。

关于表的故事

周总理和邓大姐在生活方面一直是很简朴的,从不购置使用什么豪华奢侈带金的东西,如果有的话,那就是外宾和别人送他们的金壳手表。也正因为手表发生了一些与我有关的故事。总理和邓大姐因亲友向他们要手表,他们不送金表,因此,曾三次和我换表。

第一次换表

1950年底,新中国刚刚成立,总理的堂侄周尔鎏参加解放军后,自学英语考入了天津南开大学,利用假期来北京看望伯父、伯母,向伯父母汇报他的学习情况,总理和邓大姐听了他的汇报后很高兴。总理说,你是周家晚辈中第一个自学考取大学的。留他住在西花厅,临走时还送了他一些生活必需品和两套总理穿过的衣服。周尔鎏走后,一天邓大姐把我叫到她的办公室说:周尔鎏临走时向我们提出要一块表,以便于他在学校里掌握时间。我和恩来同意给他找一块表,但现在没有,要他下次来时再给他。邓大姐说现在只有我有一块多余的女用坤表。尔鎏是个男大学生,在学校里戴一块坤表不合适,别人看了会取笑他的。我想和你的欧米加怀表换一下给他,你把我的小手表装在身上看看时间先用着,你看好不好?我说可以。当即掏出怀表给了大姐,她把坤表给了我,这是第一次换表的经过。当时邓大姐有心脏病,由卫士韩福裕照顾她,韩福裕同志用过这块怀表。周尔鎏第二次来看望伯父母时,就给了他这块怀表。

我的怀表是怎么来的呢?1949年7月份,我突然接到家里打来的电报,内容是:母病危,望速回。当时工作很忙,总理正在勤政殿起草《共同纲领》,我不打算回去,但总理的警卫秘书何谦同志很热心,没有同我商量,就为我办好了回家的路条,签发人是杨尚昆,盖着中国人民解放军总部的印章,还有路费和安家费。这是我参军后第一次回家。回家后见母亲并未生病,很健康。主要是想看看我本人,才打了那个电报。我14岁出来时个儿很小,见面后家里人都说我长大了,很健康,很高兴。我在家只住了三天就回来了。那时交通很不方便,下了火车到家要走几十里地,往返用了整整一个星期。回京后我将多余的钱交给何谦同志,让他退还公家,何谦说,这钱已经齐燕铭秘书长批准报销了,剩下的钱你留着用吧。当时我们的工作常常需要掌握时间,没有表很不方便,刚进城我又不好意思戴手表,于是就托总理的司机钟步云同志给我代买了一块怀表。他给我买了一块金壳怀表,他告诉我说这是名牌欧米加表,你这一辈子也用不坏。我这块金壳欧米加怀表,在当时警卫人员中算是唯一,我也是唯一先用表的人。

1952年,海关处理一批走私男表,总理办公室有些同志买了。办公室许文青是女同志也买了一块男表,我用大姐换给我的坤表与许文青同志换了一块男表用。

1954年日内瓦会议时,我在日内瓦用公家发的零用钱买了两块表。回来后我把和许文青同志换的那块表送给了邓大姐的警卫员冯佛成同志。以上是第一次换表的前前后后。

第二次换表

  1955年秋，周总理在河南焦作一个矿上工作的侄子周荣庆，因工作来京，顺便来西花厅看望伯父、伯母。因他吸烟多，咳嗽，我安排他住在国务院惜薪司招待所。

  一天晚饭后，邓大姐叫我到客厅去，当时我刚结婚不久，住在西花厅后院东厢房。我到客厅后见大姐和总理刚吃完饭，还坐在餐桌边。大姐对我说，你把你在日内瓦买的两块手表拿来看看。因那天是星期六，我爱人也在家。当我把两块表拿给他们看时，总理先拿起欧米加表（自动、夜光、带日历）看，说这表太好了，不能给他，又拿起我的军用表（21钻、夜光、带日历）看后说，这表也很好么，就给他这一块。我莫名其妙，不知怎么回事。这时大姐对我说，周荣庆这次来，说他常到矿井下检查工作，需要一块带夜光的手表。为了帮助他工作，我们同意给他一块表。因为我们的表是金表，我们送给他金表，怕他在地方上影响不好，就想到你在日内瓦买的手表了，想跟你换一块给他，你看好不好？我说可以。这时大姐把身边一个漂亮的盒子里的英格牌金壳手表拿出来，也是夜光、自动、带日历的（这表是1954年周总理参加日内瓦会议期间，英格表厂送的，并附有一封信）。把这表给你，你把金表带退还给我，你戴上太显眼。就这样，把英格表给了我，把我的军用表留下，总理没说话。第二天我去表店换了个钢表带，把原表的金表带退还给了邓大姐。这就是第二次换表的经过。

关于表的故事

第三次换表

　　1957年七八月份，具体时间记不太准了，一天下午，总理去中南海西楼开会。因为在中南海内活动，总理只准我们去一个随卫，那天我在家没去，因那天晚上有外事宴会，按医生和邓大姐的要求，每次参加宴会喝酒前，给总理吃点面包黄油之类的食物，对身体好。那天下午三四点钟，我到厨房和桂师傅商量给总理准备吃的东西，顺便谈了些工作问题。突然，邓大姐来到厨房，她说，可把你找到了，元功，你来，有急事和你商量。从厨房出来边走边说，她说，我找了你好久，办公室没有，其他房间也没有，问哨兵说你没出去，我才找到厨房来。到了她的办公室，邓大姐说：恩来长征时的警卫员范金标你认识吧？我说，认识。大姐说他托云南省委来京开会的同志带信来要一块手表。我和恩来商量给他一块欧米加金表，我们只有两块这样的表。但我想来想去觉得不好，怕他在地方上工作，造成不好的影响。开会的同志明天要回云南去，想跟你的欧米加手表换一下给他，我推脱说，我的表已用了好几年了，怕不好吧。大姐说，都是欧米加名牌表，没什么不好。我再次推脱说，我的表在小焦手上，不在我手上。（我的欧米加手表是1954年我们谈恋爱时我送小焦的礼物，当时小焦要我亲自给她戴在手上的，很有纪念意义。）当时小焦在中南海门诊部工作。大姐急切地说，你快把小焦叫来。我只好打电话说有急事，把小焦叫到西花厅来。小焦来后，我说明情况征求她的意见。小焦说，那就听大姐的吧。把表从手上取下来交给了我。邓大姐一直在办公室里等着。当我把手表交给她时，见她从办公桌抽屉里取出已写好的信，把信上金表的"金"字用钢笔涂掉,并说这样只改一个字就行了。接着把信和我的欧米加手表装在信封里封好,要我马上交机要交通员按信封上写的送北京饭店,要收条。半小时后机要交通员小王把收条交给我,我把收条交给大姐后,她说又了却了一件心事。同时从抽屉里取出金壳欧米加手表交给我。以上是邓大姐第三次同我换表的全过程。

换表引来的麻烦

万万没有想到,就是这第三次换表却招来了麻烦,而且是对我个人造成极坏影响的麻烦。

事过8年后,1965年七八月份,一天晚上,总理办公室副主任和支部书记找我谈话,无中生有地说:"有人反映你公私不分,把总理的被套拿去自己用了;把外宾送总理的地毯拿回了自己家里;还有同志反映你把总理、邓大姐送云南范金标的金壳手表,你改了信,把新表换成旧表,造成了很坏的影响。有没有这些事?"

我一听就火了,但还是心平气和地向他们一件一件地说明了情况。我说:关于我拿总理被套的事,是因总理常流鼻血,不能盖新棉花做的被套,总理用的厚的、薄的被套,都是我用两幅纱布拼起来,上面铺上棉花,我先用一段时间压一压,再给总理用。历年来都是这样做的,这是邓大姐让我这样做的。关于我把礼品地毯拿回家用的问题,外宾送的礼品都有登记,可查账,根本无此事,我家里也没有地毯。反映这个问题的人,不怀好意,是别有用心的。关于换手表的问题,你们可问邓大姐,我并将换表的全过程向那位副主任和支书详细地说了一遍。当时他们问我,大姐两次找你换表,为什么不找别人换?这一问,我火了,你们也管得太宽了,邓大姐处理的事,你们为什么不去问邓大姐?如果我说的情况有出入,我改信换了表,我愿用党籍作保证,如果我错了,愿受党籍处分。如果我说的情况属实,确实是大姐改的信,换的手表,你们要在支部大会上说明情况,向我赔礼道歉。那位副主任和支书对我提出的要求不表示意见。他们这次谈话用的是激将法,你火他们不火。只说一句话:"张秘书是个老同志,我们相信她说的是真实情况。"当时我非常恼火,说了一些难听的话。但他们两人不火,总是一句话:"张秘书是个老同志,我们相信她说的是真实情况。"最后,我拍着面前的茶几大声说:你们今天是代表领导和组织找我谈话,对你们所谈的问题是要负责任的。现在我不找大姐,请你们在三天之内,向大姐把问题弄清楚再说,咱们三天后再谈。我不辞而别。

他们没有问大姐,第二天还是第三天,周总理在卫生间看报,总理办公室童小鹏主任去卫生间向周总理提出要调动我的工作。周总理从卫生间出来,吃罢早点,要进办公室,我送茶从办公室出来,与总理在办公室门口相遇。周总理向我说:"莫名其妙,他们提出要调动你的工作。莫名其妙!我想让你陪我到最后的。"当我听到"让你陪我到最后的"时,我的眼泪唰一下流下来了,但我什么也没说,我回到值班室。

当时我想了很多,首先,从总理那句"我想让你陪我到最后的",说明他对我过去的工作是满意的,不然,他决不会说这样的话;第二,显然,那位副主任和支书没有去找邓大姐,去核对换表的事,童小鹏主任在向总理提出调动我工作的事时,也没提换表的事。不然,周总理和邓大姐会向他们说清楚的;第三,本来我也想把那位副主任和支书找我谈话的事,报告周总理和邓大姐,但又不愿意给他们添麻烦,再说,我即使报告了,周总理和邓大姐向他们说清楚了,不调动我的工作

了，今后他们还会找我的麻烦，给我小鞋穿。与其留下来，不如干脆离开这个是非之地，反正换表的事总会真相大白的，事实终究是事实。让他们日后自己打自己的嘴巴去吧。于是，我没有再找周总理和邓大姐说明调动工作的原因。

一直拖到10月底，一次外出回来，总理在车上说，你到警卫处工作管的面宽了，要多学习别人的长处等。几天后，杨德中副局长对我说，你就到警卫处去上班吧。从此，我就离开了西花厅，离开了周总理和邓大姐。到中办警卫处工作，是副处长（过去是兼任）。离开前，领导我的那位副主任和支部书记既没找我谈话，也没有给我作鉴定，就连党小组会也没开，可说是无声无息。

落井下石

我到警卫处工作，主要负责中央常委活动的现场和随卫工作。1966年初，我去江西参加社教，接着就是"文化大革命"。谁知在1968年3月，我被江青诬陷，说我"历史上就很坏，限制她和周总理接触"，"至少也是个变了质的坏分子"等等。这样就不好在首长面前工作了，领导让我先到学习班去学习。当时让到学习班去学习，并不是现今意义上的进修提高，而是让你去接受审查。我在学习班期间，大约六七月份，西花厅党支部为了表明态度和我划清界限，给中办警卫局写了一封揭发我的问题的材料。警卫局张耀祠副局长看后，在材料上批示："此材料给成元功看看，对他有好处。"材料交给我后，我一看就明白了，是乘人之危落井下石的材料。材料所揭发的问题，都是无中生有，说我工作不负责任，不顾总理安全，在汽车上对司机瞎指挥。关于所谓我私自换表的问题，改成了我处

关于表的故事

理不当。我看后没有签字，请学习班党支部书记李树槐副局长，把我的意见转告给张耀祠副局长。一是感谢他批给我看这个材料，二是此材料是乘人之危落井下石的材料，所揭发的事都不是真实情况，都是编造的。

1969年元月5日，让我下放到中央办公厅在江西进贤县的"五七学校"去劳动锻炼，实际是劳动改造。这一去就是近8年。

1974年春，我从干校回京探亲，邓大姐派人通知我，说大姐要见我们全家，让我们晚饭后去西花厅。当晚，我和爱人带着三个孩子去了西花厅。一见面大姐就说："恩来在医院里，听说你从江西回来探亲，让我代表他见见你们全家。"并问我："你当时为什么走的？走的时候连个招呼也没打。"我说，离开西花厅是因为你给范金标改信换表，他们说我是私自改信换表，我和领导吵了架，到了警卫处。后遭江青诬陷到了学习班，又去了江西中办"五七学校"。邓大姐说，给范金标换表那件事，我已经向他们说清楚了，是我改的信，换的表，与你无关。

周总理与北京医院

北京医院位于北京东单公园西面，解放前叫德国医院，医院不大，是一栋三层的小楼，解放后才改名叫北京医院。

20世纪50年代初，北京医院是党中央政府机关工作人员的定点医院之一，并不对外开放。周总理作为新中国的管家人，曾不下上百次到北京医院去视察和看望住院的其他中央领导同志。

解放初期，中央人民政府秘书长林伯渠生病需住院，周总理为周密安排亲自坐车去北京医院，召集院领导、专家和医护人员开会，研究可能出现的问题以及解决方案。会后又到诊室、急救室、住院处等处进行了认真的检查，特别是对林老住的房间的布置都作了详细的安排。当检查到变压器时，总理问工作人员：是双路供电还是单路供电，工作人员回答说，变电器是解放前就有的，是单路供电。周总理又问，动手术时遇上停电怎么办？在场的人员回答不上来。周总理说，要供电局派一部发电车，以后中央不论谁住院，都要让供电局派一部发电车放在这里备用。将来有条件了要解决双路供电，防止动手术时停电带来严重后果。

不仅如此，周总理每次去北京医院，不论是去看望住院的病人，还是自己找医生看病，怕干扰病人休息，都让司机把车停在医院门外，自己走进去，从不让司机把车开进去。开进去会影响病人休息及治疗工作，虽然看起来是件无关紧要的小事，但总理就是这样一向严格要求自己，处处为他人着想，每件小事都非常注意。

自林伯渠那次住院以后，不论哪位中央领导人住院，事前周总理都要亲自到北京医院召集院领导、有关专家和医护人员开会研究，布置检查，其细心周到，令到会的人无不心同感受，倍加钦佩。

上海市委书记柯庆施患肺癌，周总理得知后乘飞机赶到上海，动手术前亲自到医院安排布置，动手术时又飞到上海进行探视。在手术室门外等了几个小时，直到柯庆施动完手术后推回病房，又看了看，才放心地离去。

我在周总理身边工作20年，周总理曾住过三次医院进行外科手术，从未像他对待其他中央领导人那样，事先派人到医院进行安排和检查。

有一天总理去医院探视病人，看完病人还有外事活动。总理看完病人出来时，天下着小雨，且外事活动时间已到，我让司机开车到病房出口处。

总理从病房出来看见车进了医院在病房出口处，马上发了火，说："谁让车开进去的？"我说外事活动时间已到，又下着雨，给他雨伞也不要，自己生气地走到大门口，车即随着到大门口才上了车。

随周总理去日内瓦

1954年的日内瓦会议，是第二次世界大战后的一次重要的大型国际会议，也是新中国第一次以五大国之一的身份参加，并经受了复杂的外交斗争考验的国际会议。

为在这次国际会议中能获得预期的效果，周总理亲自挂帅，从2月份开始就做了充分的准备。考虑到新中国未来需要大量外交人才，在配备代表团工作人员时，周总理提议选调一批优秀干部，让他们出去接受实际斗争的锻炼。因此整个代表团由中央党政军机关45个单位的180余名工作人员组成，下面分设了朝鲜问题组、越南问题组、综合问题组、新闻宣传组、秘书组、行政交际组和保卫组。各个组成立后，立刻行动起来，开始了认真细致的准备工作。各组在准备期间从难从严要求，一丝不苟，有的组还多次进行模拟演练，如吃西餐等。周总理还特意指示在代表团成立了党支部，各组组长为支部成员。代表团临行前，周总理还在东城外交部街老外交部礼堂，主持召开了几次代表团全体成员大会。会上周总理强调了日内瓦会议的重要性以及外事工作的纪律和礼节，要求代表团全体工作人员要步调一致，圆满地完成党中央交给的这次任务。

根据介绍，瑞士日内瓦的气候较温和，比北京要晚一个季节，是有名的世界花园。代表团成员在做服装时一律做了两套，其中一套深颜色的作为礼服。当时工作人员很少有人穿西装，所以很多人做的都是中山服，只有少数人做了西装。当时规定做服装一律在百货大楼买衣料，在统一的地点定做服装，出国用的日用品由下发的零用费自己购买。所以代表团走到哪里都是那么整齐划一,清一色的中山装,皮箱、提包也是大同小异。

日内瓦会议期间周恩来在住地万花岭大别墅与代表们交谈

1954年4月19日,毛主席正式任命周总理为出席日内瓦会议的中国代表团首席代表,外交部三位副部长张闻天、王稼祥、李克农为代表。

在充分准备的基础上,4月20日周恩来率领的中国代表团肩负祖国人民的重托,从北京西郊机场乘飞机,取道苏联飞往日内瓦。当时我们乘坐的是中苏航空公司的里—2专机。这是一种小型飞机，只能乘坐七八个人，而且速度慢，每小时只能飞300公里。周总理和代表团主要成员分乘两架飞机。当时没有什么气象预报，专机飞行条件要求很严，航线从北京经乌兰巴托（加油）直飞伊尔库茨克，第二天经西伯利亚到莫斯科，并停留两天。4月24日从莫斯科启程经过德国柏林。因为西德规定经过西德上空的飞机必须上一个武装人员，并规定在西德上空不准照相，我们只好照办。在东德停留时，东德格罗提渥总理设午宴招待，当天下午代表团飞抵了日内瓦昆士兰机场。

警卫干部机场掉队

由于是初次出国参加大型国际会议，没有经验，外交部在办理护照时，按照国际惯例除给代表团少数人办了红皮护照外，给其余人员办的全是蓝皮公务护照。我们到达昆士兰机场后，周总理和代表团少数成员持有外交护照，有外交豁免权，所以他们出了机场就乘车走了。而我们警卫人员和代表团其他人员因持公务护照，要从另一出口经过检查才允许走出机场。这样一来我们眼睁睁地看着总理出了机场休息室，坐上汽车走了，真是干着急没办法，也只好掉队了。周总理出了机场到达韦尔苏瓦万花岭大别墅住地，才发现我们没跟上，他想喝口茶也无人给联系，很着急。因为很快要去昆士兰机场迎接苏联代表团团长莫洛托夫，他只好同代表团少数几个人去了机场。我们到达住地时不见周总理，听秘书组说周总理到机场接莫洛托夫去了，我们只好在住地等待。周总理从机场回来，对外交部交际处处长王卓如严肃地说："你们什么都按老教条办事，警卫干部为什么不能用外交护照?"王卓如说:"我们没经验,我们是按照国际惯例有关规定办的。"周总理生气地说:"信使都可以用红皮护照,警卫干部为什么不能用?!信使是工作需要,他们就不是工作需要吗?"此后,我们警卫干部随周总理出访也都用上了红皮护照,再也没发生掉队的问题。

火热的考验

在日内瓦会议的所有发言中,周总理一再强调,在解决亚洲问题中亚洲国家应当起到重要作用,他特别提到了印度。印度总理尼赫鲁对日内瓦会议把印度排斥在外本来就不满,在得悉周总理在发言中强调解决亚洲问题时必须有印度参加后,便派外交部长梅农专程到日内瓦,为开展亚洲国家的外交,周总理欣然同意。在会议进行中,印度总理尼赫鲁邀请周总理在休会期间访问新德里。当时日内瓦正是春暖花开的时节,而印度却已是盛夏,为此代表团规定去印度访问前,每人在日内瓦可买一套薄料衣服及一些日用品。

于是,应尼赫鲁的邀请,周总理一行在日内瓦会议休会期间于6月24日上午乘印度波音专机飞往印度,下午2点抵达开罗,在机场加油并作短暂停留,向报界发表了讲话。25日早7点15分抵达印度首都新德里,印度总理尼赫鲁和各界群众5000多人到机场欢迎周总理。6月是新德里一年中最热的时节,火辣辣的太阳就像一个大火炉烧烤着大地,白天温度可高达40多摄氏度。印度人民的热情同炎热的天气交织在一起,象征着中印友谊的空前高涨。

在印度短短的四天,是我有生以来经受到的最热的一次考验。当时的条件比较差,没有空调,整个代表团的住处除总理和机要值班室有冷气外，其余房间只有吊扇。吊扇虽然不停地转，但我们丝毫感觉不到有风的凉爽。平时还好说，最难挨的是参加正式活动，因为按照规定参加正式活动要穿深色礼服，而我们的礼服只有一套，就是参加日内瓦会议穿的那套藏蓝哔叽中山装。因为热，有的同志只好在背心外直接穿制服，有的干脆连背心都不穿，直接穿制服，就这样等回来衣服都被汗水浸透了。天热得吃不下饭，只想喝水，一天喝上几瓶汽水、橘汁，全出了汗了。夜里热得睡不着觉，床单都被汗洇湿了。早上起来刷牙时，牙膏盖打开根本不用挤，因为牙膏热得都成稀汤了，自己就流了出来。当时去印度的代表团成员有16人，外事活动后一回到驻地，大家全到机要室去"避暑"。从心里说，大家有两怕：一怕外出参观活动，一下车就像进了火炉，热浪迎面扑来；二怕参加宴请和正式活动，因为要穿毛哔叽衣服，活动一次就要湿透一次，但也有个好处，这就是衣服湿了一会儿就干了。我们年轻人尚且感到酷暑难耐，更不用说当时已经56岁、日夜操劳的周总理了。但是周总理只要出现在公众场合，他总是那么精神抖擞，从容不迫，风采依旧。

就在这样炎热的天气里，周总理同尼赫鲁总理进行了六次会谈。在会谈中，周总理和尼赫鲁总理讨论了召开一次重要会议的建议，所有摆脱殖民主义统治的国家都可以参加，从而显示出亚非国家在世界上是一支不容忽视的力量。这个重要会议就是1955年在印度尼西亚避暑胜地万隆召开的亚非会议。会谈也讨论了日内瓦会议问题、印度支那问题、中印边界问题，还就和平共处五项原则达成共识并写入了两国的《联合声明》。

加访缅甸

在印度访问期间,周总理突然接到了缅甸总理吴努的邀请,于是6月28日上午周总理一行离开新德里,下午到达缅甸首都仰光进行国事访问。尽管在缅甸访问时间短暂,从28日下午到29日晚上只进行了两次会谈,但周总理那亲切坦诚、谦虚务实的态度和才思敏捷、温文尔雅的外交风范深深感染了吴努,消除了吴努心中的疑虑。经会谈双方签署了包括和平共处五项原则的联合公报。由于访问时间太短,代表团除了仰光,未到其他地方访问,29日晚,满载着缅甸人民对中国人民的友好情谊离开仰光回国。30日在香港短暂停留后回到了广州。

在广州

代表团从4月20日离开北京去瑞士日内瓦,到6月30日回到广州,在国外呆了两个多月。所以一回到广州,大家心里又找到了家的感觉。代表团两个多月在国外开会的紧张、疲劳一扫而光,代表团成员人人兴奋异常,由于天热口渴,大家放开肚皮拼命吃西瓜、荔枝,感到特别香甜。不想乐极生悲,代表团16人中有12人患急性肠炎住进了医院,只剩下总理和我,记得还有另外两个同志没什么反应。

一次舞会改变了周总理的生活习惯

7月的广州天气闷热。为了欢迎代表团,广东省委晚上举办了舞会。平时,周总理习惯穿长袖衬衫,且扣子扣得严严实实的,这是他多年军旅生活养成的习惯。当时跳舞的房子里没有冷气,所以两场舞跳下来就会大汗淋漓,把衬衫都湿透了,只好再换衬衫。警卫秘书何谦回国前在日内瓦买了件短袖麻纱衣服(当时叫香港衫),何谦就向周总理介绍这种衣服的好处——凉快,周总理一试果然凉快。回北京后,我们抓紧时机给周总理做了两件绸料的短袖汗衫。从此周总理一改过去的老习惯,也穿起短袖汗衫了。

总理过去还有个老习惯,为了和上衣搭配,总是穿黑色的鞋子和袜子。在我们的建议下,给周总理做了一双皮凉鞋,还买了白袜子。这次舞会不仅改变了周总理天凉天热都穿长袖衬

周恩来从1954年到逝世穿的凉鞋

衫的习惯，也改变了他穿黑皮鞋黑袜的习惯。这双皮凉鞋的后跟、鞋底全换过很多次，一直陪伴着周总理走到最后一刻。这双鞋后来被收藏在革命博物馆。

第二次赴日内瓦

7月9日上午，周总理与代表团主要成员从北京再次赴日内瓦，为恢复印度支那和平再作努力。

这次去日内瓦，外交部一改过去的做法，给我们警卫人员也办了红色外交护照。

10日下午代表团飞抵莫斯科，应苏共中央领导人马林科夫、伏洛希洛夫、卡冈诺维奇等领导人的要求，介绍了中印、中缅、中越的会谈情况，并交换了对日内瓦会议的意见。12日乘里—2专机离开莫斯科途经柏林，于下午飞抵日内瓦昆士兰机场。在机场周总理发表声明指出："我相信，在有关各方具有谋求和平的和解精神之下，日内瓦会议是可以迅速完成恢复印度支那和平的重大任务的。"

周总理返抵日内瓦后，在法国、英国、苏联、越南、柬埔寨、老挝、印度等国家之间，进行了穿梭性的外交和谈判。由于周总理的豁达通融、积极斡旋和卓有成效的协调，终于促使印度支那三国签署了停战协定。7月21日日内瓦会议胜利闭幕。在这次会议上，周总理不仅狠狠挫败了美国霸权主义的嚣张气焰，展现了他卓越的外交才能，为会议的成功起到了非常关键的作用，而且也极大地提高了新中国的国际地位。

7月23日，周总理率代表团离开日内瓦，途中应德意志民主共和国格罗提渥总理的邀请对德意志民主共和国进行了为期3天的友好访问。26日至28日，应波兰部长会议主席西伦凯维兹邀请对波兰进行了访问。28日至30日应邀对苏联进行了访问。31日至8月1日又应邀对蒙古进行了友好访问。8月1日结束了访问，满载着各国人民的深情厚谊，周总理率代表团凯旋而归回到了北京。

周总理宴请卓别林

去日内瓦

出国前,周总理在审查出国人员名单时,发现有两个服务员。总理说,给成元功做一套服务员的服装,请客时他可以做一个服务员。后来给我做了两件白上衣。

日内瓦会议期间,周总理除了参加会议外,还利用一切机会和各界人士、特别是著名人士积极交往。当时在驻地请客不多,有朝鲜南日外长,越南范文同总理,英国艾登外交大臣,苏联莫罗托夫外长等外宾。宴会中有些有趣的小故事。苏联外长莫罗托夫问豆包的馅是怎么进去的?总理开玩笑说,这是厨师的艺术,包好后上面看不到馅,从底下可以看到馅。

宴请卓别林

周总理宴请的首批客人之一就有世界闻名的英国电影艺术家、戏剧大师卓别林。

周总理和卓别林的交往,源自于1954年6月3日,在卓别林住地举行的1953年度国际和平奖颁发仪式。当时中国有几名记者参加了颁发仪式的采访。卓别林对中国记者的采访非常高兴,表示很想看看中国电影,特别是关于梁山伯与祝英台的故事。卓别林想看中国电影的想法很快传到了周总理那里。周总理特地让随团的外交部交际处王倬如处长与卓别林取得联系进行了安排。

宴请卓别林定在7月18日，下午5时左右，卓别林与夫人来到我们住地。总理和李克农按照贵宾接待他们，在院子里的草坪上照了相，到客厅里谈了很久。

在交谈中，周总理高度赞扬了卓别林对世界和平所作的贡献，称赞卓别林是"反对侵略、反对战争的伟大战士，是维护人类和平、友爱、文化进步的坚强卫士"，并说"我们从你拍的电影和创造的角色上，都深深感受到了你对人类友爱、世界和平的呼声。"

宴请时，请卓别林喝茅台酒。总理说，茅台酒出自贵州，是中国最好的酒，喝多了不上头。总理倒了一杯酒，用火点燃说，你看，酒杯冒着蓝火苗。又介绍烤鸭说，烤鸭全身都可以吃，鸭掌、鸭胗肝还有鸭舌头。又介绍调料说，生葱我是不吃的，但吃烤鸭时必须吃，还有黄瓜，配起来吃着才有味儿。说着烤鸭就送上桌来。总理教卓别林吃烤鸭的方法，先把薄饼铺在盘子里，夹上几片烤鸭，加上黄瓜又加蘸上面酱的大葱，然后卷起来，第一个给卓别林吃，其他人都自己学着卷着吃。卓别林吃了一口说好，很好，我是在这里第一次吃烤鸭。总理说，到北京必吃烤鸭，也一定去长城，不到长城非好汉，不吃烤鸭真遗憾。又说吃烤鸭要用筷子，还教卓别林如何用筷子。席间，周总理邀请卓别林方便的时候访问中国，卓别林高兴地接受了邀请。

饭后，总理请卓别林看我国拍摄的第一部彩色片《梁山伯与祝英台》及一部"开国大典"纪录片。征求卓别林的意见时他说：中国能出这样的彩色影片很好，从艺术上及色彩上都很好。卓别林对周总理细致周到的安排非常感动。卓别林将他自己主演的《城市之光》和《大独裁者》两部影片的拷贝赠送给了周总理,还即兴为周总理表演了一番他创造的闻名遐迩的小人物形象。

  一直到很晚,他们才离开我们的住地。临走时,总理特地赠送了卓别林一瓶茅台酒和一只北京烤鸭。

1954年7月18日周恩来与电影艺术家卓别林在日内瓦

枫叶一片　寄上想念

　　久在国外的人都希望看到国内和家里的书信,信使是唯一能给在国外访问的人们带来家书的。1954年,我们随周总理在日内瓦参加国际会议。有一天信使来了,大家都跑到秘书办

枫叶一片　寄上想念

173

公室寻找各自的信件。陈浩对我说，这里有你的信，还有一张卡。我打开一看，上面写着："祝你工作顺利，身体健康"，卡内还夹有西花厅的海棠花，落款是大姐。另有一张给总理的信卡，上写"枫叶一片，寄上想念"，落款小超。我与陈浩同志商量，给大姐带点日内瓦的东西，大姐寄来的是红叶，就带回些日内瓦的花草吧。我和史华（打字员）等同志到住地后面院里的花窖，将各种花采了一大包。回来后经过挑选，选了一枝芍药花，下面摆了一些蝴蝶花，贴在一张硬纸上，大家看了还满意，就放在了总理的办公桌上。

两天后，信使要走了，我们要总理写几个字。总理于凌晨写了信，让信使带走了。大姐收到这封信后，将其精心镶在一个镜框内，一直挂在大姐办公室的墙上，现在已作为革命历史文物展放在天津周恩来、邓颖超纪念馆。总理和大姐这对革命伴侣互敬互爱的深厚情谊，已传为世纪佳话。

周总理给邓大姐买手表

1954年6月中旬,日内瓦会议关于朝鲜问题讨论告一段落,休会。下次会议再讨论解决印度支那问题。这时,中国代表团顾问雷任民副部长同瑞士手表厂商谈定,中国购买一批瑞士手表,价格优惠,但必须在瑞士境外交货。手表是瑞士的特产,在世界上享有盛誉。买一块英格或大罗马表,与买五六公斤猪肉价格相当,真是物美价廉。代表团多数同志用公家发的零用费买了手表。我也买了两块手表。

一天晚上,我陪总理洗澡,总理对我说,公家发给我的零用费够不够买一块手表?我答,够。总理说,你明天同领事馆的同志去给大姐买块手表,要求是:不要买金表;不要太小,要中等大的;要带夜光的;最好是自动的。我答,好。第二天,我把总理要给邓大姐买表的事,向领事馆主管行政的刘绛文大姐说了,请她派一个人同我一起上街买表。她一听说总理买表的四个要求后,用天津口音说,干么不买块名牌金表戴戴,多气派!我向刘大姐解释说,总理和大姐从不用带金的装饰品。总理提的这四点买表要求,是最适合邓大姐的。小表,老年人看表困难;夜光表,晚上好看时间;自动表,可省去每天上弦。刘大姐听我解释后说,总理想得可真周到。她指派了一名工作人员跟我一同去买表。第一天,去了几个大表店,找了一上午,也没找到合乎四条要求的手表。第二天上午,我又同那位同志上街买表。这次我们不去大表店,专去中等表店找,找了多家表店,最后终于找到符合四条要求的手表了。表

的牌子我至今还记得很清楚：莫阿度（MIDO）。当天晚上，我拿着买来的表，对总理说，给大姐买的手表买到了，不是名牌表，并把表拿给他看，总理看表时，把台灯关了看夜光。看后说，你收起来，带回去给大姐。我找了个盒子，用软纸把表包好，装在盒子里，外边又用胶条封好，放在总理的衣箱底部。带着它，又访问了印度、缅甸后，回到北京西花厅，我把手表交给了总理，由他交给大姐。这块手表邓大姐一直戴到最后，共戴了近40年。

这块表现存在西花厅。

1954年日内瓦会议时周总理给邓大姐买的手表

周总理的一件憾事

敬爱的周总理离开我们已经整整22年了,[①]但现在全国人民都还在心灵深处怀念着他。不论在城市还是在乡村,在工厂在学校,还是在军营,只要一提起周恩来总理,人人都会说:他是世界上少有的好总理呀……

现将我在武汉长江岸边亲眼所见的"周总理的一件遗憾事"写出来,作为对周总理深切的怀念。

1954年11月26日,周总理来到武汉,住在东湖宾馆招待所。

这次来武汉,主要是同湖北省领导和有关桥梁、水利专家们一起研究确定修建长江大桥的桥基问题。那时候,渡长江都是用轮船摆渡。不管是行人和各种车辆,要过长江,都得按先来后到排队,乘轮船摆渡过江。火车过江则要拆成几段上船摆渡,过江后再重新组合才能继续运行。因此,每天长江渡口两边,各种车辆及行人要排长长的队,一等就是几个小时。这对国家的经济建设和人民的生产、生活都造成了很大的影响。周总理曾多次渡江,深有体会。每次渡江虽然给了他特别的照顾,但同样也要等一两个小时。有一次,铁道部部长吕正操陪同总理外出。过江后总理对他说:"这样过江太慢了,不能适应国家经济建设的需要,你们要尽快想办法解决。以后我外出,请你不要再给我派专列了。你看,今天为我一个人,让那

[①] 此文作于1986年。

么多人又多等了一个多小时,这样做我心里不安啊!"吕部长风趣地说:"你是总理,一人为大家,大家为一人嘛。这次我沾总理的光,也顺便看看铁路沿线的情况。你要我尽快解决渡江问题,我不来就听不到总理的指示……"

到武汉的第二天,天气晴朗,气候宜人。早饭后,总理和省领导,以及有关桥梁、水利等专家们,一起来到江边的山坡上,进行实地勘察,确定长江大桥的最后定位问题。在江边,专家指着图纸介绍了有关情况和他们对选定桥位的意见。然后又一起乘摆渡到了对岸,同样先由专家介绍了对岸的情况及他们的意见。波涛汹涌的江面上,大大小小的船只不停地川流而过,作摆渡的轮船在不停地往返奔忙。大家都在倾听、讨论,比较不同的方案,或眺望长江两岸的建桥方位……大家都站在山坡上,谈论中,突然间总理像发现了什么似的用手指着下游长江水面上空吊着一个筐子样的东西问:"那是做什么用的?"大家顺着总理手指的方向看去,原来空中临时架着一条钢丝绳,上面挂着一个筐子样东西。专家答道,那是工人有急事时,临时用的空中索道,铁筐里一次只能乘坐一个人,工人坐在筐里用一根钢丝绳来回拉,这样可免去来回乘摆渡的麻烦。总理问:"安全有保证吗?"专家说有保证。这时总理用商量的口气说:"那好,今天让我也坐一坐这空中索道,体验一下工人同志们的工作情况,好吗?"他这么一提,省领导可急了,说这是工人工作专用的,你可不能坐呀!总理说:"你们说安全有保证,工人同志能坐,为什么我就不能坐?"又接着说:"你们今天不让我坐,今后我还能有这样的机会吗?"作为我们负责安全工作的人来说,是绝对不能同意他坐的。因为我们的任务是要保证他的绝对安全,但又说不出不让他坐的充足理由。正在大家万分焦急的时候,有位专家替我们解了围。专家说,虽然安全有保证,但在运行中有时会发生故障,需要工人

周总理的一件憾事

及时排除,您坐到中途若发生了故障怎么办?总理只好带着遗憾而作罢。

据张树迎同志回忆说,总理在病重住院期间,有时还说没有坐上空中索道的"缆车"是他一生中几件遗憾事情中的一件。由此可见总理当时是多么渴望乘坐这个"空中缆车"啊。

周总理是举世公认的一代伟人,他的伟大正是体现在平凡之中。他不是站在总理的高位上俯瞰人民群众,而是以一个普通劳动者的身份,深入基层了解情况,认真听取不同的意见,掌握第一手资料,去解决问题。这次要乘"缆车",就是想亲身体验一下工人同志的辛劳。他不仅设身处地地为人民着想,而且要设身处地地去实践。所以,总理与人民群众的心是息息相通的,人民群众从心底里敬佩他,爱戴他,这件事又一次生动地证明了人民的总理人民爱,人民的总理爱人民。

万隆之行

——周恩来不避艰险参加亚非会议纪实

1955年,我有幸作为中国代表团的成员,跟随周恩来总理出席了在千岛之国印度尼西亚万隆召开的第一次亚非会议。那次万隆之行,到现在虽然已有50多年了,但那紧张和惊险情景,至今依然历历在目,使人难以忘怀,让人惊心动魄。

那次万隆之行,对周总理来说,真可谓不避艰险,明知山有虎,偏向虎山行。就在那一次,退踞台湾的蒋介石特务机关,派出了大批特务杀手,妄图乘周总理前往万隆参加第一次亚非会议之机,谋害周总理和中国代表团的同志。那一次,真可谓荆棘遍布,险象环生,若当时我们的防范措施不力,就有可能造成更大的无可挽回的损失。

两次重要警报

1955年初,印度、印度尼西亚、缅甸、巴基斯坦和锡兰(今斯里兰卡)五国发起召开亚非会议。因开会地址设在印度尼西亚避暑胜地万隆,故又称"万隆会议"。

这是在第二次世界大战之后,第一次在没有殖民主义国家的参加下,由从殖民主义压迫下取得独立的亚非国家发起和召开的讨论亚非切身利益有关问题的大规模的国际会议。应邀出席这次会议的除印度等五个发起国的政府首脑外,还有柬埔寨、阿富汗、埃及、埃塞俄比亚、黄金海岸(今加纳)、伊朗、

万隆之行

伊拉克、日本、约旦、老挝、黎巴嫩、利比里亚、利比亚、尼泊尔、菲律宾、沙特阿拉伯、苏丹、叙利亚、泰国、土耳其、越南、也门等国的政府首脑,新中国也在被邀之列。

周恩来在万隆会议上

这样一次重要会议,我们当然要参加。党中央经过研究,决定派中国人民的杰出代表国务院总理周恩来率代表团出席。

会议定于4月18日召开,会期是一星期。

正当我们紧张地为周总理这次出行做准备之际,3月初我有关部门获悉,盘踞在台湾的蒋介石特务机关,策划乘周总理出席亚非会议之机谋害周总理及中国代表团人员,并已分头行动,其行动代号为"1号"。

1955年4月周恩来在万隆会议上

情报确实、可靠。

情况十分严峻！

面对这一严峻情况，是去，还是不去？就成了当时亟待解决的问题。周总理考虑再三，还是决定去。去，固然要冒很大的风险，但是可以在亚非国家架起友谊之桥，和亚非人民一道，为反对帝国主义、殖民主义，为世界和平做出贡献。

决定去之后，接下来就是怎么去的问题。先是周总理提出由香港坐船走海路去，那样可以在船上休息两天。经与有关方面的同志研究，认为走海路不行。因为当时来往于香港和印度尼西亚之间的船只，只有荷兰的两只小型商船，一只5000吨，一只3000吨，单程要走一个星期。如蒋介石特务机关派出特务沿途破坏，则安全很难保障。于是便放弃了坐船走海路的设想，改为由香港乘飞机去印度尼西亚。由于当时西方国家对我实行封锁，我们既没有大型飞机可坐，也没有去印度尼西亚的国际航线可用，只能租用外国航空公司的飞机。经与印度航空公司商谈，决定租用其"克什米尔公主号"飞机。并商定，4月11日

1955年4月万隆会议期间周恩来与印尼苏加诺总统在一起

1955年4月万隆会议期间周恩来与埃及纳赛尔总统交谈

我代表团乘该机启程时,该机作为正常航班,上午飞抵香港,下午再改为中国代表团的包机,于1时从香港启德机场起飞,直飞雅加达。

为了保证我国代表团能准时、安全地出席亚非会议,我公安部门还做了代表团由云南昆明乘汽车,经滇缅公路出境到缅甸,然后由缅甸换乘飞机飞雅加达的安排。为此,中央警卫局特派李福坤副局长和伍全奎同志,紧急赴昆明,要求云南省有关部门派专人协助,进行实地勘查,并尽快做好全面的可行性部署。

万隆之行

正当我们全力以赴进行准备之际，周总理接到了缅甸总理吴努发来的电报。电报邀请周总理去万隆参加亚非会前，先在仰光休息两天。并称，届时他将派飞机到昆明来接。经了解，吴努邀请周总理在仰光休息两天的意图，是想在大会召开前在仰光同几个主要参加国的领导人先碰一下头，研究一下会议的有关问题。

吴努总理对我如此尊重，周总理自然欣从。于是，决定代表团兵分两路：一路由周恩来总理、陈毅副总理率代表团主要成员，于4月7日先去昆明，待缅甸所派飞机试航成功后（那时我国和缅甸之间尚未通航），再启程去仰光，之后由仰光飞雅加达；另一路，代表团其他成员则按原订计划于4月11日由香港乘印航"克什米尔公主号"飞机抵雅加达。由于敌情复杂、多变，中央决定加派公安部杨奇清副部长随周总理去昆明。

4月7日上午，周总理和陈毅副总理等一行乘车离开中南海，驶向西郊机场。这时，中国民航的伊尔—14飞机已经停在停机坪上，机组人员也已做好了一切准备，正等着周恩来总理、陈毅副总理一行登机。

我们刚要离开机场候机室，总理办公室副主任罗青长同志匆匆赶来了。他将刚刚收到的一份重要情报交给了周总理。这是在我代表团出行前我有关部门获得的又一次情报。情报说，蒋介石特务机关已高价收买香港启德机场的地勤人员，准备利用"克什米尔公主号"飞机在香港停留加油检修之机，将定时炸弹放入"克什米尔公主号"飞机油箱里，以暗害周总理和代表团人员。

对这份重要情报，周总理非常重视，看后当即指示：请转给在京的有关领导办理。

然而遗憾的是，当这样一份重要的情报转到外交部后，外交部有关领导同志未予重视，没有采取有效的措施。

"克什米尔公主号"飞机不幸失事

4月8日,周总理、陈毅副总理一行,乘伊尔—14抵达昆明。此时在北京乍暖还寒,树木还都光秃秃的,而昆明却是到处鲜花盛开,春意融融。同志们都换上了为这次出国新制作的派力司套装,一个个显得年轻、神气多了。

周总理在动身来昆明之前,刚做了阑尾切除手术,所以北京医院特地派外科主任王励耕陪同来滇,进行护理。此时,到缅甸的航线尚未开通,周总理正好可以在昆明休息几天。

4月9日,喜讯传来:试航成功了!大家都非常高兴。因为这样一来,周总理一行就可以由昆明飞仰光,再由仰光飞雅加达了,也省得在滇缅公路乘车受颠簸劳累之苦了。

但周总理并没有忘记先行到达香港的代表团其他同志的安危。就在试航成功的当天晚上9点多钟,周总理打电话给北京,嘱咐邓大姐,说他虽不坐"克什米尔公主号"飞机走,但先行到达香港的同志要坐,务必转告罗青长同志,将情况查清后,让外交部通报给英国驻华临时代办杜威廉,请他们务必采取措施,保证中国代表团人员的安全。并要把此情况通报给新华社香港分社和代表团的同志们。

邓大姐把总理的电话指示转告给罗青长同志后,罗青长同志便去找外交部那位领导同志。因那天是星期六,那位领导同志要早休息,不办公,罗青长同志只好告诉了外交部办公厅主任董越千。董越千当晚便将总理的紧急电话指示转告给了新华社香港分社。次日上午,外交部又派西欧司张越同志于9时半约见了英国驻华代办处参赞艾惕思,向艾惕思通报了有关情况,并告艾惕思:中国记者等11人,将于明天(11日)上午由香港搭乘印航"克什米尔公主号"飞机去万隆采访亚非会议,希望英国代办处提请香港当局注意,对他们的安全给予关注。艾惕思当即表示,他将尽快将这一情况转告给香港当局。

新华社香港分社接到周总理的紧急电话指示后,在当天晚上就将情况通报给了香港当局。他们怕不落实,次日凌晨1时半,又派专人驰赴印航驻港经理住宅,向印航经理通报了上述情况。印航经理听后,将信将疑,问我派去的人,"你们的意思是否说有人可能要破坏飞机?""你们的消息是否有根据?"我派去的人斩钉截铁地回答:"我们当然有可靠的根据,不然,我们就不深夜前来造访了。我们希望贵方能引起注意,一旦出了问题,其后果不堪设想。"印航经理仍然不大相信,他略略沉思了一下说:"这种情况不可能发生,因为'克什米尔公主号'飞机12时到达香港,下午1时即起飞,在香港加油停留时间只有一个小时,而且是在光天化日之下,谁敢胆大妄为!"当我派去的人严正指出"据我们所知,在机场地勤人员中就有人和蒋介石特务分子有联系"之后,印航经理才不得不表示,届时他将派印方工程师对飞机进行检查,而他自己则亲自去机场进行监督。

新华社香港分社觉得印航经理态度勉强,于11日上午10时,再次派人去会见印航经理,提请印航务必严加防范,以防"克什米尔公主号"飞机出问题。印航经理保证,"克什米尔公主号"飞机在港停留之际,决不允许任何非印航人员接近飞机,就连上食品、加油、押运行李也都由公司派人负责。

至此,可以说万无一失,似乎完全可以放心了。其实不然。

4月11日下午,周总理在昆明接到北京打来的第一个电话还没什么,说"克什米尔公主号"飞机已从香港启德机场按时起飞,未发生任何问题。周总理、陈毅副总理和我们在昆明的代表团成员,都松了一口气,因为"克什米尔公主号"飞机

终于安全地离开了香港。但到了下午6点左右，北京打来的第二个电话情况就有些不妙了。电话说，已和"克什米尔公主号"飞机失去了通讯联系，有家通讯社报道，说在南海上空曾听到有大的爆炸声，不知是不是和"克什米尔公主号"飞机有关。接到这个电话，大家放下了的心登时又提了起来。周总理更是十分关注，他立即指示北京，要迅速与有关方面取得联系，查明情况。如飞机确系失事，要敦促有关方面火速进行救援，寻找失事人员。这天大家连晚饭都没有吃好。晚上，北京又打来第三次电话，这次电话，进一步证实了"克什米尔公主号"飞机确已失事。有家通讯社报道，"克什米尔公主号"从香港起飞后不久，即在空中发生爆炸，坠于南海，机上人员全部失踪。有的通讯社还说，"克什米尔公主号"在失事前，曾两次发出紧急呼救信号。接到这个电话，大家就像有一块铅压在心头。从总理到每一个在昆明的代表团成员和省领导同志，无不感到十分悲愤，既对因乘坐"克什米尔公主号"飞机的代表团成员惨遭不幸而悲痛，又对蒋介石特务机关竟然冒天下之大不韪对我代表团成员横下毒手异常气愤。同时也对蒋介石特务机关的阴谋能够得逞而迷惑不解，不知道问题是出自香港加油时国民党特务搞的破坏，还是出自印航本身。但不幸中的万幸，是周总理、陈毅副总理由于接受了缅甸总理吴努的邀请，准备乘缅方所派飞机去仰光参加亚非几个主要国家领导人的碰头会，而没有乘坐"克什米尔公主号"飞机。否则，其后果不堪设想。

两次意外事件

"克什米尔公主号"飞机失事的消息传开之后，不仅给中国代表团每一个成员的心头笼罩上了一片乌云，个个心情沉重，就连应邀出席这次会议的其他亚非国家的代表，也都惴惴不安。特别是东道国印度尼西亚，更加紧张、忙碌，生怕在哪个地方出现闪失，造成无法挽回的后果。

因为这是一次非同寻常的会议。这次会议就像一线曙光，使亚非人民看到了和平的希望。而帝国主义和殖民主义者却非常忌恨这次会议，早在这次会议发起之时，他们就曾千方百计地进行阻挠，会议决定召开之后，他们又想方设法进行破坏，企图使这次会议流产。

我们也很紧张。据了解，美国虽然并不参加会议，但它却派出了一个由70多人组成的庞大的"记者团"。在这个"记者团"中不仅有在朝鲜板门店谈判和日内瓦谈判时活动了很久的间谍，而且还有什么议员、警察、军人、使馆职员、公司雇员及从香港、台北等地调来的职业特务。此外，在印度尼西亚国内离万隆几十公里还有一支反动武装，也制定了阴谋袭击亚非会议的计划。蒋介石集团的阴谋活动，也不单是针对"克什米尔公主号"飞机的。据了解，1954年被印度尼西亚驱逐出境的蒋介石集团的头目章勋义、郑义春、吴扬明等人，这时不但潜回了万隆，而且召集其在印度尼西亚的特务骨干开会、筹款，并布置了破坏行动。蒋介石集团在雅加达的基干组成的铁血团，也秘密策划派遣行动小组去万隆。这一切的一切，无一不说明周总理此次万隆之行是充满风险的。

天有不测风云。就在总理去仰光之前和到仰光之后，发生了两件意外的事：一是总理的警卫秘书何谦同志突然病倒；一是参加缅甸的泼水节。

周总理这次出行，警卫人员没带多少，随身警卫只有何谦和我两个人。姚力同志已经打前站去了。人手本来就紧张，不料这时何谦同志阑尾炎突然发作，被送进了医院。真是行船又遇顶头风！我正着急的时候，党中央于4月11日晚开会，决定派公安部杨奇清副部长以代表团顾问的身份随团去印度尼西亚，全权负责会议期间周总理和代表团的安全警卫及情报工作，并增派警卫局李福坤副局长代何谦出国作为总理的随身警卫。不然，我真担心我一个人顾东顾不了西。鉴于周总理和在昆明的代表团人员4月14日即启程去仰光，外交部很快给杨奇清副部长和李福坤同志办了护照，并派人专程送到昆明，李福坤同志做衣服，已经来不及了，只好将就穿用何谦同志的行装。此外，空军也派了人以代表团工作人员的名义同机去印度尼西亚，以负责飞机的安全。

对周总理的安全，邓大姐也很惦念，她从北京来信表示关切。周总理却安之若素。他一方面安慰代表团成员和昆明的党政军领导同志，对他们说："我们是为促进世界和平、增强亚非人民对新中国的了解和友谊而去的，即使发生了什么意外也是值得的，没有什么了不起，我相信一切都会好的。"一方面于4月12日晚复信给邓大姐，说："你的来信收阅，感谢你的诤言。有这一次的教训（指"克什米尔公主号"飞机事件——作者），我当更加谨慎，更加努力。文仗如武仗，不能无危险，也不能打无准备之仗，一切当从多方考虑，经集体商决而后行。望你放心。"

临行前，周总理针对已经发生的问题和党中央的指示精神，开了个动员会，提请代表团每一个成员都要提高警惕，加强组织纪律性。为了使飞机多带一点汽油，周总理还要求大家尽量少带行李，每次行动都要对自己的行李自行负责，严格检查；并要求不准给任何人随机捎带东西……

4月13日晚，周总理又找留在昆明的同志谈话，进行安抚，随后又给邓大姐写了一封信，告诉邓大姐："何谦昨日忽患慢性阑尾炎，今日似转为亚急性，决留昆请王大夫于明早动手术,由伍全奎陪他,望告林玉华(何谦同志的爱人——作者)放心。现由李福坤代何出国。附上云大学生来信和戏单各二纸,俾知我们在昆明的生活一斑。"

4月14日晨7时15分,周总理不顾个人安危,和陈毅副总理率代表团按原计划乘印度空军"空中霸王号"飞机从昆明起飞,迎着南方的暑热,踏上了飞往千岛之国——印度尼西亚的行程。"克什米尔公主号"飞机事件发生后,周总理一再讲安全第一,这次上飞机后,因飞机多带了1000加仑汽油,周总理又亲自宣布了一条纪律,即在飞机上不准吸烟。

中午12时(当地时间为10时30分)"空中霸王号"飞抵仰光。周总理、陈毅副总理和代表团的同志们,下飞机后便住进了总统府。

下午,当地时间3点30分,周总理、陈毅副总理和浦寿昌同志去吴努官邸拜会吴努总理,我和李福坤同志随行。吴努总理将周总理、陈毅副总理迎进客厅,我和李福坤同志则一面在院子里等,一面研究下一步的工作。大约5点钟左右,一名服务员用盘子端着几件衣服走来,向我和李福坤同志打手势,意思是要把衣服交给我们。我们一看是周总理、陈毅副总理和浦寿昌同志的衣服,不知发生了什么事,不由大吃一惊。我们想问一下服务员,但又语言不通,我们说什么服务员不懂,服务员说什么我们也不懂。怎么办?只有进去看看再说。我们用手势告诉服务员让他把衣服送到车上,便快步向客厅冲去。一进门,只见周总理、陈毅副总理、吴努总理、奈温将军和浦寿昌同志都换上了缅甸民族服装,正谈笑风生地起身往外走。浦寿昌同志把情况一说,我们才知道是吴努总理让周总理、陈毅副总理、浦寿昌同志他们换了衣服去参加泼水节。虚惊一场,一块石头落了地。

每年4月14日为缅甸的泼水节,即缅甸的新年,一连三天，盛况空前，颇有点像中国的春节。我们到达缅甸那天，恰恰正值泼水节，在仰光大街上到处可以见到用竹木树枝搭起的彩棚，棚前摆着贮满清水的大缸和桌椅，旁边开着消防水龙头，自来水不住哗哗往外流。不时有男女青年坐着汽车来到彩棚处，互相往身上泼水，打水仗。据说互相泼水，可以洗净身上一年的过错。所以他们便以互相泼水迎接新的一年的到来。

我和李福坤同志唯恐总理和陈毅副总理有闪失，便紧紧跟随在身边，不离左右。

我们一共参加了五个彩棚的泼水仪式。开始，可能因为我们是贵宾，群众还比较文明，他们只是用小碗向我们身上泼，或用树枝蘸上水向我们身上洒，后来在吴努总理的带领下，群众不再用小碗和树枝了，而是用盆和桶，嬉笑着大盆大桶地向我们身上泼来，还有的干脆提起我们的衣领往衣服里边灌。我们也不再客气了，便把对方的盆和桶抢过来向对方回敬，以致把许多妇女脸上的脂粉都冲得一道一道的。尽管如此，她们谁也不嗔怪。五个彩棚的泼水仪式下来，我们每个人的身上都被泼得水淋淋的。尤其是我和李福坤同志，由于没有换缅甸民族服装，浑身上下湿得就像个落汤鸡，新做的中山装被泼得变了形，干后皱皱巴巴再也无法穿了，只好另换一身。

开始，我和李福坤同志对周总理和陈毅副总理去参加泼水节很担着一份心，因为彩棚那里人很多，难免鱼龙混杂，弄不好就会出岔子，后来才知道，我们的担心是多余的，我们所去的五个彩棚，全都是吴努总理特意安排的，向我们泼水的群众不是缅甸政府官员的眷属，就是他们的子女。

万隆之行

飞机迫降新加坡机场

因为等待印度总理尼赫鲁的到来和举行印、缅、中、埃四国政府首脑会谈，16日我们在仰光又停留了一天，到18日凌晨1时过10分（北京时间2时40分），才从仰光直飞雅加达。

本来起飞时间是凌晨3点，但机组考虑到飞机小，时速慢，建议把起飞时间提前两小时。周总理同意机组的建议。为了保证安全，周总理还指示：无关人员不得接近飞机；乘机人员所带行李要严格检查，并由专人负责押送到机场，经机组检查同意后再上飞机；送行人员一律停在距飞机50米以外。周总理身体力行，他与吴努总理、奈温将军的告别，也是在50米以外。

"空中霸王号"起飞后，大家便靠在座椅上闭目养神，有的由于连日劳累干脆进入了梦乡。

"空中霸王号"大约飞行了8个小时，进入了新加坡空域，不料正赶上航线前方有雷雨区。由于"空中霸王号"是印度空军所属的一种双引擎无密封的小型飞机，时速仅为360多公里，不能超高空飞行，无法飞越雷雨区，机长要求在新加坡机场降落，待雷雨过后再继续飞行。在这种特殊情况下，考虑到周总理、陈毅副总理和代表团成员的安全，只能应允，除此而外，别无选择，于是向周总理请示。周总理同意在新加坡机场作短暂停留后，我们立即通过无线电话与新加坡机场进行联系。

当时我国与新加坡在外交上虽然没有关系，但新加坡机场的老板却很热情。在他得悉是中国的包机，而且是周总理的专机后，立即与英国驻马来西亚的高级专员麦克唐纳取得了联系，并在"空中霸王号"着陆后，亲自登机邀请周总理、陈毅副总

193

理和代表团成员,到机场贵宾候机室休息。

考虑到安全,周总理、陈毅副总理只带了廖承志、李福坤等几个同志,去机场贵宾候机室。代表团其他成员除两名下机看守飞机外,其余一律留在机上。

麦克唐纳系英国工党首任首相拉姆齐·麦克唐纳的儿子。他早就想见一见中国这位杰出的总理,听说周总理的座机将在新加坡降落,立即赶到机场贵宾候机室。

我和李福坤同志,随周总理和陈毅副总理等人,在机场老板的陪同下,走到贵宾候机室。在门口碰上了两个中国人,一个30多岁,一个40多岁,两个人微笑着直向我们招手。我以为他们是新加坡人,因为新加坡人也都是黑头发、黄皮肤、鼻梁低低的。他们冲我们招手、微笑,显然是友好的表示,所以我们也就未加在意。谁知廖承志同志认识他们。一进接待室的门,他就把我和李福坤同志拽到一边,悄悄地对我们说:"那两个人是蒋介石的特务,我认得的,你们要特别注意。"廖承志同志当时主管侨务工作,在去香港时常被国民党特务跟踪,所以认识一些蒋介石的特务。我们一听那两个家伙是蒋介石的特务,当下就急了。又一看那两个家伙正站在窗外,并未离开。李福坤同志忙对我说:"你在里边盯着点,我到外边去。"接着他便匆匆向门外走去。当时我也很紧张,不知这两个家伙是和我们不期而遇,偶然碰到一起的,还是他们已经获悉了总理的行踪有备而来。"克什米尔公主号"飞机事件已使我们失去了11位同志,教训是深刻的,决不能再让这样的事情重演了。

机场老板和英国驻马来西亚高级专员麦克唐纳,倒是彬彬有礼,他们亲自给周总理、陈毅副总理和廖承志等同志拿点心、递饮料,边吃边谈。这时,我们都有点饿了,在主人的殷勤招待下,我们饱餐了一顿。但李福坤同志守在外边,我又不便去招呼他,因为那两个家伙一直站在窗外。在这种情况下,作为警卫人员只能坚守岗位，提高警惕，保证首长的安全，而决不能有任何的懈怠，否则就是失职。

两个小时过去了，直到广播喇叭中传出飞机可以起飞的声音时，那两个家伙才匆匆离去，李福坤同志也才回到接待室来。我赶快拿了些点心和冷饮，递给他。

下午2点45分，麦克唐纳和机场老板把周总理和陈毅副总理等送到"空中霸王号"飞机跟前，彼此友好地道别。"空中霸王号"飞机离开停机坪腾空而起，继续飞行。此时雷雨已经过去，天空虽然依旧白云片片，但已不再妨碍空中飞行了。

飞机又飞行了三个钟头，于下午5点30分到达了雅加达玛腰兰机场。机场上警戒甚严，岗哨林立，密密层层欢迎的人们都站在警戒线以外。看到欢迎的人群，我们不由又想起了那11位同志。他们本应该是先我们到达这里的，也应该到机场来迎接我们的，可现在却看不到他们的身影了，也见不到他们的音容笑貌了，我们每个人心里总感到沉甸甸的。

周总理、陈毅副总理等一行走下舷梯后，受到了印度尼西亚外长苏纳约和中国大使黄镇的欢迎。

大使馆从安全考虑，为了转移视线，准备了三辆同样的汽车，每辆车上都挂上了中国国旗。杨奇清副部长和黄镇大使研究和安排了乘车的顺序：由大使夫人乘第一辆车先行，周总理和大使乘第二辆，陈毅副总理乘第三辆。

车队进入雅加达市区时，受到了印度尼西亚人民和华侨的热烈欢迎，人们手持中国和印度尼西亚两国国旗和周恩来总理的肖像，以及各色彩旗，高呼口号，热烈欢迎新中国使者的到来，结果第一辆车受到了最热烈的欢迎。但也有少数坏人混在群众中起哄捣乱。

当晚总理、陈毅副总理等一行住进了中国驻印度尼西亚使馆，我们紧张了一天的心，才松弛下来。

一个反正暗杀队员的检举

4月17日上午10时,周总理、陈毅副总理等一行,乘飞机离开雅加达,前往印度尼西亚的避暑胜地万隆,并住进了达门沙里路10号,当地华侨的一栋别墅里。

亚非会议定于4月18日正式开幕。

开幕后的第二天,吃罢午饭,黄镇大使、杨奇清副部长,还有陈家康等几个同志,正在住地的临时休息室(天井)闲聊,大使馆的人开车赶来,交给了黄镇大使一份特急件。黄镇大使拆开一看,吃了一惊,随手递给了杨奇清副部长。杨奇清副部长一看,也不由地一惊,然后又把它传给了陈家康等几个同志。陈家康等几个同志看后,也很紧张。

原来这份急件,是一个觉悟了的暗杀队队员写给大使馆的一封告密信。信中称:国民党驻雅加达支部于3月初,奉蒋介石之命组织了28个人的敢死暗杀队,准备对到万隆参加亚非会议的中国代表团团长周恩来采取谋杀行动。并称,暗杀队已于3月10日在红溪组成,成员均系国民党逃亡在印尼的中下级军官。他们不但每人从美国使馆领到无声手枪一支,而且领到印尼币20万盾。事成之后,每人加发20万盾,打中周恩来的加发40万盾。

我们一到雅加达,就看到了这样的消息:对这次亚非会议,美国不但派出了一个庞大的"记者团",而且其特务机关还指使蒋介石在印度尼西亚的恐怖组织"铁血团",和印度尼西亚的武装匪徒相勾结,准备在亚非会议开会期间发动骚乱和暗杀。还有消息说,蒋介石集团已派毛人凤、李朴生、林维栋等人,赶来印度尼西亚,并匿居于雅加达与万隆之间的苏加武眉地区，以指挥其对亚非会议的破坏活动。这封来信，再次证实了上述消息并非子虚乌有，而是实有其事。

我们已经有了"克什米尔公主号"的教训，当然不能掉以轻心，让帝国主义和蒋介石特务机关的阴谋再次得逞。当下，黄镇大使、杨奇清副部长和我们警卫组研究了一个意见，这就是写一个备忘录，递交给印度尼西亚政府。备忘录起草出来之后，先送陈毅副总理，他看后气愤地说，他们还要搞暗杀！又交给周总理，周总理完全同意，并说：中国代表团的安全完全由印度尼西亚政府负责，要他们进一步采取有效措施，确保大会的顺利进行。

之后，我们在代表团内部又召开了个紧急动员会。会上，陈毅副总理要求每一个代表团成员，人人都要对总理的安全负责，并说："我也是总理的警卫员。"接着杨奇清副部长对总理的警卫工作做了进一步的部署。如有一次周总理参加一项活动，要经过一个复杂地段，杨奇清同志便指定申健、康矛召二同志在周总理前边走，他说：你们俩是外交官，能听懂外语，身高体壮，万一有情况你们也能挡一挡（这是康矛召同志对我讲的）。

同时，我们还对印度尼西亚政府派来的警卫人员做了工作，由杨奇清副部长出面，代表周总理、陈毅副总理请他们吃中国饭，向他们送纪念礼品，并根据情况对他们的生活给予照顾。工作上也给规定了几条，明确随身副官和司机可同代表团工作人员一起用餐；周总理乘用的汽车，在任务完后不得离开代表团驻地。至于其他警卫人员，除白天按大会确定的日程布置工作外，还给他们搭了专供休息用的棚子，并给予烟、茶招待。这样一来，他们都很受感动。其中的安全官和老司机曾对我们说：我们从未见过像中国这样平易近人的伟大人物，我们一定为中国代表团服好务。

　　此外,我们在要求使馆做好代表团的服务工作和安全工作的同时,还要求使馆组织当地的进步华侨、新闻记者和友好人士,帮助代表团加强防范。事后证实,他们都很努力,其中以华侨为代表的安全和服务工作做得尤为出色。

　　印度尼西亚当局接到我们的备忘录之后,非常重视。他们不但要求万隆所在地的第三军区加强对万隆的外围警戒,还从外地抽调了三个步兵营来万隆,以对付蓄意在亚非会议期间进行捣乱破坏的反动武装,并在万隆市内集中了2000多名警察,以及从爪哇省调来不少便衣警察,还采取了收缴民间枪支、颁发居民身份证、划定会议期间的戒严区域和行车路线戒严等措施。据说对秘密暗杀队所有成员还进行了临时性拘留。对周总理,他们也加强了随身警卫和现场警卫。他们专派了一名陆军上尉作为周总理的安全副官,5名警察作为随卫。周总理外出,除有两辆摩托车开路外,还加派了1~2辆宪兵吉普车随卫。对代表团驻地,特地派了8名宪兵和8名机动警察、3名便衣进行警卫。至于周总理座车的司机,则是专门从运输公司挑来的。这是个50来岁的小老头,据使馆的同志说,听说给周总理开车,当时有4个司机都争着要来,没办法,只好让他们抓阄,结果小老头运气好抓到了。他喜出望外。不但把车开得又平又稳,而且一停下来就擦车,把车擦得锃明瓦亮,纤尘不染。

最后的胜利

　　尽管印度尼西亚当局、我代表团内部,以及我驻印度尼西亚大使馆,采取了一系列措施,但为保证周总理和代表团成员的安全,我和李福坤等几个同志,弦仍然绷得紧紧的,不敢有丝毫的松懈和麻痹大意。我和李福坤同志所带的手枪子弹都是上了膛的。每逢随总理离开驻地到独立大厦或红白旗大厦开会，或是去拜会其他代表团，或是应邀去出席其他代表团的宴会，我们总是紧紧跟随在周总理的身后，情况复杂时，我们则干脆把周总理包在中间。这次大使馆给我们办的身份证同会议代表一样，不论什么场合我们都可以进去参加，这对我们的警卫工作帮助很大。

　　周总理也并不轻松，既要参加会议，应付来自帝国主义仆从国家的代表提出的各种挑衅，又要在一些代表团之间做工作，求同存异，还要广交朋友，进行一些必要的应酬。此外，还要过问代表团成员的饮食起居以及安全，包括对印度尼西亚当局派来的安全服务人员的关怀。别的不说，单从4月24日亚非会议闭幕的那一天的活动安排，就足以看出周总理紧张到了何种程度。那天，本来预定上午8时开会，只要团长会议通过一下"殖民主义问题"和"世界和平和合作问题"两个小组所起草的文件，就举行闭幕式。那天周总理连早饭都没吃，说等闭幕式完了回来再吃，就坐车到会场上去了。谁知赶到会场之后，两个小组在文件起草上出现了争执。在殖民主义问题上，有些国家的代表坚持要把所谓的"一切形式的殖民主义"和所谓的"渗透和颠覆性的国际学说"写进去，而在军事集团问题上，又不同意仅写"尊重每一个国家按照联合国宪章单独地或集体地进行自卫的权利"。双方争来争去，从上午8点一直争到下午6点半（中午仅休息半小时，大家在酒吧间吃了一点点心），在周总理和中国代表团的努力下，才打破了僵局，达成了协议。关于殖民主义问题，会议拒绝了那种所谓的"一切形式的殖民主义"和所谓的"渗透和颠覆性的国际学说"的提法，改成了"宣布殖民主义在其一切表现中都是一种应当迅速予以根除的祸害；……宣布会议支持所有这种（遭受外国的征服、统治和剥

削的）人民的自由和独立的事业；要求有关国家给予这种人民以自由和独立"。关于军事集团问题，在"尊重每一个国家按照联合国宪章单独地或集体地进行自卫的权利"之后，又加上了一句："不使用集体防御的安排来为任何一个大国的特殊利益服务；任何国家不得对其他国家施加压力"。达成协议后，于下午6点35分，接着召开全体会议，直到晚上9点半全体会议才闭幕。会议闭幕后，周总理和陈毅副总理又去出席老挝代表团的酒会和亚非会议五个发起国的宴会。周总理和陈毅副总理回到达门沙里路华侨别墅住地，已经是晚上11点了。周总理略略休息了一会儿，11点半，又在住地会见了印度情报局副局长高氏，谈了有关调查"克什米尔公主号"飞机被炸事件的问题。零点30分又会见了越南总理范文同，直到早晨5点，周总理这才上床休息。但也只能休息两个多小时，因为第二天上午8时还要会见日本代表高碕达之助，10时半会见印度代表梅农，11时半出席华侨招待会并讲话。

这次会议，在周恩来总理以及印度、印度尼西亚等国代表的努力下，不但开成了一个一致反对帝国主义、殖民主义的团结的大会，大会宣言中所提出的十条基本上反映了和平共处五项原则的内容，而且大大提高了新中国在国际上的威望。有个国家的代表，当时对我国表现并不友好，在会上也没起什么好作用，最后却说："只有伟大的中华人民共和国，才有周恩来先生这样伟大的人才"，"我们就要离开万隆了，除了你周恩来一人之外，我们都犯了错误，万隆会议闭幕了，但周恩来的旗帜将永远在万隆飘扬。"

七天的亚非会议终于结束了，中国代表团在这次会议上，坚持反对帝国主义、殖民主义，坚持求同存异、协调一致的原则，为这次会议做出了独特的贡献。在这七天的会议中，最忙的是周总理，据不完全的统计，在这七天中，他共参加各种会

1955年4月万隆会议闭幕,周恩来在与印尼总理相互道贺。

议16次,会客约谈10次,参加各种宴请活动15次。此外,还要参加代表团内部的活动,批阅文件和亲自起草电报等。睡眠最少的也是周总理,他每天白天参加会议和各种活动,晚上办公,有两天只能和衣在床上睡个把小时。当时我曾对他的睡眠做过统计,七天他共睡13个多小时的觉。

从万隆回到云南昆明后,一天在住地的院子里散步,周总理对我说:"这次出去很紧张,比较忙,睡觉少一些,休息几天就补上了。大姐(指邓颖超大姐)身体不好,不要对她讲,免得她担心。"周总理的嘱托在我心底埋了22年,直到1977年春天我才告诉邓大姐。时至今日,30多年过去了,事实正像那位开始对我们并不友好的先生讲的,只有伟大的中华人民共和国,才有伟大的周恩来总理。万隆会议闭幕了,但周恩来总理的旗帜将永远在万隆飘扬!不,是在全世界飘扬!

"克什米尔公主号"事件调查结果

亚非会议虽然结束了,但事情并没有结束。

4月11日,中国代表团部分工作人员乘坐的"克什米尔公主号"飞机爆炸事件发生后,4月15日,周总理在仰光同印度总理尼赫鲁会谈时,就向尼赫鲁建议由印度派一名官员,他派一名私人代表,去香港调查处理"克什米尔公主号"飞机事件。在亚非会议期间,周总理又接见了印度调查"克什米尔公主号"飞机事件的代表印度情报局副局长高氏,商谈和安排了有关调查处理事宜。回京后,于5月9日和5月15日又两次约见英国驻华代办杜维廉,最后确定由印度情报局副局长高氏和我方熊向晖同志,去香港与港英当局共同调查处理"克什米尔公主号"飞机事件。经过尖锐的斗争,港英当局才不得不于18日晚开始逮捕蒋介石集团的特务人员。从5月18日到6

月1日，他们先后传讯了88人，其中拘留了19人，以后又逮捕了与蒋介石有关系的人员8名。经过审讯和调查，终于证实，"克什米尔公主号"飞机爆炸事件，是蒋记保密局所属的香港情报站策划的，其目的在于暗害周恩来总理。其主使人为周斌成；直接指挥的是金健夫；参与策划的有沈齐平；直接执行的是周驹。周驹原是香港航空工程公司的清洁工，住九龙太子道公共汽车站附近。定时炸弹是由"四川"号轮船海员张祖顺从基隆港秘密运到香港，经蒋记保密局香港情报站特务李益民，交给另一特务而后又转交给周驹的。周驹将定时炸弹伪装成西药带进机场，乘打扫卫生之际，溜到"克什米尔公主号"飞机上，安放到了飞机的右翼轮舱附近。当天中午12时15分，飞机飞离启德机场，下午6时30分，在北婆罗洲沙捞越古晋100海里处上空爆炸，机上除了领航员帕塔克、工程师卡尼克和副驾驶员狄克西特三人遇救外，乘客和机组其他人员全部遇难。

周驹安放定时炸弹得逞后，未等下工，即从铁丝网下爬出机场，乘特务接应的汽车溜回家中。在家躲了几天，而后于5月18日，即印中调查人员到达香港的当天，乘美国人陈纳德的民航班机，逃到了台湾。

真相大白之后，港英当局本应将周驹引渡回香港，连同其他罪犯一并送上法庭，听从审判。但港英当局竟置我国政府的一再交涉和抗议于不顾，声称香港与台湾没有引渡条约。不但没有将周驹引渡回香港受审，而且借口证据不足，先后将全部拘留人犯，其中包括证据确凿的要犯，予以无罪释放，驱逐到台湾。至此，这一震惊世界的案件，实际上不了了之，不能不令人深表遗憾。

妇女的领袖　慈祥的母亲

从 1945 年 8 月至 1965 年底，我在周恩来总理和邓颖超同志身边工作 20 年，耳濡目染。先将我亲身经历的几件事写出来，作为对邓大姐的追思和怀念。邓大姐虽然已经离开我们了，但她的言传身教仍历历在目，我永远铭记在心。

皮大衣暖我心

1950 年初，毛主席从莫斯科来电报，请总理 1 月 20 日前到达莫斯科参加中苏谈判。那时从北京到莫斯科只能乘火车，单程要走 11 天。时值寒冬，经了解西伯利亚和满洲里的气温都在零下 40 多摄氏度，所以要准备厚衣服。当时新中国刚刚成立，实行的是供给制，生活比较困难，都没有大衣穿。为此，邓大姐和我专门到特会室，找能用的厚皮大衣，结果只找到一件战场上缴获的布面貂筒皮大衣。为了节约开支，只换了毛料面给周恩来总理穿着去的苏联。那次是何谦同志随同，我只负责到满洲里迎、送。为了解决我们俩人的大衣，总理将他在延安时穿的布面羔皮大衣给何谦，让何谦换个面出国穿。大姐将她自己的羔皮大衣换上总理大衣替换下来的布面给我穿。大姐特别告诉我，这件皮筒子是兰州最好的羔皮筒子，是宋美龄赠送的。这件珍贵的大衣一直陪伴了我 20 余年，我非常珍视它，平时不舍得穿，只是陪总理去新疆和东北穿过两次。直到1969年我去"五七干校"前,特地让专门洗皮衣的店清洗后收藏起来。1992年7月邓大姐去世后,南京梅园中共代表团纪念馆为举办邓颖超纪念展来我家征集文物,我把它捐献给了南京梅园纪念馆。后来经有关方面鉴定,定为国家一级文物。

1954年我和焦纪壬谈恋爱时,摄于中南海东八所。

成元功与焦纪壬新婚合影

慈母般关心我个人生活

　　从万隆会议回来后,1955年5月的一个星期日,和我已经交往了一年多的女朋友,在中南海门诊部工作的焦纪壬来到西花厅玩儿。总理和邓大姐都在家,总理说,成元功快30岁了,比他小的都抱孩子了,还让他等多久?当时,说得小焦不好意思了。过后我们就商量结婚的事。不久，我们打了报告，批准后就准备结婚。

　　1955年6月份，在总理和大姐的关爱下，我结婚了。结婚是在西花厅一进院的水榭大厅举行的。那天的来宾有西花厅总理办公室的工作人员和中南海门诊部的工作人员及中南海内熟悉的同志。我们的红娘是刘少奇同志的卫士长石国瑞和中南海门诊部的孔荣夫妻俩，这天他们早早地来到了水榭大厅。大厅里挤满了人，桌上摆的是老三样：水果糖、瓜子、花生和茶水。邓大姐拉着我们的双手，做我们的证婚人，并亲自给我们主持婚礼。邓大姐一生只主持过这一次婚礼，邓大姐当场代表周总理赠给了我们16个字："互爱、互敬、互信、互勉、互助、互让、互谅、互慰。"勉励我们在今后的家庭生活中互相学习，共同进步。周总理虽然很忙，但还是赶到西花厅水榭大厅向我们祝贺，最大的遗憾是没有照个合影。为了祝贺我们，大姐特意送给我们一条鲜红色的织锦缎被面和一对黄色缎面枕套。这原是她给总理侄女周秉德准备的，邓大姐说，你们先结婚就送给你们用吧。新房就在西花厅里院东厢房，即我原来的住房，与大姐、总理住在一个院里。天天见面，每晚我们睡觉前总看到对面所有房间及北面总理办公室都是灯光亮亮的，那是总理和秘书们在工作。

　　约一年后，那天中午我送我爱人去医院准备生小孩，下午随总理去钓鱼台（那时钓鱼台还没有宾馆）。总理问我，小焦生孩子了没有？我说刚送去医院。总理说，如果今天生下来，就是我们钓来的小鱼。当天晚上，我的大女儿出生了，就叫小鱼。

　　5年后，我们的二女儿出生了，当时我正随周总理在广西南宁开会。当晚邓大姐就打长途电话向我报喜，并给小孩起名叫小宁。我爱人出院后的第二天，邓大姐又带着肉和猪蹄到我

1962年6月5日,我们与两个女儿小鱼、小宁。

家中探望她们母女俩。那时正值三年困难时期,副食品非常匮乏,肉和猪蹄都是大姐和总理从自己的配额中节省下来的,我的岳父母及全家都深受感动。

我们当时生活在这个亲切的大家庭中,是多么幸福、温暖呀!这贴心的浓浓的亲情是说不完的,将在我们的心里永存!

开一代新风

1956年4月,毛主席倡议干部死后要火葬,周总理在倡议书上签了名。事后他和邓颖超同志约定,并互相保证,他们死后把骨灰撒到祖国的大好河山去,撒到水里、土里去。他们说从土葬到火葬,从保留骨灰到不保留骨灰,这是思想观念上的重大变化,是移风易俗的重要改革。

带头平掉亲人的坟墓

建国前,周总理和邓颖超同志长期在国民党统治区领导统战工作。1939年至1946年在重庆期间,总理的父亲和邓颖超同志的母亲相继逝世。还有在南方局、八路军办事处和《新华日报》的12位同志逝世,都安葬在重庆小龙坎福元寺的山坡上。这块坡地便成了革命者的公墓。

1958年秋,总理派当年在重庆工作的老同志童小鹏、牟爱牧同志专程去重庆,在市委的支持下把坟墓平掉,遗骨做了深埋处理。总理听了汇报后很满意。

对死者家属的教诲

1957年春,总理参加一位副部长的安葬仪式。他刚一到达现场，这位副部长的夫人哭着扑向总理，要求总理一定批准将墓穴旁边的一块地给她留着，她死后要陪葬在这里。总理一听就火了，大声严肃地批评道，你这个共产党员不想着为党为人民多做点工作，现在就想着为自己死后占一块地，你对得起死去的他吗!？这件事使总理非常痛心。他在整个安葬仪式过程中没说话。仪式完后未和任何人告别，带着沉重的心情离开了墓地。在回来的路上，他沉思不语，几分钟后说的第一句话就是：太不像话了！一个共产党员，年纪轻轻的，不想着为党为人民多做点工作，现在就要为将来死后占一块地，都这样做还有地种吗？我国有六亿多人，吃什么！接着给我们对比了土葬和火葬的利弊说：他见到的火化，把尸体放进火化炉里只20分钟骨灰就出来了，几块钱买个磁罐深埋掉，既经济又卫生，也不用占地。现在的土葬要买新衣服，要用木料做棺材，农村还得大吃大喝，还要占一块地。你们看现在的江南，到处都是坟堆，真是劳民伤财。他坚定地说：一定要火葬。一是要大力宣传火葬的好处；二是解决火葬场，北京东郊、西郊都要建立，要方便群众；三是先城市后乡村。党员、干部带头，经过一段时间后，一定能普及火葬的。

平掉淮安的祖坟

1953年春，总理的婶母在京治病后要回淮安了。她这次来京反映县政府和群众要求对总理旧居进行修缮和开放，总理为此深感不安，决定派警卫局王雨波同志去淮安，转达他对旧居和平祖坟的处理意见，顺便送婶母回去。总理对旧居的处理意见是：一不要让人去参观；二不准动员住在里面的居民搬家；三房子坏了不准维修。处理祖坟的意见是：把坟墓平掉，把遗骨深埋处理，土地交公使用。一切费用由他支付。随后又让办公室给淮安县委去信，重申了他的上述意见。县委讨论了总理的指示，对旧居按总理意见办，唯有平掉祖坟的事，因思想不通被搁置起来。

1958年，副县长王汝祥来北京开会，1960年县常委刘秉衡来北京开会，总理都接见了他们，当面委托他们回去后把他家的祖坟平掉……他们答应回去后办，但县常委会几次开会传达讨论总理的指示，每次会上几乎一致的意见是："这样做，不但群众通不过，党员通不过，就是县委也想不通。难道淮安县增产增收，就差那么一点坟地？不能平！吃批评也心甘，这是人民的心愿。"在这期间，总理曾多次向侄子周尔辉及侄媳孙桂云谈过此事，他们也向县委汇报过多次，因思想不通，未能按总理的指示办。总理对此很不满意。

1965年初，总理的侄子周尔萃，在北京学习刚放寒假，他是空军某部的飞行员，想利用寒假回淮安探望母亲，特地来西花厅向伯伯、伯母汇报学习情况及回家探亲事。当邓大姐把尔萃的情况告诉总理时，总理说，要他等一下，我有事要他办。

尔萃一连几天除了去食堂吃饭外，就在家看书等伯伯见他，不敢远离。一天晚间总理抽空见了尔萃，简要地问了他的学习和身体情况后说，你利用寒假回去看望母亲，过春节很好。你是军人，又是党员，回去后要带动全家过一个革命化的春节，要注意三大纪律八项注意。忠厚老实不爱多说话的尔萃看着伯伯连声答应是、是。接着总理严肃地、像命令似地说道：这次回去给你一个任务，把祖坟平掉，把遗骨深埋掉，土地交生产队使用，一切费用由我支付。停了片刻又说，这件事从五三年讲起，已经拖了12年还没有解决，你要把它当做一个任务去完成，办完了再过春节。你回去后，再把我的原话转告县委，如果县委再拖着不办，我要省委给他们下命令解决。

你遇到什么困难随时给我办公室来电话。总理问尔萃，你能完成这个任务吗？这时尔萃出乎意料的以军人惯有的姿态答道：保证完成任务。总理满意地笑了笑说，那好，回去向你妈和哥嫂问好，遂即结束了谈话。

尔萃一到家，先将伯伯这次交代的任务告诉了哥嫂，他们都是党员，三个人开了一个会，商定先做通妈的工作，再向县委原原本本转达伯伯的指示，并要求县委出面共同做群众的工作和组织深埋的工作。第二天在县委常委会上，尔萃把总理的指示原原本本作了转达，并强调说：总理五八年就派人把他父亲和邓颖超的母亲在重庆的墓平掉了，这次是总理专程派我来处理这件事的。到会的常委们深深为总理的唯物主义精神所感动，经过讨论决定按总理指示办，并派人协助尔萃在春节前处理好这件事。在阴历十二月廿九这天，县干部和尔萃兄嫂召开了祖坟所在地生产队的群众大会，会上传达了总理12年来的指示和愿望。说明这是一场破旧立新、移风易俗的革命……使群众提高了认识，深受教育。一位老贫农眼泪汪汪地说："论风水，那是骗人的迷信话，我在旧社会吃够了风水的亏……总理还不是给我们带个头，叫我们跟他学么！我原打算今天去圆坟的，不圆了！将来也平掉。"

周总理平祖坟的事迹，很快地传遍了故乡。一场破旧立新、移风易俗的革命在干部、群众中传为美谈，并产生了深远的影响。

周恩来总理的标准像

现在我们看到的周恩来总理的挂像，是1956年中国照相馆姚经才师傅照的。说起这次照相，颇费了一番周折。

1949年3月进入北京（当时叫北平）后，由于生活比较稳定，不再像过去根据地时那样，因战争到处奔波，今天在这里，明天到那里，没个准地方。加之伙食方面有所改善，周总理的身体逐渐胖了起来，脸上的神色比之以前也多了一分精神，一分光彩。用过去的照片制作证件，也就不那么合适了。建国前夕和出席日内瓦关于解决朝鲜和印度支那问题国际会议前，为制作证件，摄影师专门为他照过两次相，但他都不满意。

1956年11月中旬，周总理准备应越南、柬埔寨、印度、缅甸、巴基斯坦、尼泊尔和阿富汗七国政府首脑之邀，前往七国进行国事访问，由贺龙副总理陪同，率团一起出访。

根据国际惯例，出访国必须向被访国提供该国政府出访首脑的标准照片和简历，以便出访国政府首脑访问前夕，在报纸上予以刊登公布，通告国人和世界公众。

外交部本来打算将周总理以前制作证件时用的照片提供给越南等七国，周总理不同意，但又没有别的照片可提供。眼看出访的日期就要到了，越南等七国一再催要，周总理这方面又定不下来，把外交部礼宾司急得团团转，曾多次来电话催要，就是拿不到周总理满意的照片。一天，周总理在报纸上看到了新近由上海迁京的中国照相馆开始营业的消息。当时彭真同志

任北京市委第一书记兼市长,根据他的建议,由上海迁京的,除了中国照相馆,还有蓝天服装店、美白理发馆等几家有名的店铺。看到这条消息后,周总理对我说:"哪天我们抽个空,到中国照相馆照个相。"并把报纸交我看,又说:"上海迁京的照相馆技术、设备比北京的要好,照出来也一定比北京的照相馆照得好。"我一想,也是这个道理。可是周总理国事很忙,总也抽不出时间来。他又不愿把中国照相馆的师傅请到中南海西花厅来,非要自己到照相馆去不可。根据有关规定,中央常委每去一个新的地方,需先了解情况,去时要布置保卫工作。这是总理定的章程。我把周总理的意思报告了有关领导并得到同意。

1956年10月20日左右的一天下午,周总理正好有外事活动,我们建议他会见外宾前,先去北京饭店洗洗头、刮刮脸,然后去设在王府井南口路东的中国照相馆,照完相再去会见外宾,这样,照相和会见外宾两不误。周总理觉得这倒是个好机会,便点头同意了。不过,他又提出了两点要求:一是王府井不要戒严;二是不要影响照相馆正常营业。这是他严于律己的一贯作风。虽然在我们这些做警卫工作的人看来这样做对他的安全不利,但我们也只好照办。先让中办警卫局摄影科侯波科长去做了安排。

照相那天,吃罢午饭,让侯波科长先去王府井向中国照相馆的姚经才师傅打了个招呼,向他说明当天下午,周总理要来照相馆照一张半身像,做证件用。姚师傅一听要他给周总理照相,自然很高兴,能为周总理照相,对他来说可是千载难逢的光荣机遇。当即和侯科长研究了怎么照法,并建议最好再多带一件不同颜色的衣服,可多照两张不同的像,以备选用。侯科长在电话上告诉了我们。

中国照相馆在王府井南口路东,是一幢二层小楼,与位于

周恩来总理的标准像

王府井南口路西的北京饭店之间还隔有一幢铁道部的办公楼。我们陪同周总理在北京饭店洗了头，刮了胡子，然后乘车到铁道部办公楼东南角下车步行穿过王府井大街来到中国照相馆。登上二楼时，见有一位解放军同志，准备好正要照相，他一见周总理也来照相，就要让总理先照。总理说："你先来的你先照吧。"互相谦让起来。我跟周总理多年了，知道周总理的作风，就对那位解放军同志说："你先来的，你先照吧，不然总理是不会照的。"那位解放军同志感到很不好意思，只好向周总理行了一个军礼，坐到照相机前先照。照完，周总理主动和那位解放军同志握了握手，那位解放军同志向周总理行了个标准的军礼，转身走了。

这天下午因为有外事活动，周总理身穿藏青色的中山装，姚经才师傅调整了灯光后，请周总理坐在照相机前，先照了三张，然后姚师傅请周总理换上深灰色中山装上衣，又照了两张。之后，总理和姚师傅握手致谢道别，离开中国照相馆，我跟随周总理原路返回，乘汽车去会见外宾。

两天后，侯波科长拿着十余张放大8寸的照片到西花厅来，总理看后非常满意，一再称赞姚师傅技术高明，不愧是上海来的摄影师。在十余张的样片中，几经对比，最后选中了其中一张穿藏青色中山服的半身像，作为对外使用。这样，不但解决了外交部急需向越南等七国提供我国政府首脑的标准像，而且成了我们见到的大家一致公认的周总理的标准像。

访问柬埔寨（一）

1956年11月17日，周总理率代表团前往越南、柬埔寨、印度、缅甸、巴基斯坦、尼泊尔和阿富汗进行友好访问。随同出访的有贺龙副总理、外交部部长助理乔冠华等。11月22日上午，代表团离开河内前往金边访问，12时到达金边坡成东机场，受到西哈努克亲王、政府官员及群众的热烈欢迎。一个大国总理率代表团访问一个尚未建交的国家，是有特殊关系的。因为在9个月前的2月14日，西哈努克曾率柬埔寨王国代表团访问北京，周总理此去是回访，是为建立外交关系进行的两国互访，有着历史的缘分。

早在1955年4月11日，国民党特务妄图暗害周总理，用定时炸弹将我代表团乘坐的赴万隆会议的包机——"克什米尔公主号"炸掉后，引起了全世界的关注。在万隆会议上结交的第一个新朋友就是西哈努克亲王。万隆会议原定于4月18日至24日，会期7天。开幕式原定于8:15开始，但会议主席苏加诺总统尚未到达，参加会议的代表为尊重主人，都在会场门外等候。这时距我代表团等候处七八米远的地方，有一位穿着民族服装的代表引起了周总理的注意，总理问翻译浦寿昌，这位是哪国人，浦寿昌亦不知道，经询问才知道是柬埔寨亲王西哈努克，总理走向亲王，自我介绍。当总理向他问候时，他对总理非常尊敬。短暂的友好交谈后，总理请他向柬王国国王陛下及王后代致问候。在此次会议上周总理同西哈努克建立了友谊，从此后，中柬两国开始发展友好关系。

访问柬埔寨（一）

这次访问柬埔寨，我国代表团受到了特殊的礼遇。周总理和贺龙副总理均被安排住在皇宫里面。参加每项活动都是由西哈努克亲自陪同。在生活上，莫尼克公主每天带着宫女把总理的卧具更换一次，第一天是白色，第二天是粉红色，第三天是浅蓝色，无微不至。每天早餐除安排丰富的法式早餐外，王后还要派佣人提着福建漆盒送四五个中国菜、点心和稀饭。由于菜多，总理让我和他一起吃。柬埔寨的官方语言是法语，总理教我们学法语，每天教一句。

外出参观时，每到一地都受到热烈欢迎。老百姓见到西哈努克亲王都跪下，举手过头，看我们都是偷偷地看一下，从未发生过拥挤。有时西哈努克招招手，群众才敢走过来，再一摆手又回到原地跪下。

柬埔寨是个封建的半殖民地王国，主要信奉佛教。法律规定，每个男人一生都要入寺当一次和尚。大街小巷到处都可看到和尚拿着碗化缘。他们不参加泼水节，人们也不向他们泼水。他们受人尊敬，见了国王可以不施礼。

11月24日，在西哈努克亲王的陪同下，代表团乘柬埔寨王国军用飞机赴磅湛省和暹粒省访问。访问中参观了一家法国人经营的橡胶园。在橡胶园里，高大成排的橡胶树无边无际，只见两辆拖拉机，拉着一条粗大的铁链，从橡胶树的两侧开过，橡胶树就被拉倒了，这是对生长15年以上、出胶率下降的树木进行更新。

下午去吴哥古遗址参观。吴哥是柬埔寨的古都，柬埔寨的国旗上有吴哥古建筑，国歌是《吴哥王国》。吴哥的塔很高，塔内只有很窄的梯形台阶通往塔顶。周总理和我们一行艰难地爬到了塔顶上，总理很高兴地说，柬埔寨的建筑与我国南方的建筑很相似。

西哈努克亲王曾多次表示，他赞赏和同意和平共处五项原则。这次访问，我们受到了柬埔寨王国最高的礼遇和热情的款待，也是对万隆会议结交的新朋友的一次友好访问，扩大了国际统一战线，也对世界和平产生了很大影响。虽然两国未建立外交关系，但随着岁月的推移，历史证明了两国按照和平共处五项原则相互了解和交往，为以后建立外交关系打下了良好的基础。这次访问后，一些过去对我们不了解甚至对立的国家逐渐转变了态度，随后我们国家与更多的亚非国家交了朋友，开始了友好往来，进而与更多的国家建立了正式外交关系。

27日和桑云首相发表《联合声明》后，向苏拉玛里特国王和王后辞行。

1956年2月柬亲王西哈努克访问中国时，曾在勤政殿向毛主席和周总理转交苏拉玛里特国王的赠勋证书，接着分别为毛主席和周总理佩戴大十字勋章。周总理11月份访柬正是对柬埔寨王国的回访。

周恩来访问柬埔寨留影

访问柬埔寨（二）

1960年4月中旬，应缅甸、印度、尼泊尔政府的邀请，周总理率领我政府代表团应邀出访，陈毅副总理、章汉夫副外长、罗青长部长随行。

4月19日，代表团在印度新德里得知柬埔寨国王诺罗敦·苏拉玛里特逝世后，代表团当即向柬埔寨发出唁电，表示哀悼，决定代表团按期访问柬埔寨，参加吊唁，并希望柬方在接待方面从简。当时代表团决定为在新德里的所有成员每人做了一套白西装、黑领带及领花，并嘱使馆将衣物送往昆明。又电告我外交部在北京做出国服装的原店铺，于5月3日送至昆明。

结束三国访问后，4月29日代表团回到昆明，在贵阳与人民群众一起欢度"五一"劳动节，与各界人士开了座谈会，还参观了贵阳钢铁厂，5月4日回到了昆明。

5月5日上午9时，我代表团乘飞机到达柬埔寨金边。西哈努克亲王及福·波伦首相到机场迎接，沿街有许多群众举着周总理及西哈努克亲王的画像，一些华侨还举着"欢迎周总理"的横幅夹道欢迎。当时西哈努克亲王穿着日常服装，当看到中国代表团全团成员身着白色礼服走下飞机时，他大为惊讶，也非常感动。在机场上也有许多群众举着周总理和西哈努克的画像及欢迎标语热烈欢迎。华侨们更是大声呼喊着欢迎口号，夹道欢迎周总理及代表团。

下午，代表团向已故国王诺罗敦·苏拉玛里特遗像致哀。

访问柬埔寨（二）

之后前往国王御座宝殿拜会柬埔寨王后和摄政委员会。晚上在金边克玛林宫出席摄政委员会主席西索瓦特·莫尼勒亲王举行的盛大欢迎宴会。

访问期间，在西哈努克亲王的陪同下，周总理主持了皇家电台揭幕式。这个电台是周总理上次访问柬埔寨时送给西哈努克亲王的礼物。其后，在亲王及福·波伦首相的陪同下参观了由中国援建的胶合板厂，并接见了200名华侨代表。晚上出席了柬王国政府举行的盛大国宴。

5月7日晨，在西哈努克亲王陪同下，代表团共乘三架飞机离开金边前往磅湛。第一架和第三架是我国的伊尔—14式飞机，代表团人员乘坐，第二架是柬埔寨飞机，由西哈努克亲王陪同周总理及陈毅副总理乘坐，我也随行乘坐在第二架飞机。很快第一架和第三架飞机陆续抵达了机场，第二架还无音讯。原来我们乘坐的这架飞机由西哈努克亲王指示飞到了与南越有争议的富国岛上空视察，想借此证明富国岛是柬埔寨的领土，所以第二架飞机最后抵达目的地。

上午8时到达磅湛后，参加皇家纺织厂象征性开幕典礼，周总理在仪式上讲话表示祝贺。下午参观，晚上出席省长举行的晚宴。

5月8日上午，在西哈努克亲王陪同下，乘坐柬海军巡逻艇游览白马湾，并在舰上与亲王亲切会谈。这艘舰艇很小，只有两个房间，休息时，一间给周总理，一间给陈毅副总理，西哈努克亲王就在走廊里搭了几只椅子躺下休息。忽然，响起了炮声，我们都很惊讶，总理看出了我们紧张的情绪。经罗青长部长询问原来是放的礼炮，罗部长对礼宾司的工作人员说，你们应该掌握访问活动的详细程序。谈话间，周总理叫罗部长，小罗，来照个相，并说越是危险的时候越安全。当天晚上在白马过的夜。第二天下午返回了金边。

5月9日上午，在金边举行了一系列告别活动。上午9时30分，周总理和陈毅副总理率代表团离开金边前往河内，西哈努克亲王到机场欢送。

总理在外交工作中，一直遵循平等互利、和平共处五项原则，尊重所访国家的习俗。从外交的大方针到礼节的小事情，事事考虑周密细致，赢得了朋友和世界，让中华民族真正地屹立于世界外交的顶峰。

周恩来访问柬埔寨

为了和平和友谊
——忆周恩来总理在云南的外交活动

云南位于我国西南边陲，同缅甸、老挝接壤，和泰国、越南为邻。其省会昆明，气候宜人，风景如画。西双版纳动、植物资源丰富，素有"动物王国"、"植物王国"之称。

作为警卫人员，因工作关系，我跟随周恩来总理来云南近20次。在这近20次云南之行当中，给我的印象最深、使我最难以忘怀的有三次：一次是1955年，我跟随周恩来总理、陈毅副总理乘飞机，从昆明出发，经缅甸仰光，到印度尼西亚万隆，参加举世闻名的第一次亚非会议；第二次是1956年，我跟随周恩来总理、陈毅副总理应缅甸总理吴巴瑞之邀，从昆明出发，到缅甸巴莫访问，同时邀请吴巴瑞总理到云南芒市畹町镇做客；第三次是1961年，我跟随周恩来总理，同来云南访问的缅甸总理吴努，到西双版纳自治州首府景洪市，和傣族同胞欢度傣族的新年——泼水节。

与吴巴瑞总理在两国边民家做客

1955年，随着中缅航线的开通，以和平共处五项原则为基础的两国人民的友谊与日俱增，特别是中缅边界问题的解决，不但为与其他邻国解决边界问题开了好头，而且为中缅两国人民世世代代友好下去，奠定了基础。两国领导人友好往来，互相访问的次数也越来越多。从1955年起，周恩来总理

就曾8次访问缅甸，缅甸的国家领导人也曾多次访问中国。1956年12月，周恩来总理、贺龙副总理到缅甸东部城镇巴莫做客和缅甸吴巴瑞总理到我国云南边境城镇腊戌、芒市、畹町做客，就是其中的一次。这次两国总理在中缅两国边境的互访，不但加深了两国人民的友谊，而且也是对我们安全警卫工作的一次考验。

周恩来总理和贺龙副总理这次访问缅甸到缅甸东部城镇巴莫做客，和缅甸总理吴巴瑞到我国云南边境城镇腊戌、芒市、畹町做客，是1956年12月10日开始的。12月10日，周恩来总理和贺龙副总理结束了对印度长达11天，行程4000多英里的访问，于当天10时30分，分乘专机抵达缅甸首都仰光。周恩来总理对缅甸的这次访问是此次出访欧亚11国的第四站，时间是10天。

随同周恩来总理这次出访的有贺龙副总理、外交部部长助理乔冠华和总理办公室副主任张彦等。这次出访从1956年11月17日开始，原定访问越南、柬埔寨、印度、缅甸、巴基斯坦、尼泊尔和阿富汗7个国家，在访问过程中由于某种特殊情况，又增加了苏联、波兰、匈牙利和锡兰（今斯里兰卡）。周恩来总理、贺龙副总理一行，这次对欧亚11个国家跨年度的访问，前后历时近3个月。

在这次访问缅甸中，有一项重要活动，就是两国总理对两国边境地区边民的互访。具体安排是：周恩来总理一行，先到缅甸东部中缅边境城镇访问，然后陪缅甸吴巴瑞总理到我国云南中缅边境城镇访问。也就是周恩来总理所说的"串亲戚"式的访问。

这种访问，既别具一格，但也充满了危险。

所谓别具一格，是因为这种访问方式从来还没有过，可以说是中缅两国总理的独创。

为了和平和友谊

所谓充满危险,是因为建国初期从我国云南逃往缅甸境内的原国民党第八军政治土匪,企图在周恩来总理访问缅甸东部边境城镇期间,对周恩来总理进行暗杀和破坏。特别是缅甸东部山高林密,交通不便,有些地方需要乘飞机,有些地方则要坐汽车,而且要长途旅行,缅甸为周恩来总理安排的活动点又多,弄不好,就会使敌人的阴谋很容易得逞。这样一来,也就给我们几个随行做安全保卫工作的,增加了很大的难度。

12日上午,周恩来总理、贺龙副总理一行,在缅甸吴努主席陪同下,先乘飞机到位于缅甸东部的古都曼德勒访问。

出发之前,我驻缅使馆接到有关部门的情报:流窜到缅甸境内的原国民党第八军军长李弥,指使其师长段希文,在周恩来总理到缅甸东部地区访问时,进行暗杀,途中袭击两国总理从缅甸东枝到我国云南芒市的车队。

接到我驻缅使馆的报告后,随行的中央警卫局副局长李福坤,当即召集我、总理的另一名卫士赵行杰、贺龙副总理的副官肖玉林,一起开会研究如何加强警卫。代表团秘书张彦也召集有关人员,专门研究了确保周恩来总理和贺龙副总理的安全问题。当时有两种意见:一种是建议缅方取消从缅甸东枝到中国云南境内的活动;一种是改乘飞机先飞到云南昆明,由昆明改乘汽车再到两国边境访问。因为它关系到两国总理的活动安排,必须报请两国总理同意。我们将建议报告给周恩来总理、贺龙副总理后,周恩来总理指示:通过外交途径将情报通报给缅方,说明在缅甸境内的安全问题由缅方负责,活动日程也由缅方决定。

我们把情报通报给缅方后,缅方决定:调一个旅的兵力加强警卫,保证安全,活动照常进行。我们只好尊重缅方的意见,听从缅方的安排。

12日上午,周恩来总理、贺龙副总理在吴巴瑞总理的陪

同下,参观访问了缅甸古都曼德勒,下午乘汽车到达眉谬。在眉缪住了一晚。13日上午,周恩来总理、贺龙副总理观看了缅甸国防军参谋长奈温将军特地为他们举行的阅兵式。下午返回曼德勒,又乘飞机经巴莫去克钦邦首府密支那。

周恩来总理、贺龙副总理访问巴莫,是在飞往密支那的途中进行的。巴莫城市不大,只有一万多人,但很繁华。为了欢迎周恩来总理,一睹周恩来总理的风采,全城的人几乎全都拥到了街上。不论男女老少,都举着中缅两国国旗,有的还举着周恩来总理的画像,高呼:"由密麻切子也,地面八岁!"(即中缅两国友好万岁之意。)周恩来总理非常高兴,在当地政府为中国代表团举行的茶话会上,他说:"巴莫离中国云南不远,自古以来就是两国经济、文化交流的桥梁,我相信,巴莫将在增进两国友好关系方面发挥更重大的作用。"

13日下午从巴莫飞到密支那,在密支那住了一晚,14日又飞到掸邦首府东枝,进行访问。在东枝,周恩来总理、贺龙副总理,在吴巴瑞总理和当地政府官员的陪同下,到英莱湖观看了因达族人民精彩的划船比赛。

因达族人划船堪称别具一格,他们划船不是用手,而是用脚。即在船帮的两侧各有一排固定的护手,运动员站在护手外边,一手把住护手,一手握住桨柄的上端,用脚去拨桨,随着掌舵人的号子,运动员整齐划一地一齐划动。比赛完,周恩来总理、贺龙副总理和吴巴瑞总理,在热烈的掌声和欢呼声中,为前三名运动员颁了奖。

在两国领导人给划船比赛优胜者发奖的同时,我方礼宾官告诉说:"两国总理临时决定发奖后将全体去游湖。"我们顿时惊呆了。这太危险了,两国总理的外事活动都是事先商定的。像这样乘船游湖活动,在国内得由外交、公安接待等部门事先开会组织、研究做好各项准备工作才能决定的,现在说走就走，安全太没保证了。但这又是两国总理商定的，提意见也没用，只能硬着头皮去执行。

缅甸人搞突然袭击，使我回想起1955年去参加第一次亚非会议，途经缅甸仰光时，临时安排周总理、陈毅副总理去参加群众性的泼水节。那是在刚刚发生"克什米尔公主号"飞机爆炸事件后，一天下午两国总理会谈中，突然由服务员送出周总理、陈毅副总理的衣服时，我和李福坤副局长，握着手枪，不顾一切地冲向会议室，当看到周总理和陈副总理穿着缅甸服装说说笑笑地走来时，我们悬着的心才顿时放下了，差一点发生误会。

发奖后只见吴巴瑞总理向等在湖边靠出租游船为生的船工招手，示意把船撑过来，顿时有十多条小船相拥而来，将船撑到我们面前。一看都是破旧的小船，船上一点救生工具也没有。这时礼宾官宣布："每条船坐3～4人，不准超过4个，超过4个人有危险。"我和赵行杰拉住就近一条船，周总理上了船，坐在前边，我和赵行杰坐在后边，船工把船撑向远方。给我们撑船的十多个船工，年长的有四五十岁，年轻的只有十多岁。他们每人只穿一条筒裙，光膀赤脚，皮肤被太阳晒得油黑发亮，近似黑人模样。手握一根五六米长的竹竿撑着船，有时水深竹竿够不着湖底，他们就以竹竿代桨划船。在毫无准备的情况下，坐小破船游湖，我们的紧张心情可想而知。在漫无边界的湖面上，只见我代表团坐的十多条小船，东一条西一条地划行着。划着划着，坏了！船里进水了，我们的皮鞋被水泡湿了。我们找船工，由于语言不通就用手指水。他心中有数，放下竹竿，拿起一个没有盖的罐头筒，掀起一块船底板向外淘水。由于船工来回走动，使船失掉平衡左右摆动，周总理转过身，问："出了什么事？"一看船工向外淘水自然明白了。赵行杰从船工手里要来罐头筒，示意让他撑船。此后每隔一段时间

我们就得向外淘一次水。

代表团的十多条船散在一望无边的湖面上，因为是临时定的节目，既无组织，又不能互相联系，只能各自为政，听天由命了。

由于始终处于紧张状态，没顾上看表，也不知划了多长时间。当太阳快要落山时，船划到了水深处，竹竿够不到湖底，再看湖面上尽是大片大片的水草垫。船工时而以竹竿代桨划，时而用草垫作依托撑船前进，这时我们警卫人员最紧张、最担心，语言不通，束手无策，只能干着急。时而也自言自语说几句不满的话。周总理看出了我们的紧张心情，安慰我们说："不要紧，……"经过近三个小时的游湖活动，谢天谢地，总算安全靠岸了。对我们警卫人员来说，好像过了三天。

当晚，负责警卫工作的李福坤副局长，向代表团秘书长提了意见，为确保周恩来总理、贺龙副总理的安全，要求以后不要再安排这样冒险的活动。

在缅甸东部几个城镇的访问中，每到一处，都可感受到缅甸人民对中国人民的"胞波"（兄弟之意）情谊，男女老少几乎倾城而出。当然，作为随从的警卫人员，我们并没有忘记自己的职责。尽管没发生什么意外，但我们仍旧提心吊胆，唯恐国民党第八军那群政治土匪突然冒出来，打我们一个措手不及。

15日，周恩来总理、贺龙副总理陪同吴巴瑞总理，从东枝前往我国云南德宏傣族、景颇族自治州的芒市，进行访问。

这一路要乘坐汽车，而且也是最危险的地段。因为有情报说，国民党第八军军长曾布置其师长段希文，要在这一带袭击车队。尽管缅甸调了一个旅的兵力，沿途进行警戒，可以说沿途岗哨林立，但我们仍不放心。这一天除了中午在缅甸的一个小村子里停了一下，吃了顿午饭外，可以说一整天都是在汽车上度过的。一路上，我们带着枪，子弹上膛，严密地注视着道路两侧，特别是当汽车进入山沟密林时，更是百倍警惕，随时准备对付敌人的突然袭击。如果说前几天我们是在紧张当中度过的话，那么这一天我们更紧张，甚至紧张到连路旁的热带雨林和奇花异草也顾不上去欣赏，只是默念着：但愿别出事。

由于几天来一直是在紧张中度过的，加上这天又坐汽车，长途跋涉容易疲劳，走着走着瞌睡就上来了。作为警卫人员是绝对不允许在执行任务时打瞌睡的，不但自己不能打瞌睡，而且还要随时提醒司机不能打瞌睡。怎么办？我和首长同乘一辆车，不能抽烟，只能靠捏鼻子，揪耳朵，这是我们警卫人员发明的"绝招儿"。这天我和周恩来总理、贺龙副总理同乘一辆车，他们坐后排，我和司机坐前排，靠的就是这一手"绝招儿"。肖玉林和赵行杰坐前卫车，他们要打瞌睡时就使劲抽贺龙副总理的雪茄烟。

天刚擦黑，我们赶到了腊戍，在腊戍吃了晚饭，并住了下来。尽管白天没发生什么意外事，但我们仍不放心。因为腊戍曾是李弥的司令部所在地，谁能保证国民党那帮政治土匪不在夜间来搞我们。为此，我们采取了更加严密的防范措施。以警卫人员为主，加上随团医生和护士，由原先一人值班改为两人值班，通宵达旦值班守护。

在腊戍住了一夜，第二天即16日，早饭后仍按头一天的顺序，车队离开腊戍向我国云南行进，直到进了芒市，我们拎着的心，才松弛下来。因为，我们再也不用担心国民党政治土匪来袭击我们了。

此时虽然已是12月，在我国北方早已寒风凛冽，但在芒市却如同北方的深秋，不冷不热。

周恩来总理陪吴巴瑞总理沿滇缅公路到达芒市的时候，刘明辉代省长特地从昆明赶来，和芒市党政领导，傣族、景颇族公众领袖及群众早已等候在郊外。身穿鲜艳民族服装的青年男

女，手中挥舞着中缅两国国旗，高呼着"热烈欢迎吴巴瑞总理"、"中缅友谊万岁"的口号，在浑厚的象脚鼓声中，载歌载舞。两国总理下了车，在通过夹道欢迎的人群时，不断有少年儿童走出群众队伍，向两国总理献花，气氛非常热烈。

当天下午，两国总理、刘明辉代省长和代表团成员，出席了正在芒市举行的中缅两国边境少数民族公众领袖座谈会。晚上，云南省代省长刘明辉在芒市招待中缅两国政府领导人举行的宴会上说，我们两国是山连山，水连水，从地理上把我们连在一起，边境也不能够把我们分开。中缅两国边境少数民族公众领袖在宴会上，品尝了具有傣族特色的丰盛佳肴。随后又出席了当地为欢迎吴巴瑞总理举行的歌舞杂技晚会，观看了傣族、景颇族的精彩演出。演出结束后，两国总理走上舞台，与演员们握手，祝贺演出成功，并合影留念。

17日上午，在招待所院子里，两国总理栽了两棵象征中缅友谊万古长青的长青树。然后离开芒市乘汽车去畹町。

畹町是中缅边境中国一侧的一个小镇，它与缅甸一侧的小镇木姐镇隔河相望。两镇的边民相互来往，互通有无，亲如一家。吴巴瑞总理在周恩来总理、贺龙副总理及刘明辉代省长的陪同下，来到畹町，受到了全镇人民的热烈欢迎。由于时间紧迫，两国总理未到镇政府休息，而直奔边民家庭。他们走访了几户，每户都以丰盛的水果和茶水热情招待。当两国总理问他们，两国边民互相往来，要不要办什么手续时，他们回答："不需要办什么手续。我们是同一个民族，还可通婚呢，我们之间是亲戚关系。"

访问完畹町的边民家庭，接着两国总理又步行，跨过一条小溪，来到缅甸一侧的一个小镇对边民进行家访。他们同样受到了热情的欢迎和款待。缅甸边民的家庭看起来与畹町镇的没有多大区别，所不同的是他们讲的是缅甸话，但中国话也会说。后来木姐镇长告诉我们,他们和畹町虽是两个镇,而且属两个国家,但实际上和一家人一样。边民根据地理情况,可以互相在对方的土地上种植蔬菜和其他农作物。

对缅甸边民家庭访问后,两国总理又返回畹町。镇长在一家餐馆设便宴招待两国总理。席间,两国总理谈笑风生,都对这次到两国边民家中互访,非常满意。周恩来总理高兴地对吴巴瑞总理说:"我们两国总理在短短的几个小时内,走访了两国的边民家庭,真像串亲戚一样。"吴巴瑞总理也高兴地说:"因为他们是和睦相处的邻居,是'胞波'。"

这次被周恩来总理称之谓"串亲戚"式的访问,不但给两国边民留下了深刻的印象,在边民中广为传颂,加深了两国的友谊,而且为划定两国过去的未定边界,做出了具有历史意义的贡献。

畹町的短暂访问结束后,吴巴瑞总理在周恩来总理、贺龙副总理的陪同下,告别了倾镇而出欢送的人群,登上汽车,返回缅甸。在缅甸,周恩来总理、贺龙副总理又访问了几天,直到12月20日,两国总理在仰光总统府签了联合声明,圆满地结束了对缅甸的访问,又飞往下一个国家,继续11国之行。

与吴努总理欢度泼水节

随着中缅友谊的发展,中缅两国领导人互相访问越来越多。吴努总理邀请周恩来总理到缅甸去休息,周恩来总理则邀请吴努总理来中国休假。其中使我最难忘的是1961年4月周恩来总理邀请吴努总理来云南,到景洪市,与傣族人民欢度泼水节那一次。

1961年4月,周恩来总理专程来昆明,邀请再次任缅甸

1961年4月14日周恩来与缅甸总理吴努在西双版纳傣族自治州宴会上

政府总理的吴努和夫人来华休假，会谈中缅两国共同关心的国际问题。谈完，正值傣族群众欢度自己的新年佳节——泼水节。

4月13日上午8时，吴努总理及夫人，在周恩来总理、张茜和云南省领导和夫人的陪同下，从昆明出发，乘汽车赴南部城市景洪。

这次，陈毅副总理本来是要来的，因临时有公务脱不开身，特派了夫人张茜代表他。

景洪是西双版纳傣族自治州的首府,位于云南南部,距离昆明较远,乘车大约要七八个小时。公路又都是石子路,路况较差,还要爬几座山。为了保证安全,省领导特地给吴努总理和周恩来总理配备了德国的奔驰。

为了在天黑之前赶到景洪,这一天我们除了吃午饭休息外,都是在车上度过的。由于路况不好,车子颠簸,很容易使人疲劳。路上,我就曾几次打瞌睡。但周恩来总理精神却很饱满,一路上向刘明辉副省长问这问那,有时谈到高兴处,两人便纵声大笑。

车子进入一个原始森林的深处,眼前突然出现了几个光秃秃的山头。周恩来总理惊奇地问刘明辉副省长:"那几个山头,怎么没有树木?"刘副省长回答:"那是某某军的养马场。"当时我国正处于三年困难时期,周恩来总理当即向刘副省长说:你们这里既然有有利条件,要利用这里的优势多养些牛羊,也可以改善人民的生活。然后又问了当地人民群众的口粮和副食供应情况。

行进中,看到了一大片新开垦的荒地,地里有一个个大土包。周恩来总理问:"那是什么?"刘副省长说:"是白蚁窝。"周总理说:"我在广东曾访问过白蚁专家,也看到过白蚁窝,那都是筑在建筑物上的,没想到你们这里,白蚁窝都在地上。"刘副省长告诉周总理,那一个个大土包下边都是被砍伐后留下的树根,白蚁喜欢吃树根,就把窝筑在了有树根的地方。周总理忽然想到云南种有橡胶树,便又关切地问:"白蚁对橡胶树有没有危害?"刘副省长回答:"一般情况下不会有什么危害。"周总理对这种笼统的回答不满意,于是又问,但刘明辉副省长也说不清楚。

经过十多个小时的长途跋涉,下午 6 点 30 分左右,终于赶到了西双版纳。还未进城就看到身着各色鲜艳民族服装的群众,手执彩旗和中缅两国国旗,载歌载舞,热烈欢迎两国总

理。车子开到欢迎的人群跟前,周恩来总理和贵宾们下了车,我们这些陪同人员也下了车。系着红领巾的少先队员们跑上前来,将一束束鲜花献给两国总理和夫人们。之后,我们便穿过欢迎的人群,走向招待所。欢迎的人很多,有男有女,有老有少,个个都穿着富有特色的民族服装,女的头上戴着五颜六色的鲜花,脑后还插着一把色彩绚丽的大梳子。在浑厚的象脚鼓的咚咚声中,载歌载舞,气氛非常热烈。我们在夹道欢迎的人群中,走了将近一小时,才离开这沸腾的海洋,到了招待所。

4月的西双版纳,是一年中最热的季节。我们走到招待所时,身上的衣服早被汗水浸透了。我们打算让周总理先洗个澡,换一下衣服,还没来得及办,自治州的领导就汇报活动日程安排来了。周总理用干毛巾擦了擦上身,换了件汗衫,就到小客厅同来汇报的同志谈了起来。并说:"今天虽然累一点,但很有收获,看到了我们南方富饶的热带风光。"然后又问起著名的植物学家蔡希陶教授,并提出希望见见他。

按照日程安排,首先是观看放高升(外宾未参加)。放高升是景洪市各族人民庆祝傣族新年的一项独特的活动。14日一大早,接待部门就给我们送来了十多套大小不一的傣族男女服装,并教给我们怎么穿。傣族服装的特点是"帽无顶(指缠头巾),衣无领,裤无裆(过去不分男女都穿筒裙),鞋无帮(指拖鞋)"。早饭后,召存信州长赶来帮周恩来总理缠上头巾,穿上傣服,在刘明辉副省长的陪同下到澜沧江岸去看放高升。

所谓高升,就是在毛竹根部的一节上钻个孔,装上火药。放高升,就是将毛竹根部架高,点燃后借助火药的推动力,将毛竹送向澜沧江对岸。

我们赶到后,在欢声笑语中,只听一声令下,一些傣族青年便开始点燃药捻,不一会儿噼噼啪啪一阵爆裂声,一支支高升,迎着朝阳射向澜沧江对岸。周恩来总理边看边说:"这和火箭的原理一样，是我们祖先的创造发明。"

接下来是观看丢香包和对歌。丢香包和对歌是傣族的传统，也是傣族青年谈情说爱的一种独特的形式。每逢节日，他们便聚集在一起，互相丢香包、对歌，表示自己的爱慕。我们走到江岸他们丢香包、对歌的地方，一大群男女青年手举鲜花立即围了过来，手拉着手，围着周恩来总理和刘明辉副省长等人边舞边唱。周恩来总理对象脚鼓非常感兴趣，他向身旁一位傣族青年要过象脚鼓，背在身上，和大家一起跳舞。我也手举鲜花，边学着跳，边跟在周总理身后。许是由于周总理参加的缘故，他们跳得唱得非常起劲。

参加完这个节目，我们便又赶到吴努总理的住处，陪吴努总理和夫人去热带植物科学研究所参观。9时半，我们赶到研究所。研究所的全体员工已在我们参观的路上，铺了一层厚厚的相思树叶，踩上去软绵绵的，就像踩在地毯上。在研究所，我们听了石明辉所长的介绍后，参观了热带植物标本园，油棕园和一、二、三号橡胶园。在参观橡胶园时，又看到了白蚁窝。周恩来总理再次问白蚁对橡胶树有没有危害，所长的回答与刘明辉副省长的回答一样，仍未解开周总理心中的疑团。植物学家蔡希陶教授因在别处工作，周恩来总理仍未见到，他带着惋惜的心情说："以后有机会我还要来。"

中午，省、州领导和植物研究所的专家们一起用餐。吃饭中间，了解到此地还有个老橡胶园，周恩来总理提出利用外宾午休的时间去看看。中央警卫局副局长李福坤和省公安厅的同志立即做了布置。

老橡胶园在景洪市近郊，离研究所不远，饭后我们便去了老橡胶园。这时，蔡希陶教授已被接到老橡胶园，周恩来总理见了非常高兴。寒暄了几句，蔡教授领着周总理边参观边介绍橡胶树生长、割胶、出胶的情况。周总理听得津津有味，并不

1961年4月14日周恩来与缅甸总理吴努参观云南亚热带植物所时提出一些问题。当看到此处也有白蚁窝时，周总理又问蔡教授：白蚁对橡胶树到底有没有危害，危害的程度如何？蔡教授回答："在一般情况下，白蚁只吃树干外面坏死的部分，不吃活的组织。但如果把树干外面的保护层吃光了，活的组织就会暴露出来，遇到寒冷或干热不利的天气，也会变坏。"周恩来总理听了满意地说:"还是蔡教授讲得在理。我问过几次,都说在一般情况下没有危害,现在知道了还是有影响的。"

时值中午,又是高温干旱季节,我们在橡胶林里走了一会儿,衣服就被汗水溻湿了。胶林里临时摆了两个茶几和几个小凳,我们便坐下来休息。因省、州、农场的领导都在场,周恩来总理便讲起了种植橡胶的重要意义。他说:橡胶是国防建设、经济建设和人民生活不可缺少的物资。大家想一想,全国每人穿一双胶鞋,这需要多少橡胶?现在我们要大量进口橡胶。你们要利用地理优势,大力发展橡胶种植业。光靠国营农场还不够,还要发动群众,帮助群众种植。只有多种橡胶树,多出好胶,才能满足国家和人民的需要。其次是开荒,不能滥伐森林,乱开荒,多少年后美丽的西双版纳就会变成沙漠。并举了外国乱砍滥伐造成恶果的例子。然后说:如果我们也那样做,我们就会成为历史的罪人。

接着,谈话的主题由大力发展橡胶业转到搞好民族团结上。

我随周总理到云南近 20 次,每次都听到和看到他对少数民族的关切。记得我随周总理来云南,在去石林游览的路上,就曾问起少数民族的现状。当省领导谈到少数民族总的状况是好的,但也还有个别民族住在高山上,还怕汉人,不敢下山,仍过着刀耕火种的生活,连做饭用的铁锅也没有时,他心情很沉重,很严肃地批评云南省领导:到现在还有个别民族怕汉人不敢下山来,这说明你们的工作没有做好。为什么不派少数民族干部上山去做工作,请他们下山来?他们没有铁锅做饭,给他们送去嘛!接着谈起少数民族怕汉人的历史根源,他说:在历史上是我们的祖先把他们赶到了山上……现在汉族占全国人口的百分之八十,生活在占全国面积百分之三十的土地上,而少数民族只占全国人口的百分之二十,却生活在百分之七十的大漠、荒山和野林中。主要矿藏也都在少数民族地区。没有全国各民族的团结,就不可能有社会主义的建设……现在我们兴旺发达了,过上了好日子,但不能忘记历史。我们要代我们的祖先向他们赔罪,要帮助他们,让他们过上和我们同等水平的生活。同时提出:要帮助他们提高文化。没有文字的要帮助他们整理出自己的语言文字;要办好民族学院,大力培养少数民族干部。在石林参观,当看到印有少数民族文字的说明书时,他高兴地说:这样做好,如有可能,还可多印几种少数民族文字。

这次,周恩来总理又谈了很多,直到我们第三次催促,他才离开老橡胶园,去陪吴努总理及夫人观看龙舟比赛。

我们赶到澜沧江边,吴努总理和夫人早已到场。主持人见周恩来总理到了,便简单汇报了一下情况,把会旗一挥,一声令下,龙舟上身穿彩衣的大汉,在鼓声中,喊着"一、二""一、二"的号子,挥着船桨,争相前进。成千上万的观众也拍着巴掌,大声为他们加油。其盛况简直难以用笔墨形容。比赛结束后,两国总理和刘明辉副省长分别给优胜者发了奖。

晚上,自治州州长召存信代表州人民委员会设宴招待吴努总理和夫人。其中有两道菜:蚂蚁蛋和青苔,我们从未吃过,怕给外宾和周总理吃了会引起不良反应,没有敢让厨师上。现在回想起来,辜负了主人的一番厚意,实感遗憾。

按访问日程安排,最后一个项目是泼水节。这是傣族欢度新年的最主要的一项活动,也是周恩来总理、陈毅副总理邀请吴努总理和夫人来休假的最主要的活动内容。它比放高升、龙舟比赛更热闹,更富有群众性。在这一活动中,除了和尚外,无论男女老幼都可参加,也是傣族青年男女求偶的最好时机。

15日早饭后,我们第二次穿起了傣族服装。先在住地与吴努总理接见了自治州的佛教界人士,并同他们合影留念。约在10点多钟的时候,我们在省、自治州领导的陪同下,来到市中心广场，首先观看了有关的文艺演出，接着泼水节便开始了。州里的工作人员给了我们每人一个银盆。周恩来总理和吴努总理及夫人，还有我们这些陪同人员，一起走下主席台，和群众打起了水仗。

我随周恩来总理去缅甸访问时，曾两次参加过缅甸人民的泼水节，对泼水节有所了解，知道把水泼到身上是最吉祥的。自治州的同志怕群众把周恩来总理身上泼得太湿，递给我一把雨伞，要我必要的时候给周总理挡一挡，但遭到了周总理的反对。

水越泼越凶，我就采取了在缅甸泼水节的做法，变被动为主动，见来人多时就把我手中的盆交给对方，并把对方的盆夺过来回敬对方。吴努总理一面不停地将水泼向欢腾的人群，一面用傣语向傣族人民祝福和对新年表示祝贺，把缅甸人民的情谊带给傣族人民。周恩来总理也一边向群众泼水，一边祝大家节日好，新年快乐，把党和政府的温暖送到各族人民的心里。气氛非常热烈。事后，不少傣族群众反映，这是从他们记事以来，过得最好的一次泼水节。

吴努总理和他夫人及子女，这次到云南休假，一共呆了10天。通过这10天的活动，进一步增强了中缅两国人民的友谊。

向楼外楼厨师道歉

杭州是江南的富庶之地、丝绸之乡，市面繁华，又有西湖游览胜地，有"上有天堂，下有苏杭"的美誉。4月，北京乍暖还寒，树木还是光秃秃的，杭州早已树木葱茏，繁花似锦。

1957年4月25日，苏联部长会议主席伏罗希洛夫在访华期间，到杭州参观游览，周总理乘专机到杭州陪同。当天上午，周总理和浙江省委领导人陪同伏罗希洛夫参观梅家坞茶场，观看了茶厂工人如何炒茶、制茶，闻名于世的西湖龙井茶就是梅家坞茶场炒制出来的。

下午陪同伏罗希洛夫游览了西湖，看了苏堤、三潭印月等有名的景观，西湖之美、之奇，令客人赞不绝口。之后又参观了锦生丝织厂。杭州丝绸闻名天下，苏联人特别是贵妇人非常喜欢丝绸，以拥有几件绸缎衣服而自豪。苏联客人虽见过或拥有丝绸衣物，却想象不出丝绸上的花是怎样织出来的，所以在车间看了又看，问了又问，可说是大开了眼界。晚上，周总理又陪同伏罗希洛夫出席了浙江省长沙汉为苏联客人举行的欢迎宴会。

第一天的行程都很顺利，第二天却出了岔子。第二天中午，杭州市长吴宪在楼外楼设便宴招待伏罗希洛夫。宴会上有西湖醋鱼、醉虾等菜肴。周总理在吃糖醋丸子时，从嘴里吐出一块小硬片，总理什么也没说，招手叫过服务员，悄悄放在服务员的手里。服务员拿着硬片忙到厨房里告诉了厨师。

总理在宴会的菜里吃出了异物，这可不是小事情，幸亏是总理吃出来的，要是让伏罗希洛夫吃到，会造成不良政治影响。厨师们顿时紧张起来。他们择菜、洗菜、切菜一向谨慎小心，恐怕出错，这次不知怎么竟有小硬片混进丸子里。他们拿着小硬片左看右看，像是金属片，但是谁也弄不清楚这金属片是从哪里来的，又是干什么用的。

当天，杭州市警卫处的同志告诉我，小金属片不知是谁的牙上掉下来的。我在飞机上报告了总理，总理一听是做假牙用的金属片引起了注意，马上摸了摸自己的假牙。回京后，总理立即去北大医院做检查。经牙科检查，总理镶假牙的金属片少了一小块。很显然，周总理在杭州楼外楼吃到的那块小金属片，是从自己假牙上掉下来的，与楼外楼厨师无关。

总理当即要我打电话给浙江省公安厅说明情况，并代他向杭州楼外楼的厨师道歉。后来周总理又一次去杭州，专门到楼外楼自己掏钱要了一桌酒菜，宴请楼外楼的师傅，并亲自给师傅们敬酒致歉说，实在对不起，委屈你们了。楼外楼的师傅们见周总理如此对待他们，内心的感动难以言表，也频频举杯回敬总理，并祝总理健康长寿。

陈毅副总理请客

那是1957年夏秋之交的一个星期天上午10点多钟，周总理在院子里散步，走到西花厅前院，好像想起什么急事要办，突然说要去看陈老总，而且说走就要走，正好在库房前叫上司机老杨开车就走了，也没通知陈老总。当时陈老总住在东交民巷17号。周总理到后，陈老总的夫人张茜没在家。周总理和陈老总两人进屋谈了很长时间，陈老总送总理出门时一看表，已经12点多了。陈老总临时动议，对总理说："今天我请客，请你吃包子。松鹤楼的包子不错，我有时也买包子吃。"两人边说边向松鹤楼走去。松鹤楼在台基厂中间路东，离陈老总的住处不到200米。从陈老总家出来，沿东交民巷往东走，到了台基厂十字路口，再往北一拐弯走不足百米就到了松鹤楼。

松鹤楼是一所经过改造的古色古香的中式建筑。进了松鹤楼，有两个学生模样的青年正在吃包子。两个人见进来的是陈老总和周总理，都惊喜地站了起来，我连忙摆了摆手让他们坐下，两个学生包子也不吃了，边看两位首长边议论。松鹤楼的服务员和老板见陈老总和周总理来了，也很惊奇，便走过来和总理、老总打招呼并问："想吃点什么？"陈老总说："想吃你们的包子。"并点了两样小菜。我记得其中有一盘是花生米，还要了酸辣汤。两人边吃边谈。

我在青年人旁边坐下。不一会儿司机老杨进来了，我小声告诉老杨，要他去给警卫局值班室打电话说："临时决定，成元功在松鹤楼吃包子。"这是我们定下的暗语，说我在松鹤楼，他们就知道周总理也在松鹤楼,他们好布置现场警卫。老杨回来后,我们也要了两盘包子和汤。正吃着,又进来一男一女两个青年人,一进门看见总理和陈老总就愣住了,马上向总理和陈老总问好,并和他们握手。我示意他们到我这边来,便于总理和陈老总谈话。四个年轻人都非常高兴,先来的两个人也想去和两位首长握手,并提出要请他们签名。我说:"不行!他们正在谈工作,不能去打搅他们,等他们走的时候你们可以去握握手。"两个学生很听话,我和他们坐在一起吃包子。记得我曾问过他们是哪个学校的,其中有一个说是交大的。

周总理和陈老总边吃边谈,吃得较慢,我们这边几个人都吃完了,他们还在吃。等他们快吃完时,我见陈老总穿的是短袖衫,好像没带钱,我便去结了账。陈老总见我结了账,就幽默地说了一句:"这倒好,我请客,你付钱。"大家听了都笑起来。结完账,四个年轻人都拥上去与周总理、陈老总握手、问好。总理问了学生们的学习、生活情况,鼓励他们要好好学习。陈老总接着说:"机不可失,时不再来呦。"周总理和陈老总又和老板及服务员握手致谢并告别。在学生、职工们热烈的掌声中,我们离开了松鹤楼。

事情虽已过去多年,但令我感触很深的是当时的社会治安非常好,中央领导人无论去哪里,不必过多地担心安全问题。再就是两位领导人生活简朴,吃饭随意,包子、小菜……与老百姓没有什么区别。他们密切联系群众,群众也拥护爱戴他们。我感受到的是他们与群众间的浓浓亲情。周总理和陈毅副总理的友情从20世纪20年代在法国勤工俭学就开始了。记得在1948年5月,当时正是解放战争期间,周总理当时在平山县西柏坡。陈老总托主管后勤工作的杨立三同志从前方给周总理(当时是军委副主席)带来一封信,并带来一台从战场上缴获的美国最新式的收音机。陈老总在信中除谈工作之外,还幽默地说："……你们有电灯，可以用电把它开动起来，听听广播。两夫妇还可以在屋内跳跳舞……"另外，1954年陈老总从上海调北京来中央工作时，为欢迎他，周总理亲自与厨师商定菜谱。因为陈老总是四川人，记得总理定了三样家乡菜：一个汤包，一个干丝汤和辣子炒鸡丁，并交代厨师做一些四川人爱吃的辣味菜……还有一次是在1955年4月参加第一次亚非会议期间，当时收到一个国民党暗杀队反正过来的队员写的情报，说国民党组织了一个28人的特务军官暗杀队，要在会议期间暗杀周总理和代表团成员。陈老总看后气愤地说："娘的，还要搞暗杀！杨奇清（时任公安部副部长、代表团顾问），你马上召开全体人员会议，人人都要做警卫工作，我也是总理的警卫员！"

周总理和陈毅副总理不光是在工作上相互配合，相互支持，就是在生活方面也是相互尊重、相互关心照顾，让我感受到他们的友情是同志情、战友情、革命情。

周总理与北京的远景规划

周总理非常关心北京市的市政建设，对市政建设曾经作过许多指示。这里我要讲的，是1957年前后周总理在审查北京市远景规划时的几点指示。

当时我正在周总理身边工作。记得1957年前后，北京市城建部门制作了一个北京市建设远景规划模型，送到中南海西花厅，放在西侧，请周总理审查。

有一天，周总理处理完手头的其他公务，便把有关同志找来，一起边看模型，边讲他对北京市远景规划的意见。他说，他原则上同意北京市的规划，即：

一、以北京旧城周围和两条街（一条是东西长安街；另一条是从朝阳门至阜成门）为中心。

二、关于规划中的国务院大楼，他说，在他的任期内不建国务院办公大楼，但可以留一块地皮。他指了一下模型中府右街以西，灵境胡同以北的位置说，就在这个地方。大概是他考虑到这里离中南海近，把国务院大楼建在这里，便于工作。

三、在建办公楼的同时，要在楼后建好职工的生活区，这样，有利于工作，也便于生活。尽量减少在东城工作的住西城，或在西城工作的住东城……

四、北京是古城，在故宫周围不宜建高层办公楼。并说，人民英雄纪念碑就没有超过天安门和箭楼。在一定的区域外，可逐步增高。

五、要在东、西各留一片有代表性的四合院，留给后代。

周恩来总理向有关同志谈完自己的几点想法，然后说，这些只是我个人的意见，最后还要报国务院和党中央批准，才能定案。

1960年1月29日周恩来审查北京市东西长安街建设规划设计模型

周恩来总理谈坐飞机历险记

上世纪五六十年代，为了世界和平，冲破帝国主义、霸权主义对新中国的封锁，周总理多次率代表团乘专机参加国际会议，被邀请访问亚、非及东欧等 30 几个国家。有的国家多次邀请访问，出访累计达 70 多次。与亚、非及东欧政府首脑及人民结下了深厚的友谊，提高了中国在世界上的地位，至 1965 年 7 月，已有 52 个国家和地区与中国建立了外交关系[①]。

1965 年以前，由于帝国主义的封锁，出访时一般乘坐的飞机是小型飞机。当时技术条件也落后，小飞机遇到坏气候不能飞越，风险就比较大。有时是租用别国的飞机，如 1963 年底至 1964 年春，出访亚、非、东欧 14 国，历时 72 天，行程 10.8 万里，就是租用荷兰皇家航空公司的飞机。

周总理乘飞机多次历险。但每次遇险周总理都很沉着冷静，给了机长和驾驶员极大的支持和鼓励，所以每次都能化险为夷。

周总理谈三次乘飞机历险

1958 年 2 月 14 日至 21 日，周总理率党政代表团访问朝鲜民主主义人民共和国。代表团成员有陈毅副总理、张闻天副外

---

① 根据外交部"文革前同各国建交日期表"。

长、粟裕大将和我驻朝鲜大使乔晓光。这次访问主要是谈判中国人民志愿军撤军回国的问题。在访问期间，受到了朝鲜党政军最高领导和人民的热烈欢迎。代表团还参观了朝鲜的工厂、农业合作社、朝鲜人民军前沿阵地和人民军总部。还视察了我志愿军前沿阵地，在志愿军总部与官兵进行了联欢。在参观过程中，大都由金日成首相亲自陪同，每到一地都受到最热烈的款待和欢迎。

2月20日，代表团结束了对朝鲜的访问。21日乘我民航伊尔—14专机回国。当时专机飞行航线规定是平壤—大连—沈阳—北京。但当专机飞离朝鲜进入我国丹东上空时，机长突然接到电报，说沈阳地区天气很坏，云雾弥漫，无法穿行，要专机在大连降落。待云雾过后，再飞经沈阳回到北京。

由于专机在大连是临时降落，大连机场毫无准备，又时值寒冬，天气很冷。周总理、陈毅副总理和代表团成员只好在机场候机大厅里等候。这时总理指示随行的中央警卫局副局长李福坤和大连铁路局联系，临时组织了一趟小专列，准备乘火车回北京。

在等候组织小专列期间，周总理和陈毅副总理在候机大厅里边谈话边浏览大厅里悬挂的图表。当看到大连飞往各地的航线图表时，上面标有大连经海上直飞北京的航线，票价比乘火车还便宜，周总理说，这倒是个新鲜事。陈老总半开玩笑地说，总理，你下一道命令，咱们从海上直飞北京，就不必绕沈阳了。周总理说，那可不行，我们既然坐飞机，就要听机长的。你一慌就会给机长增加思想负担。这时，你要听取他们的意见，信任他们，支持他们，因为他们的命运是和你连在一起的。接着，总理向陈毅副总理谈起了他过去三次乘飞机遇险的经历。

总理说：一次是在1936年底，西安事变后，我和叶帅

（叶剑英）乘一架小型教练机，从西安回延安，向党中央、毛主席汇报和请示工作。从西安起飞后，按照飞行时间计算早该到延安了，可是驾驶员却找不到延安在哪里？这时驾驶员拿着地图问我怎么办？我从机舱窗口往下看了看，只见下面白茫茫的一片荒漠，很显然是教练机偏离了航线，早已飞过了延安。我指着地图说，这里是定边地区，延安在东南方向。你看看现在在哪里？延安在哪里？找准方向就会到延安了。驾驶员按照我指的方向很快就到达延安了。

第二次是1937年初，我一个人乘坐一架小飞机从西安回延安，向中央请示汇报工作。飞机起飞后，按照飞行时间计算早该到延安了，但驾驶员找不到延安在哪里，问我怎么办？我从机舱窗口往下看，只见下面都是高山和森林，我也不知道下面是什么地方。我告诉驾驶员说，你怎么飞来的再按原路返回西安，加油后，从西安一直向北飞就行了。果然，飞机再次起飞后，顺利到达延安。（总理这两次历险，我们从未听说过，这是周总理第一次讲他乘飞机历险。）

第三次是最危险的一次，1946年1月30日，从西安飞重庆，乘坐的是一架美国小型运输机，驾驶员也是美国人。我是为赶去参加1月31日政协协议签字仪式及闭幕式。上午9时，从西安起飞后快到秦岭时，下起了雨夹雪。因气候寒冷，飞机上严重结冰。为了减轻飞机重量，机长建议，为了安全，要把所带物品全部甩掉，我同意了。一名驾驶员打开机舱门，把所有带的东西都扔下去。我们带的两箱国统区流通的纸币也扔掉了。几分钟后，机长要我们每人都背上降落伞，以防万一。继续飞行几分钟后，飞机结冰更加严重，危险性越来越大。机长建议返回西安，下午再飞重庆。为了安全，我同意了机长的建议。

下午2时，起飞前我建议飞机起飞后在西安上空盘旋拔高到 5000 米以上再飞越秦岭。机长同意我的意见,结果顺利地飞越了秦岭。按当时的航线经成都加油后,再飞重庆。从成都起飞时已是傍晚,到达重庆上空的时候,天已黑了,又遇上了下雨及大雾的天气,当时飞机不好降落。第一次降落没有成功。第二次降落时,已看到了机场跑道的灯光,还是没有降落成功。这时机长对我说,指挥台要我们返回成都,明天上午再飞重庆。我对机长说,第二次降落已看到了机场跑道的灯光,我相信你的技术,今天一定能够安全降落!机长没说话,回到驾驶室,第三次果然降落成功了[①]。

  周总理的话没讲完,这时李福坤副局长来报告,说小专列已组成,可以走了。总理说,好吧,我们今天就坐火车回北京吧。当天我们在沈阳过的夜。22 日上午,坐专列回到了北京。

[①] 详情见《周恩来历险纪实》143 页,中央文献出版社 1994 年 3 月第一版。

忆周总理一次火热的调查
——1958 年 7 月在广东、上海

1958 年对周总理来说，是不寻常的一年。一是毛主席从 1 月初在杭州、1 月中旬在南宁、3 月份在成都，批判总理反冒进，同时很多工作也不让他做了。后又在北京多次严厉、错误地批判周恩来的反冒进。周恩来总理为顾全大局，保护同志，主动承担责任，违心的多次作了检讨。直至 5 月在京召开的八大二次扩大的会议上和陈云同志再次作了深刻检查才算过关。二是当时心情压抑而又头脑清醒的周恩来总理更加严于律己，言行处事也更为谨慎。总理曾在国务院全体会上说过："在这种意义上说，我现在才知道，左比右好。""我要夹着尾巴做人。"三是轻车简从，坚持以普通劳动者身份出现，连他批准的主要领导人安装专线电话、机要通讯送文件及外出等有关规定都没有了。他多次外出只带一个卫士，有时连秘书、医护人员都不让去。

1958 年是周恩来总理深入基层调查研究最多的一年。他的足迹走遍了大江南北。他到过长江三峡、黄河三门峡、广东、上海、官厅水库、十三陵水库、密云水库，对 1959 年十大建筑的有关场地从勘探、设计到工程奠基，总理曾带一个警卫员去了五次。

行前准备工作

　　1958年6月下旬的一天上午,邓大姐要我陪她在院内散步,说有事要告诉我。她边走边说:"恩来月底要去广东、上海下基层做调查研究,时间大约20天左右。还可能到农村去吃住。"我没等她说完就插话说:"大姐,这个时候广东可不能去!"她问:"为什么不能去?"我说:"1954年日内瓦会议中间访问印度、缅甸后,当时也是6月底,我们到广州热得吃不下饭,只能吃水果。结果多数人得了急性肠炎,16个人有12个人住进了医院。医生没住院,我为周医生打针。"邓大姐打断我的话说:"他这次去是有任务的。"什么任务她没说,又说:"办公室秘书、医生、护士和警卫局都不去人,只有罗青长同志、你和赵行杰三个人去,还去什么人没有定。现在还有几天时间,你要想想住在农村没有电灯怎么办?蚊子多怎么办?主要是照明问题,你要早做准备。"听了大姐一番话,我意识到这次调查的安全保卫工作不同以往,感到心中无底,压力很大。

　　回到办公室,我打电话给警卫局分管总理的李福坤副局长,说有急事向他汇报。他同意后,我骑自行车到警卫局后,把邓大姐讲的原原本本向李副局长作了汇报。他听后感到很惊奇,听了片刻说:"他老人家要求自己太严了。"他也清楚总理当时的处境,说:"这样吧,我打电话要省公安厅来人,把任务交给省厅好了,别无办法。"后来广东省苏汉华副厅长来北京接受的任务。

　　我和卫士赵行杰对这次外出时间长、天气热,连警卫局、医生、护士都不让去,虽然感到纳闷不解,但也只能服从了。

我先让医生准备了一些常用药品,再想办法解决照明问题。开始想用三节电池的大手电筒当灯用。但一试大电筒开时间长了发热,电池流汤,不成。我向电话局39局的彭润田局长要了两节老式电话用的大电池,国务院木工韩师傅按照电池大小做了个小木箱。根据别人自制台灯的式样,我从商店买零件自己加工组装成一个挺漂亮实用的台灯,上边安装了三个开关,高可放在木箱上,低可直接放在地上,起名叫"空气电池灯"。总理和大姐看了很满意,说这是一个小发明。

去广东

6月30日,我们乘伊尔—18专机到达广州。广东省委派赵紫阳到机场迎接。下午省委全体领导陶铸、陈郁、赵紫阳来看总理,谈下乡的有关问题,并与地区负责人一起向总理汇报情况。公安厅副厅长苏汉华也来了。他与总理见面后,向我通报了这次下乡警卫工作的安排。他告诉我,他从北京回来后就向省厅领导做了汇报,经研究决定由他负责,成立以省、地、县公安干部组成的10人警卫组。以厅领导、县干部为主负责总理驻地及活动现场的安全警卫工作。生活上派了一名熟悉总理生活习惯的厨师去新会为总理做饭。我听后心中有了些底数,悬着的心才放了下来。

去新会

7月1日上午,我们6个人乘一辆敞篷吉普车赴新会县做基层调查。周总理不让省领导陪同,就由省农村工作部、省公安厅和地区几个同志乘另一辆吉普同行送我们到新会。当时广州至新会全是土路，路面凹凸不平，车子一过尘土飞扬。路上要过一条通海的河，没有桥，所以要过三次摆渡。每到一个渡口，就看到两岸都排队等着摆渡的人，自行车、马车也排着长龙。每次都是经省公安厅出面交涉让我们优先摆渡的。从总理的表情上看出总理内心很不安。一直到下午两点多才到达新会县，受到了县委、县政府领导的欢迎。

新会县当时是全国闻名的生产、卫生模范县。5月份在北京召开的八大二次会议上，曾邀请新会县县委书记党向民参加，并在大会上作了典型经验介绍。他们的经验受到了党中央、毛主席的重视。

我们到达县委和前来迎接的县领导见面后，走过一个大会议室，看到一个笔直的楼梯把小楼一分为二。我们来到楼梯右侧的小会议室。县委县政府领导同时也来到小会议室。大家坐好后，总理首先说："我受毛主席的委托，来看望大家，来向你们学习，向新会人民学习。"

午饭后大家回到小会议室，党向民书记关心总理健康，问总理："总理坐了一上午的车很累了，要不要到招待所休息一下？"总理说不用了。又问这房子谁在用？党向民回答是他的办公室和休息的地方。总理说："好，我就住这里。"总理接着说："我是来新会学习的，来这里学习，和你们一样到乡里去，到社里去，到街道去。我是你们中间的一员，我们都是普通劳动者，不要什么特殊照顾，不要特殊招待，不要使我在生活上、工作上与群众有距离，不要迎接，不要很多人跟随，就用一辆吉普车，不要公家请客，不要到外面去住，这里就很好嘛。与县委同志们住在一起工作方便。"县委同志汇报调研安排情况时，我坐在门口听，主要关注两个问题：一是住什么地方；一是下基层住不住农民家，什么时候去。当我听到就在这里住后，马上起身告诉赵行杰做好住宿的准备。

接着党书记汇报县里的工作，谈县委为落实八大的路线、方针、政策，广泛发动群众，大搞农田基本建设，开展科学实验活动，积极推广先进科学技术。县委提出四变的口号，即"稻田变谷仓，河流变鱼塘，荒山变果山，农村变花园"。在县委带领全县人民的努力下，这个规划正在逐步实现，水稻已由解放初期的亩产150公斤增产到400多公斤。县办工业也从无到有，从小变大，飞速发展，制造出了全省第一台手扶拖拉机……听到新会的变化，总理欣慰地笑了。

吃晚饭时，饭菜花样比较多，这引起了总理的注意。总理问党书记："你们平时也是吃这样的饭菜吗？"党书记答："总理和省地的同志来了，我们应当招待一下。"总理说："以后和大家吃一样的饭菜，不准搞两样饭菜。"

厨房就在食堂对面。饭后总理来到厨房和厨师同志一一握手问候时，发现有一位厨师是省里专为总理来新会临时派来的，总理一定要广州来的师傅回去。新会的师傅说："总理，我不会做小灶菜，只会做大锅菜呀。"总理说："我就喜欢吃大锅菜。"后来的一个星期里，总理和大家吃一样的大锅菜。

调查第一天。7月2日早饭后，周总理在党书记等同志的陪同下，乘车前往县城北角的圭峰农场视察。当时，县直机关350多名干部，响应党中央关于干部下放劳动锻炼的号召，在这个农场，一边参加圭峰山的建设，一边学习文化理论知识。8时10分，周总理乘坐吉普车抵达农场办公楼前。周总理第一个走下车，手拿草帽，身穿旧裤布鞋，亲切地走上前与30多名干部学员握手问好。

在办公楼稍坐片刻，茶也没喝，总理便走到办公楼顶平台上，一面观看农场景貌，一面询问农场情况。接着走下办公楼平台，在有关人员陪同下察看农场的生产。他顶着烈日，上高

山，下沟壑，步行两个多小时，看了荔枝园、菠萝山、养猪场、职工宿舍。他边看边问，详细了解了农场的生产经营情况。在视察中，他十分关心干部学员的思想、工作、生活。一路上，他不时停下来与干部学员交谈。他问干部学员，下放劳动思想通不通？劳动辛苦不辛苦？学习安排了哪些课程？工资收入多少？一天吃几餐饭？一餐饭花多少钱？能否吃上猪肉等等。在简陋的茅棚宿舍，总理看见患病卧床的学员叶鹏飞，便走近床边，用手抚摸叶鹏飞的前额，亲切地问："得了什么病？请医生了没有？现在感觉怎么样？"并叮嘱病人好好休息，早日恢复健康。叶鹏飞听了感动得热泪盈眶。周总理如此真诚的关心、深入细致的调查、平易近人的作风，使在场的干部学员深受感动，有的禁不住流下了激动的眼泪。

上午10点半，周总理来到农场食堂，正在附近地里和山上劳动的干部学员闻讯纷纷赶来，把总理围在中间。一时间掌声笑声响彻在食堂。总理笑着对大家说："你们这么多人，怎么谈呀？"这时，农场干部端来一盘菠萝，请总理品尝他们的劳动果实。总理说："大家的劳动果实大家一起品尝！"看见大家都不吃，总理风趣地说："好好好，派代表吃。"说着他用牙签叉起一块菠萝先给一位女学员，说："你代表女同志。"接着，又叉起一块给一位男学员，说："你代表男同志。"然后叉起一块自己品尝。紧接着，座谈会开始了。一位学员说，我们单位还没有正式名称，请总理给起个名吧！在场的干部学员热烈鼓掌要求总理提名，总理欣然答应，在饭桌上铺开学员送来的八开白纸，提起笔，思考了一下，问大家："怎样写好？"有的说叫圭峰农场，也有的说叫劳动大学。总理说："还是叫劳动大学好，办一所抗大式的劳动大学。"又问："是写圭峰劳动大学还是写新会劳动大学？"大家说："新会，新会。"于是总理挥毫写下了"新会劳动大学"几个苍劲有力的大字。总理的民主作风感染了在场的干部学员,他们又要求总理签名。总理谦虚地说:"不用啦。"大家一再要求,总理便说:"那好,我另写一个,你们贴在墙上。"于是又挥毫写下了"工农结合,城乡结合,体力劳动与脑力劳动结合"的题词,落款写上名字和日期。

临别时,总理勉励干部学员"要以延安抗大为榜样,发扬自力更生、艰苦奋斗的优良传统,一面学习,一面劳动,坚持三个结合,为实现共产主义创造条件。"

乘吉普车回到驻地时快1点了。由于总理坐的吉普车前面座位是皮座,裤子都被汗水湿透了,两只胳膊晒得通红。我们也是个个汗流浃背。走进大会议室见饭菜都已经摆好了。一位厨师手拿芭蕉扇正在那里驱赶苍蝇。我们建议先冲个凉再吃饭,总理同意了。上楼来到住房,我和赵行杰一人帮总理冲凉,一人将换下的衣服洗好,然后才下楼吃饭。饭后喝了杯茶,连午觉都没睡,又开始了下午的活动。临走时总理对我说,你把咱们带来的空气电池灯也带上,我们用不着了,送人吧。

下午乘车前往大泽区五和乡第二农业合作社。视察前,正在新会检查工作的省地领导,要求陪总理下乡。县委为此安排了两辆吉普车,总理不同意,再次重申要轻车简从,只能开一辆。县委负责人解释说,一辆吉普车坐不下几个人。总理说,坐不下可以再少一点人嘛。县委只好按照总理的吩咐,一方面尽量减少陪同人员,一方面叫随行人员挤着坐。开车时,总理叫工作人员搬来一张小木凳,放在车厢中间,自己笑呵呵地坐上去。

吉普车经过半个多小时的颠簸,途经第二农业社毗邻的五和农场,停在五和农场的大门口。总理走下车,称赞这里风景很好,亲切地与在此迎候的农场负责人陈述、李隆以及五和二

社主任钟丁财等握手。由于天气炎热，农场干部在门口大树下摆好一张乒乓球桌和几张木椅，请总理在这里休息和听汇报。

五和农场原来是一所劳改农场，1955年改为地方国营农场，以种水稻、花生、木薯和养猪为主，兼种植柑橘、荔枝、菠萝等。总理与农场干部座谈，询问了农场人员结构、生产经营投入收支等情况。农场干部汇报农场近两年收支情况后，总理计算着，高兴地称赞说："去年收支平衡，今年一下子有上万元收入，不错嘛！"

总理准备离开农场时，恰逢县农业局柑橘技术员陈如銮喷施农药回来。党书记向总理介绍说："她是柑橘技术员，是潮州来的。"陈如銮见到总理，十分激动，连声说："总理好！"总理和蔼可亲地握着陈如銮的手说："你是潮州来的。我也到过潮州，不过是30年前了，那是大革命时期，那里是革命根据地。现在我还会讲几句潮州话。"说着拿起茶杯斟满茶，递给陈如銮，用潮州话说："摘爹摘爹（喝茶）。"总理关切地问陈如銮什么时候来的新会，生活习惯不习惯，并勉励她好好学习，搞好生产。接着，总理问党向民会不会讲广东话。党向民回答说："会听，不会讲。"

总理乘车来到五和二社门口。一下车对党向民说，请你把周汉华接来。访问周汉华是总理今天下午的主题。随后步行一边走一边听社主任钟丁财介绍社里的情况。总理见村里很清洁，称赞这里的卫生搞得好。在社委会，总理与30多名社委干部、群众亲切交谈，详细询问了土地面积、粮食产量、收益分配、社员家庭副业等情况。

当时，正是"大跃进"的初始阶段，以高指标、瞎指挥、浮夸风和"共产风"为主要特点的"左"倾错误日益严重。身为政府总理为抑制这种错误倾向的泛滥，进行了不懈的努力。尽管在党的会议上为顾全大局，多次对反冒进问题进行过检讨，但一接触到实际工作，他总是坚持实事求是。当年随总理视察新会的《南方日报》记者邓国庠纪录的总理与钟丁财的一段对话，就是总理实事求是的写照。

座谈会结束前，总理高兴地对社干部说："你们的合作社办得好，还要开展多种经营，增加社员收入。"

随后，总理由钟丁财引路，前往网山视察柑橘、菠萝等经济作物的生长情况。总理又问了五保户的生活情况。网山原是一座荒山，五和社的干部群众响应县委提出的"四变"号召，开荒种果，使之成为全县"荒山变果山"的典型之一。总理见到网山的柑橘、菠萝果实累累，非常高兴。钟丁财向总理汇报了改造网山的过程和发展规划。党向民也向总理汇报了全县造林绿化、开山种果的成绩。总理不停地点头，表示赞许，说："山地多，前途大有可为。你们要把山区建设成繁荣昌盛的社会主义新农村。"

结束了对五和二社的访问，下山时已是6点多钟了。调查水稻育种情况及看望农民育种家周汉华，是总理视察新会的重要内容。7月2日下午，总理一到五和二社，便通知当地干部把周汉华叫来。总理拉着周汉华上了吉普车，前往螺山。这是个只有11户人家的移民新村。村里的孩子看见总理来了，高兴的欢蹦乱跳，热烈鼓掌欢迎。总理向孩子们招手，同他们一起照相。

周汉华首先带总理到试验田里参观，向总理汇报水稻和高粱进行远缘杂交，培育了五个水稻优良品种的成果。还向总理一一介绍实验田以及开展试验的过程。总理津津有味地边听边问边看，时而站着，时而蹲下，时而弯腰仔细地用双手数水稻的株数，详细询问每个试验品种的名称、特性和培育过程。天色渐暗，周汉华怕天黑田埂不好走，请总理早点回村。总理坚持看过柑、橘、橙等试验果园才动身回村。

回到村里，夜色茫茫。总理走进周汉华家，和周汉华父母、爱人一一握手问好。总理知道周汉华有许多水稻标本放在阁楼上，就顺着木梯走上去，察看了水稻杂交良种标本。看完标本后，天已黑了。总理来到晒谷场，坐在小板凳上，拉周汉华坐在身旁的竹椅上亲切交谈。周汉华家人及邻居围着倾听。

周汉华详细汇报了培育水稻的经过和碰到的困难。总理认真地倾听着，并不时插话。当周汉华讲到采用水稻与高粱杂交时，总理笑着问："你怎么想到把水稻嫁接到高粱上的？"周汉华回答说，在进行高产试验中，经常发现禾苗倒伏，想到高粱秆比较粗硬，就决心把水稻嫁接到高粱上去进行试验。总理高兴地说："你想得很好，既然搞高粱父本和水稻杂交能成功，为什么不可以用高粱作母本和水稻杂交试一试？如果做到一穗一千粒，一颗一斤，……你到北京来，有一颗就够我请你吃一顿饭了。"

周汉华又汇报了实验过程和遇到失败的情况，说边缘杂交过去有人试验过，都没成功，但我决心搞。可是我不知道高粱什么时候开花？听到这里，总理感叹地插了一句："你读书太少了。"

周汉华继续向周总理汇报他克服种种困难，坚持试验的经过，并对因参观的人太多，把小小的一块试验田踏坏，使总理这次视察未能完全看到培育的杂交品种的原本效果，感到抱歉。总理关切地问，今天我们是第三批了？周汉华痛惜地说，高粱已踏得不能杂交了。总理焦急地对大家（在场的有党向民等）说："这怎么行呢？影响他的事业了。晚稻不要来参观了，登个报。"总理又鼓励周汉华："要继续试验，要培育下一代专家，要巩固试验成果。"

临别总理把带来的那个空气电池灯送给了周汉华，并亲自教他使用。

晚9时许，总理与周汉华及乡亲们告辞，乘吉普车返回县城。乡亲们哪里知道，这时总理还没吃晚饭呢。

河流变鱼塘是新会县县委提出的改变新会面貌的四项措施之一。在县委的安排下，一天我们的车行驶在新会最宽最长的一条柏油马路上，公路两侧都是高大的树木，茂密的枝叶像搭了天棚，在酷热难耐的时节增添了丝丝凉意。公路右侧有一条五六米宽的水渠，可能是当年修公路取土留下的。水渠池塘在珠江三角洲随处可见。我们看到水渠每隔一段，都有一用竹子编成的竹排隔断，竹排的中间有门，可以让小船通过，而门的中间有一横向的竹排可升可降。县委负责同志向总理详细介绍说，各生产队可根据自己的力量在渠里安放竹排搞养鱼场。经过几个大的池塘，远远望去，看到大池塘里有用竹排围起的池塘，都是生产队的鱼塘。看到渔业这么兴旺，总理关切地问起老百姓的生活，问副食供应怎么样？靠什么？党书记说，没多大问题，副食主要靠三禽，即鸡、鸭、鹅。根据条件，鸭、鹅有水就成。我们这里到处都是水，养上鱼，再养上鸡，所以副食不成问题。总理说，新会这里一年四季可种蔬菜，要充分利用这里的气候条件。北方不成，冬天生活单调，只有萝卜白菜。你们这里好，要进一步搞好这些副业，让老百姓的生活更丰富起来。

有一天顺便来到一所县办小学。总理从窗外看到学生们正在上课。总理悄悄从教室后边旁门走进去。老师一眼认出是周总理，有意停止讲课。总理摆手向他示意，让他继续讲课。总理找了个空位子坐下，与小学生一起听课。因为当时广播电视不像现在这么发达，所以孩子们并不认识周总理。老师讲了一阵后，激动地向同学们介绍说，这就是我们敬爱的周总理时，同学们立刻鼓起掌来。总理翻开课本问学生们听懂了没有？小学生们回答听懂了。总理鼓励他们要听毛主席的话，好好学习，天天向上，做好学生。在热烈的掌声中，总理走出了教室。

一天在参观农机厂后，出来观看县里制造的第一台手扶拖拉机的耕地表演。县委书记介绍说，这种机器可一机多用，可以犁耕，可以旋耕，可以平整土地，还可代替车子搞运输。总理一听说可以代替运输，非常高兴，因为这是总理最揪心的一件事。

在新会每天可以见到老百姓用竹子把平板车加长，变成排子车用来拉东西。运的物资垒得高高的，码了两米多长，一人在前面拉，另一人在后面推。看到两个人沉重地弯着腰，喊着号子，费力艰难的拉车样子，总理说太辛苦了，天太热、劳动强度太大了，一定要想办法改变这种情况。想到这些，总理问县委书记能否废除人力排子车的问题。县委书记说，目前没有钢材、没机器，还没法解决人力排子车问题，从码头运输还得靠人力解决。总理心里总是惦记这件事。回到广州后，总理专门为新会批了一批钢材，以解决排子车问题。这既是对老百姓的关心，也解决了总理心头的挂念。总理心里念念不忘群众的疾苦，走到哪里就为哪里的百姓分忧解愁，总理和老百姓心连着心。

在蚕场，我们观看了从养蚕到缫丝的过程。由于蚕怕热，看到生产队在大草棚里用竹子搭成架子，用稻草编成排，分层放蚕。工人们为通风来回拉动排子降低温度，看到这些，总理说群众的创造力是无穷的。

总理还看了农民们在地里插秧。

在卫生院，总理与医务人员亲切交谈，询问农民看病就医的情况。

一次参观途中，临时在船上吃饭，当时只有凉馒头、花生米，总理和大家一样吃得津津有味。

在骄阳似火、酷暑难耐的7天里，新会没有一次阴天或下雨。除了去台山一天外，每天都是上午出去下午回来，都是汗流浃背，只能先冲凉再吃饭。到了第五天，总理身上长满了痱子，背上腿上的痱子很厉害，已经无法冲澡，只能用热水擦澡。这些只有我和赵行杰知道，别人谁也不清楚。总理心里装的全是群众，唯独没有自己。

视察江门榨糖厂

当时江门还是新会县隶属的一个小镇。因为不是榨糖季节，所以厂内工人不多，只有少数维修工人在厂。厂领导带领我们参观了厂房、机器。机器是全套从波兰进口的新机器，比较先进。总理听了厂领导的汇报后，又向他们了解头一年的榨糖情况，货源能供几个月？每年能榨多长时间？出糖率多少？榨糖以后的残渣如何处理等等，问得很详细。当得知出糖率还没达到国际先进水平时，总理鼓励说，你们要发挥主观能动性，鼓足干劲，努力攻关，争取将来超过你们的老师。说到废渣、残渣的利用时，厂领导说在先进国家可以用来造纸，造纤维织成布。我们现在条件不具备，只能做建筑用的隔音板。总理惋惜地说太可惜了，将来要想办法充分利用，要赶上和超过他们。总理的视察给了全厂的干部、职工很大的鼓舞。最后总理与在场的干部、职工合影留念，记下了这珍贵的历史瞬间。

在新会的一个星期，总理就这样顶着烈日，冒着酷暑，头戴草帽，身穿短袖衫、灰布裤，每天轻车简从，深入到田间、地头、工厂、学校、卫生站、供销社、展览会……他深入到人民群众中，和工人、农民、归侨、基层干部、科技人员广泛接

触,促膝谈心。衣服被汗水浸湿了,递给他毛巾擦汗,他推开不要。他说大家都在流汗,为什么我要擦汗?没必要!几天里,他不仅白天走访、调查,晚上还要开会、研究。作为总理的随身警卫人员,对总理的不辞辛苦、深入细致、平易近人的工作作风和忘我工作的奉献精神,感受至深、铭刻在心。

在新会的几天,大家确实感到了新会在党的领导下出现的新气象,不愧为模范县。新会的街道像花园,绿树成荫,地面干干净净,没有乱扔的纸屑,人们养成了良好的卫生习惯。吃饭有单用的公筷。老人、妇女们人人手不空闲,积极修旧利废,加工副产品,做到了变废为宝,促进了集体经济的发展。如将做葵扇的下脚料中间的筋抽出来,加工做成牙签。这种牙签有韧性,不易折断,很耐用。从那时起,总理一直用这种牙签。用剩下的下脚料编成辫子,做成草帽、菜篮子、草墩子,还有的编成了各种小动物。经这么一加工成了漂亮的工艺品,琳琅满目,煞是好看。这些工艺品可出口香港,为国家赚取外汇。总之新会人民的勤劳、智慧给总理留下深刻的印象。

7日凌晨,总理为新会农机厂题写厂名后,又为废物利用工作题词:"全国工商部门在党的社会主义建设总路线的光辉照耀下,应该向新会学习,抓紧废物利用这一环节。实行收购废品,变无用为有用,扩大加工,变一用为多用,勤俭节约,变破旧为崭新。把工农商学兵连成一片,密切协作,为全面的发展生产服务,以便更好地实现勤俭建国、改造社会的任务。"写完已是凌晨两点了,总理才休息。

7日上午在新会人民礼堂,总理给全县的两千多名干部作了报告。报告既分析了国际形势的现状与发展,又谈了国内形势。同时对新会人民在党的领导下进行社会主义建设所取得的成就给予了充分的肯定,对新会县委提出的四变给予了很高的评价。总理多次称赞新会是"模范县"、"上游县"、"一类县"。

听说总理作报告，职工、群众、市民都纷纷赶来，礼堂里挤满了人，礼堂外面的群众在烈日下驻足倾听。为此临时在礼堂外拉线接了两个高音喇叭，使大家都能听到总理的声音。总理历时3个小时的报告，多次被群众的热烈掌声打断。

谢绝宴请吃便饭

7日，总理在县干部会上作了报告。临走，地区干部提出要与总理吃顿便饭。总理不同意，说："已经讲了不请客嘛！"党书记说："不是请客，是大家想见见你。"总理说："作报告时都见到了么。"党书记再次提出要求时，总理说："理解你们的意思。好了，来了几天也没去过你们家，今晚去你们家，和你们全家吃顿便饭。"就这样总理结束了新会七天的考察。

这次总理在新会的七天考察，有几件事值得领导干部学习。一是始终坚持他第一天提出的七不要，始终是一辆吉普车，轻车简从，只许党书记一人陪同。党书记既是考察工作的组织安排者，又是向导、讲解员，和我们同吃同住同考察。二是七天来总理没有休息好，我们住的房子靠近马路，当地人都穿木屐，早上4点开始到晚上12点以后，都能听到呱嗒板声。总理睡得早、起得早，中午不午睡，七天来没有休息好。但总理没让我们对省里的安排提出其他要求。三是带病工作。总理历来穿着注意整洁。由于天气热，每天都在烈日下考察，身上起了很多痱子。但总理不让我们对外讲，仍着装整齐，坚持考察工作。

回广州

考察结束后,总理要离开新会了。为了节省时间和减少扰民,决定晚上乘船回广州。新会的干部群众对总理依依不舍,晚上10点总理将要离开县委去码头乘船,坚持不让大家送,只让党向民一人送。大家只好站在县委门口送总理。还是一辆吉普车把我们送到了江门码头。

广东的同志想得周到,准备了两只帆船。前面船上有七八个警卫干部。前面的船用绳索牵引着后面的船,后面的船不开发动机,以便总理休息。后船上除总理、我们外,同行的还有省公安厅苏副厅长、老船工共8人。船上设备很简陋,只有两排凳子,船头上有一只从电瓶上拉出的小灯,灯光一照,水面上的蚊子乱飞,灯下还放了一盆水,可能是为了捉虫吧。开船了,随着马达的突突声,老船公用一根五六米长的竹竿不停地撑船,掌握着航行的方向。开始大家还有说有笑的,约午夜12点后,倦意袭来,有的人开始打盹了。那晚没有月亮,天黑漆漆的,只有些星星在夜空闪烁。忽听前面船吼了两大声就不动了,打盹的人也惊醒过来。前面船上下来了七八个警卫干部,立即向船两侧散开,总理问:"怎么回事?"苏副厅长说,可能是搁浅了。总理说:"那要等到水涨潮时才能走。"苏副厅长下船布置了工作,上船后,总理说:"其实这会儿前不着村,后不着店,越是这会儿越安全。谁知道这会儿我在这哪?"苏副厅长说:"这地方情况很复杂,前几天还破了一个从香港回来的台湾特务案子。如果情况暴露了,香港特务两个小时就可到达这里。"听到这里,大家心情顿时紧张起来。但船一下又走不了,大家也只好无奈地坐着等待。老船工索性把竹竿往水里一插,抱着竹竿忙里偷闲打起盹来。我警惕地向四周望去,黑茫茫的望不见村庄,只朦朦胧胧地看得见远处的一片片黑乎乎的庄稼,高的可能是高粱,低的可能是水稻。夜静得只能听到草虫的鸣叫和青蛙跳在水里扑通的声音。总理打破沉寂说:"广东我熟悉。"接着总理给我们讲起了1925年在广州的两次遇险经历。这是我第二次听他谈起遇险了。他说,1925年6月,上海"五卅惨案"发生后,激起全国人民极大愤慨,反对帝国主义的浪潮席卷全国,广州和香港的工人也奋起罢工,声讨英、法等帝国主义的暴行。6月23日,广州的罢工工人、农民和学生10万人上街游行,高呼"打倒帝国主义"和"废除不平等条约"等口号,支持和声援上海工人的行动。

当时,身为黄埔军校政治部主任的周恩来组织和率领黄埔军校的一部分学生军,参加了这次示威大游行。

当游行队伍行进到广州沙面租界对面沙棘街的时候,早已荷枪实弹、虎视眈眈的英、法等帝国主义军警,突然用机关枪、步枪猛烈射击,致使游行群众50多人当场死亡,170多人受伤。当时在周恩来一左一右并肩前进的两位同志都中弹倒在血泊中牺牲了,周恩来听到枪声就往下一蹲才幸免于难。这就是震惊全国的"沙基惨案"。

另一次历险发生在1925年8月,在廖仲恺先生被暗杀后,周恩来曾多次发表演说,指出:"这个暗杀案的后边藏有极大的黑幕阴谋",并主张处置廖案要与肃清革命政权内部的右派联系起来。8月24日,蒋介石与周恩来、何应钦一起商议,决定在当天晚上加强戒严,组织兵力进行搜捕。戒严时间为晚11时,同时确定了联络暗号。

然而,蒋介石怕晚上的行动计划泄露,又独自召集亲信更改了原计划,把戒严时间提前了两个小时,变更了内部联络口令。而周恩来对这一切全然不知。

那些天，周恩来没日没夜地奔忙。8月24日那天，周恩来去迎接"国际工人沙基惨案调查团"，当晚9时过后，戒严缉凶时间即将来临，周恩来与苏联使者匆匆话别后，坐进汽车，急忙赶往司令部，以督察部队行动。

汽车在不平坦的马路上疾驶。夜幕中，行人寥寥，枪声时闻。由于时局紧张，司令部特地加强了警卫。特别是当晚又接到命令，9时全城戒严，搜捕在逃的刺廖凶犯。于是门卫个个枪上刀，弹入膛。司机按照周恩来的习惯加大油门，汽车驶到可以看见司令部门口的街上，车灯已照见司令部大门。就在这时，门卫忽然大声喊道："停车！"司机从来没有想到周恩来的汽车会在离门口较近的地方被叫停下，仍旧向前行驶。当门卫又大声问口令时，当即按照原定口令作答。门卫见汽车不停，口令也不是新口令，便大声喊叫："再不停就开枪了！"门卫在喊话的同时扣动了扳机，司机未来得及刹车，一串无情的子弹射了过来。司机见情况不妙，赶紧将车掉头驶进小巷。由于身负重伤，司机倒在驾驶座上。周恩来听到枪响，急忙把身子伏下，才幸免于难。他走下车，连声高呼："我是周恩来！"门卫听到喊声，才察觉错打了政治部主任。……

听到总理讲起这段惊心动魄的遇险往事，我们不仅为总理的临危不惧，对党的赤胆忠心所感动。危险面前，总理镇定自若、从容面对、机智脱险更让我们钦佩不已。和总理的两次遇险相比，我们工作中遇到的困难又算得了什么呢？

听总理谈着往事，时间不知不觉过去了。涨潮了，船又发动了，第二天早晨八九点钟后我们到达了广州。

回京后，我曾就当年总理遇险的事问过邓大姐，大姐说："廖仲恺被刺那次可把人急坏了，那次恩来穿了一身白西服，出去三天没有音信。回来时浑身是血，吓了我一跳。一问才知道是这么回事。"

在广州

到了广州，总理住在省委招待所（现南方宾馆）。这是一座老式建筑。早饭后，总理第一个要求是洗个热水澡。在新会几天没洗上澡，只使用毛巾擦擦身子。总理身上已长满了痱子，洗澡时发现有的痱子已长出了白脓头，疼痒的程度可想而知。我建议找个医生看看。总理不同意，说要出去办事，跟我说："你在家，向他们借个冷气机来。"

总理走后，我找了管理局的关向应局长，跟他讲了总理长痱子的情况，并想借个窗式空调机来。当时总理住的两间房子，准备一间办公，一间住宿。但由于老房子门窗都是小格子，没法安装冷气机。看来看去，只有两间房子中间的门上有块大玻璃。在关局长的帮助下，在一间房子安装了冷气机，解决了室内的温度问题。但总理办公住宿只能共用一间房子了。我又找了医生，开了些痱子水、痱子粉。

这天午饭后，总理破例睡了个午觉。这几天来，他太累了。

关心侨胞

总理回到广州后，边工作边休息，给省直干部作了一次报告，参观了造船厂和黄埔军校的炮台。在炮台上，赵紫阳等省委领导向总理介绍广州的市容。当介绍到华侨村时，总理说："广东、特别是潮州华侨多，他们有钱，在外面影响大，他们爱国，落叶归根的思想很浓。你们要做好华侨的工作，可以吸

引更多的华侨晚年归来,这样可以吸收更多的外汇。"又问:"华侨村现在有多少户?生活怎么样?"赵紫阳回答:"刚开始建设,红线女就住在那儿。"总理问:"是她自己买的房子吧?晚上我去看她,你们事先不要告诉她。"晚饭后七八点钟,总理要车去了华侨村,先去看了红线女。红线女住的是一座小院子,一排平房,约五六间房。红线女对总理的到来非常惊喜。总理问到红线女的生活情况,红线女表示非常满意。总理说:"还不够,还应该搞得更好。"后来总理又在街上走了走,看了看,别的房子还没建好,还在初期建设阶段。

回来后,总理对赵紫阳讲:"你们华侨村办得还不够好,不是临时住,要修得好一些,规格要高一些,要卖给华侨,让华侨拥有房屋的产权。还要搞好华侨村的服务工作,使他们生活得更方便更舒适。同时还要保证他们的安全,不安全谁还敢回来呀?这样才能吸收更多的外汇,你们这里要成为吸收外汇的窗口。"

先当学生　后当先生

李始美是刻苦钻研出成功治白蚁办法的青年专家,当时人民日报和多家报纸都报道过他的经验。这次总理来广东,李始美是访问的重点之一。

9日下午,在省委的安排下,总理去访问李始美。访问地点在一个没人住的楼房,旁边有一大棚,大棚柱子上有白蚁巢。在蚁巢的下面专门搭了个两米高、约七八平米大小的屋子,有木质的梯子通上去,估计这是李始美给人们参观讲解的地方。

总理到时,李始美等十多人已在那里等候。总理与他们一一握手说:"我是来向李始美学习的。"李始美带领总理参观二层楼高的蚁穴。总理登上木梯,我跟随其后。李始美指着蚁穴讲解。蚁穴有小箩筐大小,李始美边讲解边用小扁铲对准蚁穴三分之一的地方扎了几下,把蚁穴打开,只见白蚁乱哄哄的。他说,白蚁很有组织纪律,他们有明确的分工。除了蚁王、蚁后,白蚁有做工的工蚁,有管运水、运食物的,还有专门负责维修蚁巢的。像这样破坏了的蚁巢,两小时后就可修复。"我治白蚁的办法一是破坏吸水线,凡有白蚁窝的地方,都有吸水线的暗道。只要破坏了吸水线,白蚁就无法生存;第二是用我自己研制的药粉喷杀。"总理听得仔细、认真。李始美指着蚁巢中间核桃大小的空间说,这是会客厅,有外来的白蚁。总理一愣,问道,你怎么分辨?李说,外来的白蚁我能看出来。李接着介绍说,蚁后很肥胖,就在旁边生活,大的有苍蝇那么大。总理又问了这个蚁穴有多长时间了?最大的蚁巢有多大?李都一一作了回答。总理听着若有所思的样子。

下来后,总理先鼓励表扬了李始美取得的成绩,并关心地询问了李始美的家庭情况。总理又问他:"有大学请你去当教授,你接受了没有?"李说:"接受了,可我连大学生都当不了,怎么去当大学教授?"总理说:"很好,可以当,不懂得可以边教边学嘛。在研究白蚁方面,你应当做先生,可是在别的方面,你又是学生。要虚心学习别人的经验,这样互相学习,共同进步,共同为人民服务。"总理又说:"我们每个人都应当既是先生又是学生,这样就不会使人骄傲,永远前进。"接着总理语重心长地对李始美说:"你还年轻,应该好好学习。要把自己成功的经验、失败的教训认真加以总结,总结出一套成功的东西。但一定要实事求是。"总理又进一步对他提出更高的要求说:"用两年时间,你要边教边学,学一点外文,多看些外国专家治白蚁的经验,努力提高自己的文化水平,多看些书，拓宽自己的眼界，把理论和实践结合起来，这样你的经验才有牢固的基础。"总理正是这么做的，每到一地，先虚心学习，甘当小学生。在调查访问中针对存在的问题，再提出指导性的意见，使大家受益匪浅。

12日晚上，广东省委领导陶铸、陈郁、赵紫阳陪总理吃了顿便饭。

13日下午总理结束了在广东的调查。

在上海调查

7月13日，总理结束了在广州的考察工作，又乘专机来到上海考察工农业生产。

13日下午，上海市委领导柯庆施、陈丕显等来看望总理，并共进晚餐。总理特别提出，这次来是向工人、农民学习的，参观时不要市领导陪同，只要一名懂技术的人员即可。同时还拟定了在上海活动的日程，先看工业，后看农业。

7月14日上午到上海第三炼钢厂参观。当时三厂采用的是平炉炼钢，采用吹氧助燃的先进炼钢法。我们到上钢三厂后，在厂领导的带领下，直接来到炼钢车间，正赶上炼钢炉要出钢。总理戴上一副工人师傅用的火镜，观看钢水出炉。7月，正值炎热的夏天，在炼钢车间里更是闷热，钢水流出，热浪立刻扑面而来，在场的人无不汗流浃背，大汗淋漓。总理对这些毫不在意，他全神贯注地看着出钢，看到钢水顺着长长的渠道流进储钢水的大槽子里。然后，他又走到另一炼钢炉旁，听取厂长详细介绍吹氧助燃的新炼钢法。总理一边听一边不时地提出问题，从进料到炼钢的全过程都一一观看、询问，在车间整整看了一个上午。

忆周总理一次火热的调查

晚饭后，总理又约上钢三厂的领导来座谈。当听到厂领导介绍工人创造用小机床加工中板轧机大机架的土办法、工人们形容这是蚂蚁啃骨头时，总理非常高兴，感到很有创造性。当时已是晚上11点了，总理又同三厂的领导赶到三厂去看"蚂蚁啃骨头"。现场放着一个很大的已焊接好的大机架，工人们正在用自己创造的工具打磨大机架，总理详细问了加工的情况。总理看后很兴奋，充分肯定了小机床加工中板轧机大机架的技术改革成果。他说："土办法很好，这是蚂蚁啃骨头的精神。"参观完回到住地已经12点多了。

7月15日按计划早饭后到第一炼钢厂。在厂领导的带领下来到第一车间。总理一进车间，就先和工人们握手问好说："今天我是来向你们学习的。"总理请厂领导找一套工人穿的炼钢服。厂领导说："天太热了，不要穿了吧。"总理说："我是来学习的，我也体验体验工人的生活。"总理穿上又厚又长的工作服，戴上火镜，来到高炉旁，看着工人师傅用大铁锹一锹一锹地向炉内加料，加料后关上炉门。工人师傅介绍从开始加料就要根据炉内火苗的变化来察看钢到什么时候炼好。总理一边听工人师傅介绍，一边不时地从观察口观看炉内火苗的情况。总理就这样和工人师傅心贴在一起，汗流在一起。总理关切地问工人师傅，你们在这么高的温度下工作，怎么补充水分呢？师傅指着厂房后面的大棚说，那里有大桶的盐汽水，是我们的专用饮料。

正看着炼钢炉，就见一位工人师傅用一个长约四五米的钢勺，打开炉门，伸进炉内舀出一勺钢水，倒进一个专用的钢穴里。工人师傅介绍是用做化验的样品，说着工人师傅拿着样品去化验。总理说："我也去看看。"我急忙也跟着总理进了炼钢炉后面的小化验室。化验员向总理介绍说，化验室是炼钢炉的眼睛，经过化验才知道钢水质量是否合格。总理观看了化验的

全过程，说我又学到了一门知识。与化验员握手告别后，总理回到了炼钢炉边时出钢的铃声响了，要出钢了，总理看了出钢的全过程。总理又来到另一炼钢炉旁时，头顶的空中天车开了过来。总理说我也上去看看，我就紧跟上他爬上了天车司机的小阁楼，里面只能坐两个人。司机是位女同志，坐着一个小板凳，总理与她握手后也坐在那里，问她怎样操作。在司机的指导下，总理把天车从车间一头开到另一头，又开回原来的位置。总理说："你一个人在这里工作，很辛苦呀！谢谢你的指导。"总理走下驾驶室后，脱掉炼钢服，身上穿的衣服都已经湿透了。我们带有毛巾和换洗的衣服，赵行杰问总理要不要换换衣服？总理摆摆手表示不换。

在厂领导的带领下，总理又参观了厂里的生活区、办公区及幼儿园。这时已近下午1点了，厂领导建议休息一下，已准备好午饭。总理说到食堂去。进了食堂后，见大部分人已吃完饭走了，还有几个工人排队买饭，总理到窗口看了看，有饭也有菜，对我说给我拿副碗筷来，他说着就排到了工人后面。赵行杰取来三副碗筷，给了总理、我和他自己各一副。工人一看总理在排队，就让开请总理到前面先买饭。总理说你们先买，我等你们买完了再买。工人师傅买了饭后，总理走到卖饭窗口，问了菜价，买了一个5分钱的圆白菜和一个2分钱的馒头，然后端着饭菜来到餐桌旁，与工人一边吃饭一边拉家常，询问工人们的家庭生活。吃完饭总理又走到窗口，买了一碗1分钱的高汤，总理只要了半份高汤。总理对师傅说："菜的味道不错，谢谢你们。"又问我是否给了饭钱和粮票，我说已经给了。上海警卫处干部与我们吃同样的饭菜，很感动。

饭后，我们又步行来到不远处的五厂参观。总理在路上用毛巾擦了擦汗。

下午3时，总理去看望了在上海的宋庆龄副主席。

忆周总理一次火热的调查

16日、17日，总理参观了第一钢管厂、永鑫无缝钢管厂，在无缝钢管厂看得比较仔细，参观了从进料到生产出无缝钢管的全过程。总理看后高兴地说，你们生产了我国第一根无缝钢管，用简陋的设备创造出了新产品，这是鸡窝里飞出了金凤凰，向你们表示祝贺。

接着又参观了拉丝厂、矽钢厂等，这些厂都是在大跃进形势下出现的小厂子。

7月17日，得知开封花园口大堤决口，但因须请示毛主席批准才能去，我们已做好准备。次日早饭后，开始对上海农业考察，总理乘车来到郊区马桥镇看高产实验田。在公社领导

周恩来在上海郊区马桥乡参观水稻丰产田

275

周恩来在上海郊区马桥乡参观水稻丰产田时与农民谈心

的陪同去参观试验田的途中,经过一个约10米宽、50米长的水渠,里面长满了青草。公社领导介绍说,这是喂猪的好饲料,并说下面还养了珍珠。联想到上海土地紧缺,每人平均只有4分地的情况,总理对他们充分利用每一分地及水面进行了表扬。接着一连看了几块试验田。总理发现他们水稻约2寸多植一株,种得太密,就详细询问了行距、亩产等问题,总理委婉地说，我看了广东的密植田，密植要有一定的限度，密植要做到一通风二透光，见到阳光才能高产，这是广东的经验。告别时，总理拉着公社领导的手说，祝你们培养出优良品种，取得高产成功。

中午回到住地，接到毛主席的电话，让总理去处理。又接到河南洪水冲坏黄河大铁桥、黄河有决口危险的消息，总理立即出发，飞临黄河上空，视察黄河的水势。由于黄河花园口出现特大洪峰，总理立即投入抗洪的领导工作，使得这次火热的上海考察工作被迫中止。

就这样，从广州到上海，从工厂到乡村，一路风尘仆仆，处处留下他的足迹。总理现在虽然离开了我们，但留在人们心中的是他严谨细致的工作作风和公而忘私的工作精神。他那普通劳动者的身影和那情系人民、与人民水乳交融的深情让我们久久难以忘怀。

周总理在黄河大桥上

1958年7月17日，周总理在对上海炼钢工业进行了全面系统的考察后，计划对上海郊区农业进行考察。7月17日晚上就寝前，李岩秘书告诉我，花园口出现特大洪峰，冲坏了郑州铁路大桥的桥墩，造成铁路运输中断。第二天上午总理要去花园口。总理就寝前也把去花园口的事情告诉了赵行杰，让我们提前做好准备。

尽管时间匆忙，总理还是抓紧时间，在18日上午视察了上海郊区的马桥生产队。下午，总理和时任铁道部部长的吕正操同乘伊尔—18飞机直飞河南花园口。飞行途中，总理同吕正操研究花园口特大洪峰的有关问题时，谈起了西晋时杜预曾在孟津架设浮桥一事[①]。当飞机飞至黄河上空时，总理通过飞机舷窗察看黄河水情。

下飞机后，总理立即召集黄河水利委员会和有关专家开会。总理认真听取了花园口水情的汇报，详尽询问了洪峰情况，同时派人去图书馆查找有关资料。总理当时一再强调上游没有水库，要认真对待，不能有丝毫的麻痹大意。总理发动专家集思广益，专家们纷纷献计献策。总理的参战，对大家是极大的鼓舞，坚定了人们战胜洪峰的决心。经过反复研究论证，最后总理拍板批准了不分洪的建议，果断地做出了力挽狂澜的决策。

[①] 西晋泰始十年（274），大将杜预在河南孟津附近的黄河上建造了河阳浮桥，历经战事，屡毁屡建，前后延续达850多年。

周总理在黄河大桥上

1958年周恩来视察黄河大桥

会议结束时已是晚上10点多钟了,总理不顾连续工作和旅途的劳累,要亲临河滩察看险情和抢修黄河铁桥的情况。我们跟随总理临近河滩时,听到了黄河水的咆哮声和工人们的号子声,千军万马正奋战在夜色中。总理的到来,极大地激励了抗洪的军民。这时天正下着大雨,当时我们没带雨具,大雨中有人给总理打伞,总理不让,有人递来雨衣,总理不穿,总理说:"那么多工人不也是在雨中吗?"大家出于对总理的热爱,一些人喊道:"总理,穿雨衣!"又有人领着喊:"一、二,"众人齐声喊:"总理,穿雨衣!"喊声越来越响,甚至盖过了黄河

的咆哮声。总理走着，听到人群的呼喊，回首招手致意，表示感谢，但总理始终未穿雨衣。在铁路桥下游方向，有一处可通行汽车的桥面，总理沿着桥从这头走到另一头，桥头有一下桥的豁口，是用钢筋焊的梯子，很窄很陡，加上雨水湿滑，很危险。总理坚持要从这里下去，只好由我走在前面，赵行杰走在后面，就这样总理不顾危险，下到河滩，来到奋战洪水的人群中。路遇运送石料的工人们艰难的拉纤，总理还帮助拉纤绳。就这样一直在泥里水里行走着，来到了动员大会会场。因为雨很大，有人建议改个时间开会，总理坚持按原计划开会。就在大雨中，总理全然不顾浑身的雨水，对抗洪的军民作了动员。总理强调干部要有战备观念，要造些船只；同时指示解放军工程兵要把在洪水期间抢架浮桥作为一项战备训练任务完成；还指示河南、山东省委要加强领导，党政军民全力以赴，加强防守，确保人民生命和财产的安全，齐心协力一定能战胜洪水。

由于总理的正确决策，加上 200 多万抗洪军民的团结奋战，终于驯服了洪峰，使百年一遇的特大洪峰化险为夷。几天后，听到铁路通车了，总理又再次去视察了郑州铁路大桥。

在我的记忆中，总理对治理黄河、变害为利始终记挂在心头。我跟总理去过黄河多次。最早一次是修三门峡水库，从水库的勘查到修坝，总理都十分关注。修坝后，由于黄河淤沙大，对上游构成了威胁，总理又召集专家反复考察、研究，还及时召开现场会，最后确定在坝的下部开一个洞，使其排沙。这次又是总理亲自批准确定的方案。

我们的总理在事关千百万群众安危的关键时刻，他总是不顾个人安危及时出现在现场。不管是黄河洪峰还是邢台地震，他总是不畏艰险，体察民情，集思广益，带领群众力排万难，赢得了抗灾的胜利。他真是人民的好总理。

领袖们的言传和身教
——在三年困难时期

1959—1961年是新中国建立后最困难的三年,现在的中、老年人都会记得当时的情景。当时从中央到地方,从城市到农村,全国八亿多人口都处在缺粮少衣的困境中。我国最大的城市——上海,仅储备有城市人口五天的口粮。首都北京也有不少人因口粮不够和副食不足而得了浮肿病。那时就是有钱也买不到吃的东西。

党中央为了克服暂时的困难,曾果断地采取了三项措施:一是精简城市人口。党中央一号召,当时国家5000万职工就下去了2000万,到基层支援生产第一线;二是压缩城镇人员的口粮,由原来每人每月定量30多斤压缩到20多斤;三是批准进口一部分粮食,这是新中国成立后第一次进口粮食。

发生这次重大灾难的原因:一是天灾;二是我们工作中的失误;三是苏联背信弃义撕毁了161项援助我国的协定,折合19亿美元,加上东欧的7.3亿美元,总共26.3亿美元。撤走全部专家,给我们造成了巨大的损失。

在那样大的困难面前,党中央、毛主席和全国人民心连心,同甘苦共患难,团结一致,发扬党的优良传统和作风,共同克服困难,战胜困难。

毛主席带头精简身边工作人员

1960年12月26日晨,毛主席语重心长地给身边的工作

人员写了一封信:"林克、高智、子龙、李银桥、王敬先、小封、汪东兴七同志认真一阅。除汪东兴外,你们六人都下去……"① 在这同时,少奇同志、周总理、朱德总司令和陈云同志都最大限度地精简了身边工作人员。

周总理和邓大姐提出的精简安排是:两人共用一名厨师、一名服务员,留两名卫士轮流值班。伙房管理员由邓大姐的司机纪书林同志兼任,家务由总理的司机杨金明同志协助,其他人都下去。大家知道总理工作最忙,参加各种活动最多,为了保证他的工作和安全,我们都不同意这个精简的安排。总理坚持他的精简安排。并说:以后在中南海参加活动,自己骑自行车去,这样司机和卫士都不要去了。最后由公安部罗瑞卿部长和警卫局汪东兴局长出面做工作,总理才同意多留了两个人。为了减少国家开支,其中一名卫士姜贵春的工资由他负责开支,这样才算了事。

陈云同志要求更严,取消了小灶厨房,改用蜂窝煤炉做饭。厨师、警卫人员都减掉,只留一名司机范金祥同志,开车、买菜、家里服务全由他一人承担。另有一名女服务员兼做饭,是自己出钱雇的。

毛主席带头纠正不正之风

毛主席高瞻远瞩,察觉到我们党内不正之风和腐败现象有所抬头,他从大局出发,从自身做起。

1960年9月从江西把汪东兴调回北京,继任警卫局长,他向汪东兴交办工作时,其中有一项工作就是纠正他身边工作

---

① 见《中共党史资料》46期 中共党史出版社1993年版,第8页。

人员的不正之风。他说:"我身边工作人员中,有些作风不正,存在一些不健康的思想,要进行教育,进行一次小整风,展开自我批评和批评,搞好团结,做好工作,遵守三大纪律八项注意……。"①小整风后,毛主席不仅要求大家吸取经验教训,而且要求以实际行动改正错误,从他自己做起。他宣布:"从1961年1月1日起,我不吃猪肉和鸡了(当时警卫局办公室的情况简报中还有不吃鸡蛋),因为猪肉和鸡要出口换机器。""我看有米饭,有青菜和油盐就可以了。""买东西一定要给人家钱,一张纸、一支笔也如此,千万不能向地方上要东西。""过去向各省市要的东西,照价付款,钱由我稿费内开支。"②汪东兴同志认真按照毛主席的指示做了,并派人到中央领导同志常去的省、市做调查,他记得当时各种实物付款一万多元人民币。③

  毛主席这样以身作则,同全国人民同甘共苦,严格要求自己,当时在中央领导同志中引起很大震动。各首长处卫士组都采取了不同形式的小整风或自我检查,首长们都亲自过问。我们还不断接到警卫局办公室通报各首长处这方面的情况简报。如少奇同志家人口多负担重,工资入不敷出,他和王光美同志都是办公到深夜,他们吃的夜餐都是把全家晚饭吃剩的饭、菜收起来,晚上由值班卫士用电炉热一热当夜餐吃。按国家规定,机关工作人员工作至晚上12点时,可给2～3角钱的夜餐费。警卫局行政处根据这一精神,给少奇同志发了一部分夜餐费。少奇同志检查发现后,严厉批评了有关人员,并指示退赔。行政处只好从他入不敷出的工资中分月扣除。少奇同志还

---

① 见《中共党史资料》46期　中共党史出版社1993年版,第11页。
② 见《中共党史资料》46期　中共党史出版社1993年版,第15页。
③ 见《中共党史资料》46期　中共党史出版社1993年版,第15页。

抽空参加体力劳动,做木工活。我们还在简报中看到少奇同志的"新发现"。当时因布票少不够用,少奇同志说被里中间破了,他从中间剪开,掉一个过,再缝上还能继续用,他已经这样做了,而且效果很好。这个"新发现"使大家很受感动。

周总理曾多次指示我们和办公室的同志,检查有无向地方上要东西不给钱的事。我们也曾多次开会要大家共同检查有无这方面的问题。因为周总理、邓大姐平时对我们要求就很严,如每次外出前都给我们规定几不准,几不要,回来后还亲自检查过问,因此我们没有向地方要东西不给钱的问题。中央警卫局派人去有关省、市调查也没有发现问题。我听汪东兴同志曾向周总理汇报有关这方面的情况时说:"……我们派人都调查过了,你那里没有问题。"时隔很久以后,总理发现北京饭店理发室曾送给他一个剪指甲的小钳子,也让我们给送了回去。

勤俭持家渡难关

1960年底,毛主席宣布自1961年1月1日起不吃猪肉、鸡等肉食后,惊动了其他中央领导同志。他们同时都开始采取相应的措施,节衣缩食渡难关。为了保证毛主席的健康,警卫班的同志想了很多办法,如在中南海内捞鱼、虾;晚上在房檐下抓麻雀给主席吃。

朱总司令处由于客人多(多数是烈士子女),"三年困难时期吃亏了五十多斤粮食,工作人员想让机关补上,父亲坚决不同意。他坚持和全家人一起吃菜糊糊,硬是用'瓜菜代'的办法把亏的粮食补回来。"[①]"家里小孩子穿的鞋,通常是从军队

[①]《回忆朱德》,中央文献出版社,第440页。

后勤部门买来战士上缴的旧鞋。"①"星期天要孩子们吃自己挖的野菜、苦菜。"②

周总理、邓大姐亲自过问他们的粮食定量,当我们报告说同大家一样,男24斤、女23斤时,周总理说,我每天只要半斤,月定量改为15斤。邓大姐说,我比你吃得少,改成一个月13斤吧。这个定量标准一直没有改变过。周总理和邓大姐还从参加外事活动中节省下的粮食,先后请文艺界、电影界、新闻界等各方面的人士来家里吃顿便饭,主要是为了了解情况,做工作(不收钱、粮),而且每次都是亲自根据节省的粮食多少,安排请哪方面的人士以及请多少人。四菜一汤,精打细算,比请外宾还费心。周总理代表国家出国访问,从不领制装费,内衣都是带补丁的。有的大使馆给我提意见;有的大使夫人流着眼泪给总理洗补内衣。总理在家里用的洗脸毛巾,中间破了,从中间剪开,将两头掉一个过缝起来再用,再破了就做抹布用。周总理、邓大姐有一段时间也提出不吃肉和鸡。同时规定不吃精米、面,只吃标准面,多吃粗杂粮,少吃油炸的食品。我们也学一组的经验,掏麻雀、捞鱼虾,但效果不够理想。

向陈云同志学习

1960年11月上旬,北京每年这时总会有一次大的寒流,有的单位都烧上了暖气。陈云同志当时住北长街71号院(现58号),他指示不到11月15日不准烧暖气,这是国务院规定

---

①《回忆朱德》,中央文献出版社,第437页。
②《回忆朱德》,中央文献出版社,第437页。

的。一天上午10点多钟，周总理一进办公室，桌上放着秘书写的汇报单，上写陈云同志感冒了，主要是天太冷，他不让烧暖气……周总理一看就急了，要我马上要车去看陈云同志，他边说边往外走。我要车后叫上卫士张永池跑步紧跟，汽车穿过中南海出东门，很快来到陈云同志的住地。

我们随周总理上了陈云同志办公兼住房的二楼。因事先没有打招呼，总理此行是临时家访。因天冷又加感冒发烧，陈云同志正披着大衣、盖着被子坐在床上批阅文件。周总理见面的第一句话就是："天气这么冷，你不让烧暖气，不行啊！"陈云同志急忙下床，他们两人进了办公室。

我们在楼下等了两个多小时，见他们二人有说有笑都穿着大衣下楼来了。陈云同志带着周总理查看了在楼梯旁的厨房，里面不大，只有七八平米，里边放有两个蜂窝煤炉，陈云同志说："一个做饭，一个烧菜，我爱吃家乡饭，这不很好吗。"从表情上看，他们谈得很好，大概总理被陈云同志说服了。但总理临走时，还是当着陈云同志的面对工作人员说："从今天起，你们一定开始烧暖气，这件事你们要听我的。"

在回来的路上，周总理说："我们要向陈云同志学习，他工作那么忙，家务安排得很细。他吸烟只在办公室吸，睡觉房不吸。他穿的大衣是两用的，春秋天是夹大衣，到冬天，把厚绒衬里用扣子扣上就是厚大衣。"并责怪我："你就不会给我想这个办法做。"

回到西花厅后，邓大姐正在会客室，周总理第一句话就说："陈云同志真会过日子，我们应该向陈云同志学习……"

另注：我当时在周总理处工作，党中央五位书记（即现在的常委）处的警卫人员为五个卫士组，是警卫局直属单位，警卫局对各首长的情况常有情况简报。这篇文章是根据我的回忆和有关材料，特别是汪东兴同志的材料写的。

周总理和人民同甘共苦

1959年到1961年，国家遇到了共和国建国以来从未有过的困难，即当时人们所说的三年困难时期。造成困难的原因，一是由于我们工作的失误；二是天气干旱，农作物歉收；三是前苏联背信弃义，撕毁协议，撤走专家，给我们造成了极大的困难。加之苏联逼债，使整个国家陷入了极度困苦之中。现在五六十岁以上的人都还记得，在那个时期，全国物资供应紧张，特别是和人民生活密切相关的粮、油、肉、蛋、糖等副食品，以及一些工业品，全都凭票证或工业券供应。城市居民每人每天吃不到一斤粮食，油每人每月只有半斤，蔬菜很难买到。人们营养极差，患浮肿病的很多。

在这三年困难时期，为了渡过暂时的困难，党中央果断采取了三项措施：精简城市人口，支援生产第一线；压缩城市人口粮食定量；进口一部分粮食。党和国家的领导人同样节衣缩食，和全国人民甘苦与共，共渡难关。带头精简身边工作人员。毛主席提出不吃肉、鸡蛋；在这方面周总理尤为突出，他和邓大姐二人口粮定量每月只要28斤。

1959年4月初，周总理去杭州参加毛主席主持的政治局扩大会议。当时杭州是全国供应唯一较好的城市，糖果、肉类等一些副食品不要票证，可以随便买。

为了和人民同甘共苦，临去开会前，周总理特地对随行的工作人员提出了三条要求，要办公室童小鹏主任传达到我们随行去的每一个人：一是要轻车简从，要少去人；二是到杭州后

不准买东西,也不准替别人带东西;三是按标准吃饭,并按标准交钱付全国通用粮票。总之一句话,就是不搞特殊,不给地方增加负担。

我们到了杭州以后,和往常去杭州一样,仍旧住在杭州饭店四楼。杭州饭店地处西湖之滨,前面是波光粼粼的西湖,后面是郁郁葱葱的高山,登楼一望,颇令人心旷神怡。

我们乘浙江省委派来的汽车,到达杭州饭店后,登上四楼,一进房间,就见茶几上摆有烟、茶、糖和水果,这在别处开会是见不到的。不问便知,这是浙江省委知道北京供应紧张,轻易吃不到这些东西,特意摆在那里,让北京来的中央首长在会议期间补一补的。

周总理看到后,有点儿不高兴,严肃地问我们:"这是谁让摆的?摆这些东西干什么?统统收走!"我们喊来服务员,要他们把烟、茶、糖和水果收走,说这是总理的指示。服务员不肯收,他说这些并不是专为总理准备的,每位中央首长房间里都有,是省委领导让摆的。还说,我们杭州比其他地方条件好一些,这点东西算不了什么。我们坚持说,这是总理的指示,不收走,不好向总理交待。服务员无奈,只好在请示接待处领导后,将烟、糖、水果拿走,但茶叶说什么也不拿走。并说,茶叶是我们杭州的特产,是今年的新茶,让总理尝尝鲜。我们再三做工作,说茶叶我们都带了,也是你们杭州的新龙井茶。服务员就是不拿走。我们只好收放进柜子里,始终未动用。

开会期间,中央首长和工作人员吃饭,全是集体用餐,最后按标准付钱付全国通用粮票,无一人例外。周总理和陈毅副总理同住饭店四楼,他们俩一块吃,也让我们跟他们一块吃,由他们付钱。当然,更多的时候我们是到饭店的食堂去吃。

杭州是产茶叶的地方,有名的西湖龙井便产自杭州。我们

周总理和人民同甘共苦

工作人员的住房未摆放招待用品，但一层设有一个小卖部，里边绸缎、丝织品、水果罐头和生活用品应有尽有，是专为这次大会准备的服务点，一切东西都可以随便买，不要票证。我们跟总理去的要严格执行总理临行前的三条指示，去小卖部只是参观，什么也不敢买。身居产茶的杭州，每天喝白开水。后经童小鹏主任请示同意，每人按市价买了半斤茶叶。算是我们这次外出唯一的开销。

当时杭州正是蔬菜旺季，时令蔬菜像油菜苔、豌豆苗等比比皆是。周总理离开杭州的前一天晚上，省委接待处特意为周总理备了一筐蔬菜，要我们带回北京。我们说来前总理给我们订了三条指示，任何东西不准买，不准往回带。省委接待处的同志很不理解，说这些菜在杭州任何地方都可以买到，我们已开了发票，你们可照价付款，有什么不可以，并把开好的发票出示给我们看。我们知道周总理一向要求很严，在来前又特意订了三条，谁也不能违反，于是我们按照周总理的指示，还是婉言坚决谢绝了。

第二天，到机场后，我先登上飞机进行检查，看是否带有什么东西。在飞机的行李舱里，发现有两筐蔬菜，当即问机组的同志，机组的同志说，是省委接待处派人送来，要我们带回北京的。我下了飞机，找到接待处的同志，让他们把蔬菜卸下来。接待处的同志说，两筐蔬菜是给北京中办供应站带的，里边有发票，请你到北京后交给中办供应站，中办供应站是会和我们结账的。我当即报告了童小鹏主任，经童小鹏主任同意，才将这两筐蔬菜带回北京，交给了中办供应站。第二天，中办供应站又把它分别按价分卖给了各中央首长。

回到北京后的第二天，周总理吃饭时，发现摆在桌子上的是北京没有的杭州菜，非常生气，当即命令值班卫士："去把成元功给我叫来！"这时我正在值班室值班，值班卫士进来说：

"快，总理叫你去呐！"我去后，按照往常的习惯，站在饭桌旁面对周总理，这时邓大姐也在座。周总理指着碗里的紫菜苔说："这个菜是不是你带来的？"我说："是。"正要解释，周总理就发火了，问我："临走前我是怎么规定的？不准买东西，带东西，你为什么不遵守？"我解释说，是省委接待处给中办供应站代买的，你吃的是中办供应站卖给中央各位领导的，不光总理有，其他领导同志都有。我本想经过解释事情也就完了，不料想听了解释，周总理更火了，他说："我问你，北京的老百姓能不能吃上这样的菜？"我说："当然吃不上。"他又说："北京的老百姓吃不上，我能吃上，这是不是特殊？"接着又说："我是总理，国务院订的制度我不执行，怎么叫别人去执行？这不是'只许州官放火，不许百姓点灯'吗？这与国民党、与旧社会有什么区别？"我一动不动地站着，听着。他又说："你在我这里工作这么多年，对你讲你就是不听，不知道注意政治影响。"说完气呼呼地坐在那里，饭也不吃。倒是邓大姐给我解了围，邓大姐说："给你们讲过多次要注意政治影响，你们就是不听。这事也不全怪成元功。"然后又对我说："以后办什么事要多考虑考虑政治影响。去吧，去吃饭吧！"

事后，为此事我们卫士组开会，我传达了周总理和邓大姐的指示，让大家通过这件事总结经验教训，今后再遇到这样的事情，一律请地方直接和警卫局值班室联系，由警卫局处理，我们不插手直接管。总之一句话，就是从政治上去爱护中央首长，以免给首长在群众中造成不良影响。

通过在杭州开会这几件事，在三年困难时期，周总理心系百姓，与全国人民同甘共苦可见一斑。这次杭州之行对我的教育，使我终身难忘。

省吃俭用宴佳宾

周总理、邓大姐在家里宴请客人，无论是外国元首还是知名人士，历来是他们原则上交代一下，然后我们根据不同情况拟定一个食谱，请周总理或邓大姐过目，一般都能做到让他们满意的。

可是在三年（1959—1961）困难时期，全国都处在缺粮、少肉、无油吃的境地。他们每天都能看到全国省市要求中央紧急调拨粮食的电报，以解决群众饥饿问题。那时周总理、李先念副总理和主管粮食的同志，几乎是天天在周总理办公室，绞尽脑汁算细账，想方设法解决粮食问题。

那时全国大多数地区因缺粮而患浮肿病的群众很多，即使在北京也不例外。周总理、邓大姐是看在眼里，疼在心上。当时他们两位给自己规定：粮、肉、油等吃最低标准。并提出肉、蛋、油炸食物少吃，多吃粗杂粮，真是精打细算过日子。

在这期间，他们为了做工作，帮助一部分同志渡过困难，用自己节省下来的粮食和副食请文艺界、戏剧界、新闻界、体育界、医务界和身边工作人员及家属、小孩等吃过几次饭。多时二三十人，少则十多人。

每次宴请前都是周总理、邓大姐精心安排的。首先是问清有多少节约下来的粮食和副食，并和我们共同商定邀请人数和吃的饭菜。原则是要吃饱，量要大，菜样可少，最后大杂烩菜包底。总理、大姐提出自己腌泡菜、做小菜，多吃豆腐粉条，肉少就多吃排骨、猪蹄。有时也买一些高价食品。

每次大家来后，周总理总是谦和地说，请大家来见见面，聚一聚。实际上是做工作，了解下情。总理又说现在是困难时期，没有什么好东西招待大家，我和小超个人请大家吃顿便饭。每次这样的聚会都是无拘无束，谈笑风生，亲如家人。

戏剧界的大师梅兰芳、程砚秋等来了，二位大师都各自表演一段。邓大姐、秘书长齐燕铭也都各显身手清唱几句，在融洽和谐的气氛中，体现出亲密无间的同志情谊。

体育界的人来了，当时的乒乓球世界冠军庄则栋、徐寅生、张燮林、丘钟惠等表演打乒乓球，周总理也参加了打乒乓球。

新闻界的人来了，一起合影留念。

电影艺术界的人来后最热闹。谢添表演变脸，陈强讲故事，赵丹表演卓别林，把大家逗得捧腹大笑，非常开心。周总理、邓大姐还把50年代初斯大林送的100多年的陈酒拿出来请他们喝。吃剩的东西让他们带上，赵丹不要别的，先把100多年的陈酒拿到手，这时有人同他争，他说先下手为强，抱着酒瓶不放。在总理、大姐面前大家竟是这样畅所欲言，无拘无束，展现了革命大家庭中的亲切气氛。

在三年困难时期，能够吃上这样一顿丰盛的饭、舒心的饭，真不容易啊！而且是周总理和邓大姐个人请的客，真是雪中送炭，终身难忘！2006年4月我在武警总医院住院体检期间，正好陈强同志也住院，谈话中他深有感触地说，周总理真是人民的好总理啊，在最困难的时期，他和邓大姐用自己节省下来的东西请我们吃饭，真是难得，感人太深了……

忆陈云同志几件事

陈云同志从 50 年代初至"文化大革命"之前,是我们党中央政治局副主席,书记处书记(即现在的政治局常委)之一,国务院第一副总理。我怀着崇敬的心情,将我亲历耳闻的几件事写出来,与大家一起缅怀陈云同志严于律己,顾全大局的高贵品质和伟大人格。

七千人大会上,唯有陈云同志没有发言

早在 1956 年,第一个五年计划还有一年就要完成,冒进的苗头开始显露出来的时候,懂得经济规律的陈云同志已经发现经济建设速度过快、突飞猛进的背后预示着某种灾祸,惊人上涨的数字不一定是个好预兆!他开始考察、思考,进而感到不安。1957 年(第一个五年计划的最后一年)开始研究设计第二个五年计划时,他和周恩来总理一同磋商,提出控制建设速度,适当压缩基本建设规模,保证重点,提防脑子过热。当周恩来总理将这个报告提交中央会议上讨论时,毛泽东说话了:"劲可鼓不可泄,应当鼓舞士气。合作化一搞,有人叫的不得了,说搞多了,要砍掉 10 万个,经济工作有进有退,主要还应该是进……"这话的含义非常明白,是叫周恩来总理他们不要保守,不要反冒进。

在这次毛主席错误地批评反冒进后,周恩来总理顾全大局

承担了全部责任,多次做违心的检查。因为陈云同志主抓经济工作,从大跃进开始便努力地遏制经济工作冒进的势头。这次毛泽东给反冒进定了调子。不言而喻,陈云同志也被划进批评对象的圈子里,在个别中央领导人心目中他成了犯"右倾"错误的人,从而受到不公正的待遇。

一次周总理从中南海西楼参加中央会议后,回到西花厅,神情有些愤然,他望着邓大姐,严肃地说:"有人说陈云同志是老右倾,是资产阶级商人,连他的长相也受到指责……这样对待陈云同志是错误的!"后面的几个字几乎是一字一顿说出来的。

没有多久,"三面红旗"不是把全国人民带进"共产主义天堂",而是被送上客观经济规律的审判台。冒进后的问题像"兵败如山倒"似地滚滚涌来。几乎一夜之间,宣传家们用最美的词句描绘的灿烂前景如海市蜃楼般地不见了,天灾、苏联逼债、饥饿像瘟疫一样在全国蔓延,农村首当其冲。

1961年12月党中央召开"扩大的中共中央工作会议"即七千人大会,对实践证明是错误的大跃进、人民公社化、大炼钢铁等听取广大干部的意见。毛主席在会上亲自动员大家提意见,宣布了三不:"不戴帽子,不抓辫子,不打棍子",并说:"大家要吃好,休息好,白天出气,晚上看戏。"会议开了二十天,毛主席讲了话并做了自我批评。刘少奇、周恩来、朱德、林彪都在会上讲了话,唯有陈云同志始终沉默不语,没有讲话,最后毛主席在闭幕式大会上说:"……本想让陈云同志讲讲他的意见,他说他没有想好,不讲了,等想好了再讲吧。"随后宣布大会闭幕,参加会议的人陆续退场。

坐在主席台上的领导人这时也起身准备离去,不知是谁先和毛主席打了个招呼,刘少奇、周恩来、朱德、陈云、邓小平,不约而同地聚拢到毛主席周围,一直没有开口发言的陈云同志这时开始讲述了自己的意见,毛泽东站立着身子,非常认真地侧耳聆听……就这样,对人民、对国家、对未来肩负责任的陈云同志不能再沉默了。尽管他还没有思考成熟,然而在这特殊场合,特殊时刻用这样特殊方式敞开了心扉……已经开始收拾摄影箱的摄影记者,见主席台上发生了这样动人的一幕,不由地赶紧拿出相机对准了他们。镜头中,毛泽东主席露出满意的笑容,伸出手和陈云紧紧相握,近年不常见的和谐和笑容又回到了他们中间。摄影记者喜出望外,他一直为没有拍摄到中央领导人相聚一起的镜头而苦恼,没有想到散会后却遇到这样意想不到的场面,抓拍了这难得的珍贵瞬间。

七千人大会闭幕后,我记得一次周恩来总理和邓大姐谈论起大会的情况时,邓大姐问:"陈云同志这次会上没有讲话?"周总理说:他不好讲,要讲只能检讨,"陈云同志对每一件事,没有调查清楚之前,从不轻易讲话的。如对人民公社化、大跃进、大炼钢铁等,没有讲过赞成的话。"

可见陈云同志是一位深思熟虑、坚持原则的领导人,他这一特点深受周恩来总理的赞赏。在我的印象中,周恩来总理和陈云同志一直有着很深的感情。

"陈云同志真会过日子,我们应该向他学习……"

1959年至1961年是我国建国以来最困难的三年,现在中、老年人都还记得当年的情景。那时从中央到地方,从城市到农村,全国六亿多人口都处在缺粮少衣的困境中。连我国最大的城市上海,仅贮有全市人口五天的口粮。首都北京也有不少人因口粮不够和副食品不足得了浮肿病。当时你就是有钱也买不到吃的东西,农村情况更糟糕,不断有饿死人的消息传

来……

造成这次重大灾难的原因除了天灾和苏联背信弃义地撕毁了156项援助协定项目,撤走全部专家,给我们造成巨大损失外,我们工作中的失误也是不可忽视的重要原因之一。

党中央为了克服暂时的困难,曾果断地采取了一系列措施,如精简城镇人口去支援基层第一线的生产;压缩城镇人口的口粮定量;批准进口一部分粮食。

在困难面前,党中央、毛主席和全国人民心连心,同甘苦共患难,发扬党的优良作风。

作为五大书记之一的陈云同志,为了减轻国家负担,严格要求自己,困难时期精简了身边的工作人员。按规定他身边工作人员应配备厨师、服务员、司机和2~3名警卫干部。这次他取消了小灶厨房、厨师和警卫员,只留了范金祥一名司机,包揽了司机、管理员、服务员、卫士的全部工作。另外自己出钱雇了一名女服务员兼做饭。这样一来,他身边的工作人员在中央领导人中间是最少的。

1961年(或60年)11月上旬,一次大的寒流袭击了北京城。因为寒流来势大,气温陡降,有的机关便提前开始供暖,按国务院规定应该是11月15日开始供暖。陈云同志没有住在中南海里,住的是一处自己供暖的小院,但他严格遵守制度,指示工作人员不到15日不准点火烧暖气。

没有几天这事让周恩来总理知道了。一天上午10点多钟,周总理一进办公室,桌上放着值班秘书写的汇报单,上写陈云同志感冒发烧了,主要是天气冷,他不准烧暖气……周恩来总理一看汇报单就急了,按电铃叫我,说要车去看陈云同志,不等我叫好车,他就边说边往外走。我要车后叫上卫士张永池随同周恩来总理外出。

陈云同志住北长街71号,我们的车穿过中南海出东门,很快来到陈云同志的住地。

我们随周恩来总理上了陈云同志办公兼住房的二楼。事先没有打招呼，周恩来总理此行是临时家访。因天气冷又加上感冒发烧，只见陈云同志正靠坐在床头，披着大衣，围着被子批阅文件。周恩来总理见面的第一句话就是："陈云同志，天这么冷，你不准烧暖气，不行啊！"

陈云同志看是周恩来总理来了，急忙下床穿上大衣，周恩来总理也没脱大衣，他们二人从卧室出来进了办公室。我们跟上楼的意图是想拿周恩来总理脱下的大衣，以便他工作。但这次他没有脱大衣，因为陈云家里的温度实在太低了。我只好空手退到楼下等周恩来总理出来。

我们在楼下值班室里等了两个多小时，才见他们二人穿着大衣有说有笑地下楼来了。陈云同志带着周恩来总理察看了在楼梯旁的厨房，面积不大，只有七八平方米，里面有两个蜂窝煤炉子，陈云同志微笑地指着两个炉子说："一个做饭，一个烧菜，我爱吃家乡饭，这不很好么。"看来陈云一直想说服周恩来总理，但是没有成功。临走时周恩来总理当着陈云同志的面，对身兼数职的范金祥同志说："从今天起，你们一定要烧暖气，这件事你们要听我的。"

在回家的路上，周恩来总理对我们说："我们要向陈云同志学习，他工作那么忙，对家务安排得很细致。他吸烟只在办公室吸，睡觉房不吸。他穿的大衣是两用的，春、秋天是夹大衣，到冬天把做好的厚绒衬里用几个扣子扣上就是厚大衣。"并微笑地责怪我说："你就不会给我想这个办法做。"回到西花厅后，邓大姐正在客厅里，周恩来总理向邓大姐第一句话就说："陈云同志真会过日子，我们应该向陈云同志学习……"

陈云同志的两条好建议

1960年秋的一天上午,邓大姐叫我到她的办公室,和蔼地对我说:"你给我们管家,你看我们还有哪些东西能拿出来,交给公家使用或由公家拍卖的,包括送我们个人的礼品。现在是困难时期,这也是为支援国家,为早日渡过困难尽点义务。"

当时我在思想上早有准备,因为此事数日前已有传说,说陈云同志有两点建议:一是给干部增加点保健营养品,以便保证工作;二是清仓,有些物品能拍卖的可拍卖,将所得用于急需。"

我赶紧和邓大姐一起清理起西花厅的物件,我说一件,邓大姐记一件……

当天下午周总理起床后,邓大姐向他作了汇报,周总理饭后又叫我到后客厅。他手拿着我们上午登记的清单,邓大姐也在场,周总理问我还有东西没有?接着问有几个照相机?

我心想,我们已经兜出了家底子,哪里还有多余的东西?我如实回答了总理后,想想好像还有一套磁器没有登记在册,问是不是也拿出来?……周总理沉思片刻说:"这次就交这些吧,以后找出还可上交。"最后,周总理对邓大姐说:"陈云同志的两条建议很好,给干部一些补助,增加点热量,保证健康好工作;清仓既能节约国家开支,又能增加收入……"

这次西花厅清"仓"是比较彻底的。清出的物品有地毯、照相机、磁器、衣物等。遵照周总理指示,我们将清出的物品分别送给了国务院机关事务管理局和外交部,使其在困难关头发挥了作用。

后来我们听说,陈云同志这两条建议还真的解决了中央机关的燃眉之急，帮助机关顺利渡过难关起到了积极的作用。

中央领导人中类似这样感人的事情还有许多许多，因为篇幅有限，这里无法一一表述。

周恩来总理、陈云同志都是党中央高层领导人，在举国上下最困难的时刻，他们想的不是自己，处处事事想的是党、国家和人民。我作为周总理身边的工作人员，亲眼目睹了这些感人的事情，至今每每想起，心里都会涌起深切的怀念和感动，他们的崇高和伟大往往都是融化在这些具体、细微和不为人知的事情里，但是这些往事并没有随着岁月流失走，它不仅沉淀在我们的记忆里，也保存在全国人民的心中。

40年过去了，党领导我们走上改革开放之路，从计划经济到市场经济，现在全国人民生活好起来了，国家的实力增强了，但我们不能忘记，没有老一辈革命家从长征、抗日战争、解放战争到建国后长期而艰难的探索、拼搏和奋斗，就不会有我们今天的美好生活！特别是陈云同志，作为经济工作战线的一名领头人，他为中国走上富裕之路贡献了毕生的精力和才智，今天的经济改革也同样凝聚着他的心血和期盼。

注：我当时在周恩来总理身边工作。党中央五位书记（相当于现在的政治局常委）处的警卫人员分为五个卫士组，是一个党支部，直属中央警卫局领导，警卫局对各首长处的情况常有情况简报。这篇文章是根据我的回忆和有关材料写成的，如有不妥请指正。

访问尼泊尔历险
——尼泊尔飞机试航夭折

应尼泊尔王国首相柯伊拉腊的邀请,周恩来总理、陈毅副总理率中国政府代表团一行,于1960年4月26日乘我民航伊尔—14专机,上午到达尼泊尔王国首都加德满都,对尼泊尔王国进行国事访问。

根据尼方提出的日程,由柯伊拉腊首相陪同代表团到距离加德满都96公里外的避暑胜地博克拉会谈。我驻尼使馆事先派人去博克拉作了实地调查,对水质作了化验,当地水质不好;去博克拉没有公路,也没有机场,只有一个小草坪,伊尔—14飞机也不能降落。去博克拉只能乘坐尼方仅有的一架小飞机。这架小飞机很少使用,保养不好,很不安全。使馆建议改变日程,不去博克拉。我们到达加德满都后,我驻尼使馆向代表团、外交部礼宾司司长韩叙、总理办公室副主任罗青长、警卫局副局长李树槐汇报了以上情况。经研究由罗青长向总理汇报使馆意见。建议总理不去博克拉,将会议地点改在加德满都。总理听了汇报后说:人家首相亲自陪我去还有什么问题?因总理认为罗青长说话不够礼貌,批评他是大国沙文主义,坚持要去博克拉。罗青长建议要去博克拉的话需先试飞一次。结果小飞机试飞到博克拉就坏在那里不能动了。我们听后既庆幸又后怕。庆幸的是没有盲目乘坐小飞机,后怕的是小飞机没有坐人试航只飞了96公里就坏了。如果代表团不试航乘坐了小飞机,后果不堪设想。后来,尼方只得借用了印度空军一架小飞机去博克

访问尼泊尔历险

拉。因飞机小,我代表团只去了部分人员。行前要求每人填写一张详细的履历表,以备查用。这给每个人又增加了不安全感,大家议论纷纷,有的说这是最后留言表……

博克拉是国王避暑的地方,这里与世隔绝,在喜马拉雅山脚下,随地形而建的房子孤零零地坐落在一条小河沟两侧。右侧建有十余间平房,左侧除有数间平房外,还有一个大一点的客厅,中间用门窗连接起来。另有几间服务人员的用房。既没有街道、商店,也没有市民。我和宫恒征察看周围时,转到后面山坡上看了一下,见有几小片种过的地,只有凌乱的秸秆,完全是刀耕火种的样子。

晚上首相宴请时,奏国歌还奏错了,是旧中国的国歌,我们礼宾官及时予以了纠正。虽然已是4月下旬,但那里还是很冷,晚上还要用电炉取暖。第二天下午返回加德满都时,柯伊拉腊首相又临时动议,让飞机在冰川雪山下蜿蜒飞行,一路上尼泊尔首相还不时地向总理和陈毅副总理介绍情况。这是一次惊险的外地会谈游览。这次会谈游览,对我们警卫人员来说是极度紧张、提心吊胆的两天。

我随周总理曾两次访问尼泊尔,有几件事给我留下了深刻的印象。

一是尼泊尔是佛祖释迦牟尼的诞生地,全国大多数人信奉佛教和印度教;二是尼泊尔没有工业,经济不发达,是个贫穷的国家,并且地处喜马拉雅山脚下,全国多高山,气候寒冷,全国只有国王住的地方有暖气;三是接待贵宾不是献鲜花,而是撒红土。1957年1月周总理和贺龙副总理一行第一次访问尼泊尔,一下飞机与尼官员握手时,欢迎的群众每人手捧一盆红土,冲上来就向客人及政府官员身上撒。当时我们就处在红色烟雾中。当走到夹道欢迎的群众中时,又遇到了更多更大的撒红土高潮,我们的头上、身上、脖子里都是红土。到达驻地

想洗澡但没有热水,天又很冷,只好用自带的电热水壶烧水洗脸了事;四是主要物品包括食品,都是从印度进口,招待国宾的食品也都是从印度进口的;五是尼泊尔还有个与众不同的传统习惯,在相互交谈问题时,点头表示不同意,摇头表示同意。

4月29日我代表团结束了对尼泊尔的友好访问。我民航局为了减少周总理、陈毅副总理的旅途劳累,对代表团的回国行程安排为,从尼泊尔加德满都乘坐伊尔—14专机先到印度加尔各答后,换乘民航伊尔—18专机回国。由于伊尔—18是按照苏联寒带气候设计的,地面温度超过36度时可能出现不易启动的情况。所以要求伊尔—18一到加尔各答,在机场加油的同时代表团登机,加完油马上起飞。伊尔—18飞机飞行时速快,能超高空飞行。这样安排能缩短飞行时间,减少旅途劳累,又保证途中不受气候的影响。结果伊尔—14晚到了10分钟,伊尔—18飞机又提前到达了,到达后没有降落只在空中盘旋飞行着等待。我们到达后见到伊尔—18在空中转着,马列风趣地说,伊尔—18在空中避暑呢。伊尔—18飞机降落后,按照计划顺利完成了换乘飞机工作,我们于当天下午安全返回昆明。

王震要猎枪

　　王震是359旅旅长,从延安时期大生产运动,王震的名字就已为人所熟知。正是王震率领的359旅,把当时延安变成了陕北的江南,使我们的部队粉碎了敌人的封锁阴谋。丰衣足食,渡过了困难时期。建国后又是王震将军带领部队在新疆石河子地区成立了建设兵团,为新疆的发展做出了贡献。总理曾两次去石河子视察,看到建设兵团取得的成绩非常高兴。在石河子总理还与上海知青座谈,鼓励他们扎根边疆、建设边疆。

　　记得是上世纪60年代,王震将军到西花厅总理家开会。王震首先汇报了建设兵团的情况,总理对建设兵团取得的成绩大加赞扬。这次会议主要研究新疆建设的今后发展问题。

　　会后,王震说有时出去打打猎,问总理有没有好猎枪,总理说:"有几支,什么样子没看过,你自己挑吧!"总理把我叫去问:"库房里还有枪吧?"我说有三支。我带王震将军到储藏室,向他一一介绍枪支。一支是前苏联朱可夫元帅1950年送给总理的;一支是1954年日内瓦会议后访问东德国时东德国总理格罗提渥送的;另一支是捷克一位领导人送给总理的,三支全是双筒猎枪,外表看起来没什么两样。后来王震将军看中了朱可夫送的那支,那支枪上刻着有虫鸟花纹,就要了那一支。

　　1973年文革时,我在江西进贤县中办"五七干校",那时王震在进贤东乡一个农场蹲点。一次他来"五七干校"参观,我是生产组长，指定我带他参观介绍情况。王震将军说："我好像见过你？"我说："是，见过多次，我原来在总理身边工作。"他笑了，"啊！那次去要猎枪还是你带我去的！"这次王震给我们介绍了一种水葫芦是养猪的饲料，经试用效果很好，我们在干校推广了种植。

访问越南　异地降落

1960年5月9日，我政府代表团分乘三架苏制伊尔—14飞机，从金边飞往河内。当时规定，每架飞机起飞时间相隔15分钟。周总理与陈老总乘坐第二架，我作为随卫也坐在第二架。第一架飞机安全降落河内后，气候突变，下起了雨。我们第二架飞机接近机场上空时，电闪雷鸣，风雨大作，而且越来越厉害，飞机在空中左躲右闪，绕了20分钟，仍躲不开雷雨区，机场上的人都急了。坐第一架飞机的马列同志说，越南方面范文同总理急得跑到指挥塔台上，指挥第二架飞机往下冲，但第二架飞机就是绕不开雷雨区，为了安全，机长建议在胡主席家乡义安省宜安市降落，经周总理同意并通告指挥台后直飞宜安。

宜安市是个草坪机场，设备很简单，候机室只是个草棚。我们随周总理和陈老总下飞机后，都被安置在草棚里休息。那时美国已接替法国继续在越南实行殖民统治，越南人民正在为保家卫国而战，条件非常艰苦。越南党和政府对工作人员要求很严格，接待我们的工作人员认真负责，水和食品不经化验不能给客人食用。我们等候期间，只好到飞机上取自备的水果和巧克力食用。直到下午得到河内的允许，宜安负责人才接我们到宜安住地吃饭、休息。招待也很简单，我们在宜安只住了一夜。

5月10日上午9时20分飞往河内，以范文同总理为首的政府领导在机场迎接，并有10万群众夹道欢迎，高举着周总理和胡主席的肖像及欢迎标语。下午向烈士墓敬献花圈后，由范文同总理陪同参观了由中国援建的河内升龙卷烟厂、金星橡胶厂及河内肥皂厂。在肥皂厂，越南朋友送给我们每人一包各种各样的肥皂，其中两块香皂用到最后还带有香味。晚上出席了范文同总理举行的盛大国宴，胡志明主席也出席了宴会。

周恩来访问越南

胡志明主席衣着简朴，待我们亲如家人，热情亲切，无论是会谈还是举行宴会，胡主席都亲自陪同。胡主席的招待也很简朴，因为是抗美救国战争时期，越南物资极度匮乏，就像我们当年在延安一样。每次招待客人后，胡主席都把余下的水果

访问越南　异地降落

和糖分给参与接待的越南同志,让他们带回家,与家人分享。

有一天早餐后,胡主席带我们参观了他的住房。他的住房就在原法国侵占越南时所盖的总督府院子的树林里,是普通得再也不能普通的三间平房,一间办公、一间吃饭、一间作卧室。办公室里有一个书柜、一张三屉桌、几把椅子,旁边放着两双鞋。除此再无他物。餐厅就有一张桌子、几把椅子,再就是一个放碗筷的柜子。卧室更简单,只有一张木板床,一只盛衣服用的皮箱。当时胡主席已77岁高龄,一生未结婚。总理看后对我们说,你们都看到了,胡主席的生活就是这么俭朴。

1960年5月周恩来与胡志明同越南少年在一起

在下午的参观中，我们看到有些越南男女老少都手拿鲜花，向还剑湖边的一座小庙走去。周总理问，他们拿鲜花到那座小庙去做什么？我驻越南使馆的翻译告诉总理，湖边那座小庙叫二征庙，我国汉朝时，有个马援将军带兵过去镇压越南人，二征夫人姐妹俩奋起抗击马援的侵略，但因寡不敌众，姐妹俩最后投江而死。为了纪念这两位妇女，当地群众在湖边建了这座庙，每年到这个时候，许多越南群众到庙上去献花。周总理听后说，噢，有这种事！并嘱咐使馆翻译准备两束鲜花。下午，周总理带上鲜花，专程到二征庙，向那两位越南女英雄表示敬意。

5月13日清晨，在出席河内8万市民的盛大集会上，周总理讲话说：中国人民坚决支持越南统一祖国的斗争，中国是你们的后方。5月14日，中越两国发表联合公报。当日代表团结束了访问回到南宁。

阜成门车险
——周恩来乘车遇险纪实

周恩来总理工作日程安排一向很紧,常常是放下这个就是那个,很少有间歇时间,因此,他乘车也要求快,有一次从中南海西花厅到西苑机场,竟快到只花了13分钟。他之所以要求快,理由很简单,就是不愿把时间浪费在乘车的路途上。

周恩来总理可说是国家领导人中乘车行驶里程最多的人,他启程的时间晚,又必须准点到达,这就要求车速快而且选行最佳路线。在那时北京行车秩序不良的情况下,每次出门我们警卫人员也为之担心,生怕会遇到不测,但是长期以来,他的座车从来也未出过大小事。

然而,险情还是未能避免,我这篇文章记述的险情就发生在1961年6月15日下午我们从中南海到钓鱼台国宾馆的路上。

我是周总理的卫士长。6月15日下午我一上班,照例先看了看周恩来总理办公桌上的台历,看上面记了些什么活动。周恩来总理一向有这么个习惯,就是头一天把第二天的日程安排写在台历上。我一看上面写着:"下午2:30到钓鱼台",立刻便明白了,他两点半要到钓鱼台,然后陪着住在那里的越南总理范文同到人民大会堂出席北京市各界万人欢迎大会。于是,我便去找值班秘书了解全过程的情况。

为了事先有个精神准备,不致临时慌乱,我和值班警卫员张树迎,一起研究和分析了这次活动的全部情况。

随即我用电话通知了中南海警卫局值班室。他们早已得知这次大会的安排情况。我又通知总理的汽车司机杨金明，要他在两点把汽车开到西花厅。张树迎在准备必需的东西。

杨金明准时把汽车开到了西花厅前院。他今天不用像往常那样，停在树荫下避开烈日的炙烤（那时车里没有冷气设备），而是把车身贴近前屋的大门。因为正下小雨，为的是让周总理从后院办公室走到这里能少淋点。他习惯地到我们值班室露了一下面，一则表示他已按时到位，二则看我们还有什么对他要交代的。我向他谈了这次活动的有关过程，他便擦车去了。这也是他的老习惯，每逢下雨或是车上有灰尘，他总要擦干净，保持车身的清洁。

这是一辆50年代从苏联购置的吉斯车，即吉斯 ЗИС—115型防弹车。总理日常活动一般都是乘坐苏制吉姆—ЗИМ。因这次是欢迎越南总理的重大国事活动，所以调用这辆吉斯车。这种车是按莫斯科气候寒冷条件设计的，北京的夏天它很难适应，常自生一些故障，可是它在老杨手里从来没出过一点小问题。

出行之前，我先到周恩来总理办公室去看了一下，一则看看有什么需要准备的，比如他没有剃须而又没有时间剃，我们就得把热水瓶、毛巾、剃须刀带上，以便他在行车途中剃须；二则天正下雨，路上不一定好走，外事活动又不能迟到，想催他提前出发。

我走进办公室时，总理正伏在桌上批阅文件。听到我进去，他的眼睛从老花镜框上看了我一眼，接着又瞥了一下桌上的闹钟，那意思好像是说：还没有到点呢，你们就来催我。你们总是把富裕时间留给自己，叫我放下手中的工作。我见他不动，反正我提醒的目的已经达到了，便转身走出办公室等候。

往常，下午西花厅前院总要停很多车，一些部门的负责人排着队来找总理谈话和汇报工作。今天下午却只有一辆车，这就是准备乘坐去钓鱼台的吉斯３ИС—１１５。院里很清静，从与西花厅一墙之隔的府右街上传来的自行车铃声、汽车的汽笛声、交通民警的呼叫声，比往日显得更加清楚和嘈杂。

不多一会儿，总理从办公室出来了。他走得很疾很快，我忙连走带跑地赶到他前面，去开车门。这辆车的车门很重，总理右手又有残疾，很难把它拉开、关闭。总理上了车，他的习惯是坐在汽车后排左侧的位置上，伸出左手拽住窗侧的吊带——因为车速快。我照例坐在他的右侧，把车门落锁。张树迎则坐在司机杨金明一旁。我向门卫哨点点头，他会意是要向钓鱼台通知一声，免得在那里的外交部人员心中无数。

周总理对自己要求一向很严格，外出活动从不让警卫部门派警卫车在前面给他开道。这次去钓鱼台，也没有沿着警卫部门为保障国宾活动专门布设了交通民警的那条路线，即沿人民大会堂——西长安街——复兴门一线，而是沿着去钓鱼台的最短路线，即府右街——西四——阜成门一线，快速行驶。总理对自己走过的街道都能熟记，如果不走最佳路线便立刻指出。这时，雨不大不小地下个不停，挡风玻璃上的雨刮子不停地刮来刮去。往常，遇到汽车自行车便自动让路，让汽车先过去，今天，因为下雨，自行车都不大情愿相让，行人也只顾自己脚下的泥水。坐在司机座上的杨金明，既要注意前面的路况，又要留心不使车轮溅起的泥浆溅到自行车和行人身上。他不停地拨转方向盘躲来闪去地走着并且不时鸣笛。我和张树迎，则按照警卫人员的职责，分别注意前方和两侧。尽管沿途值勤的交通民警，老远就能识别出总理的座车，而提前给予放行的信号，保障畅行，但我们仍旧提心吊胆，生怕出事。

吉斯３ИС—１１５穿过了交通秩序混乱的西四牌楼地段，前面不远就是高耸的阜成门城楼，出了阜成门城墙豁口，不但道路宽阔，车辆少，行人也少，视野开阔，可称安全行车的最佳地段。尽管如此,我们仍然不能放松警惕。因为我们都知道,越是环境好,人们越容易麻痹,特别是急着赶路,搞不好就会出麻烦。

这天果然出了意料不到的事故。周恩来总理的座车驶到展览路南口时,就见前面路南一个大门里钻出一辆卡车。它本来是右拐向东行驶的,没有想到将要和周恩来总理的座车交会时,它忽然逆行而驶,接着又突然横到了马路中间。我们一看情况不妙,忙喊:"卡车!""危险!"

杨金明早就看到了那辆卡车。他是司机,对沿途路口、路况很熟,知道要经过哪些道口、机关、工厂,当然也知道那辆卡车是从北京市电车一厂的车场出来的。因那卡车出门后向右拐,所以交会时并没有鸣笛。各行其道,互相并不妨碍。当看到那辆卡车忽然驶入逆行,既未打大迂回指示灯,又不鸣笛,不打手势,估计它可能横在马路中间,自己车速又快,眼看立即要被它撞上肇成特大事故。无论如何也不能叫它出事。一种重大的责任感促使杨金明立即采取措施,鸣笛、点煞、换一挡,向右避让。车正往右偏,忽见前面有根粗大的水泥电线杆,弄不好,很可能被卡车挤到电线杆上,杨金明连忙又改为逆向避让,并把方向盘向左打死。就在这时,那辆卡车的车身忽然在他眼前一晃,眼看就要撞上,杨金明暗暗喊了一声:"不好!"随即脚下猛地一踏,吉斯 ЗИС—115 立即来了个180度大调头,嘎地一声停住!

人们在形容遇险情景时,常常是用"又惊又险",或是"有惊无险"。我们这次可说是"有险无惊"。我们之所以称它"有险无惊",是因为"险"确实是"险","险"到了一旦撞上,就会车毁人亡;"无惊",则是在这紧要关头,我们谁也没有张皇失措,像人们遇到险情的时候,通常要吓出一身冷汗,而是沉着地只想避免出现最坏的情况,这是我们预先有精神准备的缘故。因此,当吉斯车眼看要与卡车撞上的时候,坐在前排的张树迎立即回过身来托护总理。无奈这车是三排座,中间隔着一排,够不着总理。我呢,很自然的反应就是用左手和身躯使劲架着总理,右手则用力支撑着中间那排座椅的靠背。总理也使出很大的力气来支撑。虽然几个人在吉斯急调头的过程中,身体失去了重心,歪倒在一边,几乎摔到座位下面,但谁也没有受伤。这不能不归功于杨金明驾车技术高超,和他的高度责任感。如果他技术不精,责任心不强,不能在一刹那之间脑、眼、手、脚并用,准确无误地完成调车、煞车这一系列高难动作,其后果不堪设想!

尽管几乎两车相撞,造成了重大交通事故,可是那辆卡车的驾车人却像什么事也没有发生,他依然不打指示灯,也不鸣笛,在马路中间又莫名其妙地来了个大迂回,然后驶回电车公司一厂的大门里边去了!我们真是气得要冒出火来!

想到周总理去钓鱼台要紧,不能耽误,杨金明手把方向盘,打了个倒车,调转车头,继续向西行进,好像刚才的一切未曾发生似的。小雨依然落着。

我跟随周总理多年,从来还没有遇到过这么大的车险。总理也只是在苏联遇到过一次。那次,总理和陈云、李富春同志一道出访苏联,在莫斯科有一天外出,周总理的座车沿着马路中间只准苏联主要领导人车辆通过的"中央线"行驶,突然从右方横着驶来一辆汽车,周恩来总理的座车刚过去,没有撞上,却撞了陈云、李富春同志的车,弄了个车损人伤。万没有想到这天在北京又遇上了这一次。

我们很生气,周总理也很生气。一个司机怎么可以不鸣笛、不打指示灯,就在大街上打大迂回?真是无法无天!总理对这种不遵守交通规则的行为自然不能容忍,他指示我:"到了地方,你马上把情况告诉北京市公安局,要他们查清楚,是什么人不按交通规则行车？是有意还是无意？查明后要严肃处理。"我巴不得狠狠去处理一下那个卡车司机，恰好周总理又作了这样的指示，于是回答说："我马上就办。"总理接着又表扬了老杨："都是老杨开车技术高，处理得好，才避免了一场大车祸。"我和张树迎也问：老杨，现在心里慌不慌，并告诉他可以开慢一点。杨金明嘴里低声咕噜了句什么，又照旧全神贯注地开他的车。

到了钓鱼台，我立即从五号楼打电话给北京市公安局和警卫局报告了情况和卡车的牌照号码。我把周总理的指示原话传达之后，并说，我理解总理的意思不是叫查那辆卡车是否企图撞他的车，而是司机为什么打大迂回不鸣笛、不打指示灯违犯行车规则。因我们警卫人员有一种职业病，遇到问题，往往会先入为主觉得对方是冲着总理撞来的。北京市有关领导对此十分重视，北京市副市长兼公安局长冯基平带领有关工作人员立即赶到了现场。电车公司一厂厂长张维仁、党总支书记冯彬，听传达室的人电话上讲，厂里的卡车几乎撞了周总理的座车，公安局的领导、交通管理处的领导都来到大门口了。他们感到问题严重，当下就打电话报告了电车公司经理许步宁，并跑到大门口来了解情况。

情况很快弄清楚了。原来那个驾驶卡车的是电车一厂的维修工，叫张兴辰。最近一段在私自练驾驶，常常开着车在厂子里转。特别是将会不会瘾头更大，不玩一玩手就发痒。这天下午他手头没活，就借口给卡车加油，和班长要钥匙，班长也知道他给车加油是假，想开着玩玩是真，又不好当面给顶回去，就把钥匙交给了张兴辰。张兴辰拿到钥匙，非常高兴。他还从来没有开车上过街，他决定试试，于是就把车开出了厂门，想转一个大圆圈就回厂，对面有车无车全然没有瞧见。

负责交通管理的阎荣久，经过询问和勘查现场认定：张兴辰是非司机驾车，违章行驶。他说："幸亏主车司机处理及时、得当，才没有酿成大祸。要是总理的车出了大祸，我也得背上铺盖卷自动去坐大牢。北京的交通我们没有管好啊！"又说："这次也太险了，吉斯车车身长，约6米，车身重，约5吨，方向盘很不灵便，又遇上下雨，地面有水，车速又快，没出事真是万幸。"最后他向我们强调一定要有安全措施，要沿布设的专勤路线走，不能老图快。

公安局的同志弄清情况后，和电厂公司许步宁经理很快赶到人民大会堂，向周总理报告情况并听取指示。公安部的负责人和我接待了他们。

欢迎越南总理范文同万人大会一散，周总理送客人上车后，坐车回中南海西花厅。我就利用行车的空当时间，把许经理的汇报和公安局对这次事故性质的认定，向总理作了汇报。

张兴辰知道周总理的车几乎在他的错误中出了事，给厂里惹了麻烦，闯了祸，非常懊悔，也非常害怕，单等处理。那位借给他车钥匙的班长，也很气恼，埋怨自己不该碍于情面，不该把钥匙交给他。厂里知道这件事的人，也都认为闯了通天大祸，会有好戏瞧！厂里上上下下没有不议论这事的。

从警卫工作角度看，这次幸免于难，首先是司机发现对方早，及时采取了调头、煞车的措施。周恩来总理和我们发现也早，及时做好了准备撞击的预备反应。如果是未发现或发现较迟，我们都将会处于毫无防备或措手不及的状态，即使不被撞死撞伤，也会在车厢里翻滚致伤。其次是吉斯车车身长而重，比较稳，所以虽然来了个原地猛调头、急煞车，而没有失去重心，在马路上翻倒。这次要是一般车是非翻倒不可，那后果就严重了。

"荒唐！（"荒唐"是总理批评人最重的语言）怎么能随便开车出来玩？多危险！"周总理很严肃地说。接着又向我交代：

通过市公安局转告电车厂领导,要他们结合这次事故对全厂职工进行教育,杜绝类似情况再次发生;厂里要加强制度管理,没有制度不行,有制度不执行同样不行;对那位私自开卡车出厂的同志,要做好思想工作,不要因为是遇上我的车而加重处分。最后叮嘱我说:"厂里对这件事的处理和落实情况,你以后去了解清楚,再告诉我。"他从来不让我们直接插手过问一个单位的工作,有什么事总是通过组织系统,这次是一个例外。也许是电车公司许经理曾经到人民大会堂和我们谈过的缘故,不然,他是决不会让我们再到电车公司去了解对这件事的处理和落实情况的。据我所知他自己向来也不直接处理各单位的事务。

  随后,周总理又要我们注意安全,并说:有时候为了赶时间开快车,是我叫开的,这怨不得你们。但遇到红灯时绝对不能闯。我是总理,应该带头遵守交通规则。又说:我的车是不能撞人的。总理对乘车曾经做过许多规定,比如雨天行车车轮子不能把路面上的泥水溅到行人身上;进会场不能抢人家的车道;不能停在老人的车前;不能先于老人退场;不要停车场的交通民警给予特殊的照顾,等等。他这些要求,不仅仅体现了他严于律己的高尚情操,而且说明了他对北京市的交通管理要求很高。他曾不止一次地说:北京的交通管理,应该成为世界各国首都中比较好的。解放初期,周恩来总理到日内瓦出席国际会议,在那里他曾注意观察过人家的交通管理。回来后,他告诉当时任公安部长兼北京市公安局长的罗瑞卿,要仿效外国人在马路中间划上分界线,把上行车和下行车分开。同时提出,交通民警的现行制服颜色不明显,不易辨别,不利于指挥和管理。1958年,有一次他发现在东、西长安街值勤的交通民警中有女民警,当即告诉公安部门,指挥交通是一项精神紧张而且劳动强度大的工作,女同志的生理和体力均不适合。遵照他的指示,北京市立即取消了女交通民警的建制。

我们回到中南海,走进西花厅客厅,恰好邓大姐也在。周总理告诉她:"我今天差点出了大车祸!多亏老杨开车技术高,处理得当,这才避免了车祸。这是我坐汽车第三次遇险。"邓大姐一听吃了一惊。我连忙把事情的经过向邓大姐作了汇报,邓大姐这才长出了一口气。

接着,周总理又向我们讲了前两次坐汽车遇险的经过。第一次是1925年8月23日,也就是廖仲恺先生遇刺的第四天晚上,当时他担任"廖案检查委员会"的委员,坐汽车回司令部时,因临时改变了口令,回答不对,被门卫哨兵用机枪扫射打死了他的司机和护兵。第二次是1937年5月,他坐汽车从延安去西安,在陕北崂山遇到土匪的埋伏,警卫和司机大部分伤亡。

几天后,我找北京市公安局了解电车公司有关那次事故的处理和落实情况,公安局告诉我,他们已经抓了制度和措施的落实,张兴辰给了警告处分。并说,厂里有些人反映,张兴辰幸亏遇到的是周总理,要不然,降级、开除、蹲大牢都有可能。

前不久,我在整理撰写本文的时候,又去访问了原北京市电车一厂的有关人员,本想找当时的当事者张兴辰谈谈,原电车一厂厂长张维仁向我讲了一件很不幸的事:在"文化大革命"中,厂里的纪律和制度都被砸烂了,管理没人抓。一天张兴辰去检修电车,违反操作规程,没有切断电源就俯下身去检修,不慎触通了电源,电车突然启动,从他身上轧了过去,未能救活。我听了不由一怔:怎么这回又是他?又是违反制度和纪律……周总理如果尚在,我不知应该怎样向他报告,也不知他又该说些什么。

随周总理上庐山

1961年八九月间，中央工作会议在江西庐山召开。这次会议，周恩来总理和邓颖超大姐都参加了。会议从8月23日开始到9月16日结束，历时25天。

行前的指示

1961年7月下旬，一天早饭后，我同往常一样正在卫士值班室和值班卫士研究安排当天的工作。邓大姐来到值班室，叫我同她去散步。在院子里邓大姐边走边说："8月份我和恩来要去庐山参加中央召开的工作会议。因过两天我要先去，所以有些要办的事先告诉你，因这次会议时间长，可能要20天至1个月。你们除小姜（贵春）卫士和老桂（焕云）厨师外，其他人都去，包括医生、护士。现在国家处在困难时期，你要把我们所用的东西多带些，去的人都要带全自己的东西，不要给地方上增加麻烦。"最后还说，要带上全国通用粮票。你要把我的意见告诉要去的每一个人。根据邓大姐的指示，我分别给要跟随去庐山的同志作了传达。这次去的有秘书、警卫、医生、护士十几个人。

困难时期，总理外出，邓大姐或办公室主任，总要对随总理外出的同志传达总理的指示，即轻车简从，按标准吃饭，要交全国粮票交伙食费，不要买东西等。这次之所以带这么多人完全是总理的意思。

随周总理上庐山

自费买窗帘

8月23日上午，我们乘伊尔—18专机从北京抵达江西九江机场，然后换乘汽车上了庐山。

我是第一次上庐山，对庐山的一切都感到很新鲜。汽车爬行在曲折蜿蜒的公路上，从下往上看，庐山层峦叠嶂、云雾缭绕、郁郁葱葱，的确是一片人间胜景。然而，作为警卫人员我都无心去欣赏美景，满脑子装的是行车安全，注意观察路上是否有异常情况……尽管地方警卫部门早已在沿途作了布置，但我仍不能有丝毫的松懈。

根据江西省委的安排，我们下榻于江西路442号。据介绍，这个小院是建国前一美国传教士所建，1946年，国共和谈，美国调停，马歇尔特使8次上庐山见蒋介石曾在此住过，建国后收归省政府所有。这是一个别墅式小院，房子依地形而建，住房比马路高出五六米。小院不大，也不平整。主房在小院左侧，要登五六个台阶，进门后有一个约10平方米左右的小过厅，是餐厅，也是我们的值班室。往里走有一个约10米长、两米宽的走廊，走廊连着各有20平方米且有卫生间的两间主房，周总理和邓大姐各住一间。在小过厅右侧有两间比主房小一点的房间，一间有卫生设施的作为周总理和邓大姐的会客室，另一间作为我们警卫人员的住房。房子的设计安排很实用，美中不足的是走廊西晒，没有窗帘，走廊不能利用。

另外，小院东边顺着山坡有一石阶路，路两侧随地形有六七间平房，和我们一起来的工作人员就住在平房里。在工作之余，还可以沿着小道去后山散散步。从小院往山上望去郁郁葱葱、青山滴翠、空气清新、气候凉爽宜人，不用电扇或扇子。

在这里住了两三天后，庐山管理处大概也发现了走廊西晒的问题，有一天派人来给走廊挂上了新做的天蓝色的布窗帘，我们正在为庐山管理处的周到安排而高兴，有了窗帘走廊就可以利用了，不料周总理开会回来发现后很生气，严厉地质问我们："这是谁让给做的？"我们回答说："谁也没让做，听来挂窗帘的人说，是管理处统一安排做的，不光我们这小院的走廊上挂了，其他院也都挂上了。"总理听后缓和地说："现在国家棉布供应很紧张，完全可以不做嘛！"接着又问我："带布票没有？"我回答说："没带。再说，家里也没这么多布票。"这时邓大姐插话说："这事你就不要管了，房子是公家的，你走了，别人也要来住的。"总理说："房子虽然是公家的，但这窗帘是专为我做的，没有布票那就交钱。"接着转脸又对我说："你到管理处去查一下，按发票上开的价格，该付多少钱就付多少钱。"并说多少钱你要告诉我。事后我找了庐山管理处，要来买布的发票，按发票上的价格付了款，并拿着发票在总理、大姐吃饭的时间向他们做了汇报。总理就是这样，无论大事小事，都是严于律己，率先垂范。这件事使我又受到一次深刻的教育。

俭朴的生活

说到周总理和邓大姐的俭朴生活，凡在他们身边工作过的同志都深有感触。

上庐山后第一餐饭，饭菜比较好些，总理发话了，说以后按北京的规定吃饭。所谓北京的规定，就是一人吃饭是两菜一汤，两人吃饭时可加一个菜，也就是三菜一汤。事后，邓大姐让我和卞（志强）大夫到厨房向管理员和厨师说明了情况和要求,一切按照北京的规矩办,直到会议结束。

总理住地有几个负责安全值班的同志,一天上午他们出于对总理和大姐的尊敬,去山上捉了几只石鸡(类似青蛙,比青蛙大),午餐给总理加了一个青椒炒石鸡。服务员小冯跟总理、大姐讲,这个菜是负责工作的同志在山上抓的石鸡做的,请你们尝尝,放下菜就走了。石鸡是庐山的著名特产,生长在水边的石头缝里,肉质鲜嫩无比。

尽管这次多了一道菜,成了四菜一汤,总理和大姐仍没有破北京的规矩,他们吃了石鸡和另外两道菜,另一道菜却一筷未动。小冯来收拾碗筷时,大姐对小冯说:"青椒炒石鸡很好吃,代我和恩来谢谢那几位抓石鸡的同志。"又指着桌上未动的一道菜说:"把这个菜拿回去留着晚饭吃。"由于上庐山前做了充分准备,所以在会议期间我们没向管理处要过任何东西。

抓鼠遇蛇

总理和大姐的住处是老式石木结构的平房,这次来开会前,庐山管理处只是让人对房间内部粉刷了一下,未作大的检修,所以我们住进来后,不论白天黑夜,都能听到老鼠在天花板上跑来跑去和吱吱的叫声。为了不影响总理和大姐休息,我们找了一个老鼠夹子,从小过厅天花板上的出入口向天花板上放了鼠夹子。

一天早晨,总理和大姐还未起床,只听得小过厅的天花板上有嘭嘭声,显然是老鼠夹子夹住老鼠了,我们都很高兴。为了抓住老鼠,不让它跑掉,我急忙搬来了小梯子,在高振普、郑淑芸的帮助下,拿着手电筒,掀开天花板的出入口盖,上去找老鼠夹子。由于顶棚很低,只能在天花板上爬行。我正找鼠

夹子时，突然发现一条身上一圈白一圈黑的银环蛇，蛇身比手电筒还粗，蛇头抬起有一尺多高，吐着芯子迎面向我爬来。我最怕蛇，这时我丢下手电筒连忙后退到天花板的出入口处，由于是后退下来两只脚怎么也蹬不着梯子。郑淑芸、高振普帮我蹬上梯子，这才下了地。

开始他们还问我："怎么样？打着老鼠没有？"等看到我面色惊慌问我发生了什么事情，我喘口气，定了定神，才把在天花板上发现银环蛇的事告诉了他们。我们一方面为我没被银环蛇咬着而庆幸，另一方面，我们又怕银环蛇窜到总理和大姐房里，伤着总理和大姐。当时我们商定，待总理和大姐去开会时，组织人到顶棚上去打蛇。

当天下午，总理、大姐去开会，我们几个人拿着手电和工具钻进顶棚去打蛇。顶棚里又脏又乱。我们用手电照着，找了半天也没找到那条银环蛇，只找到了那个老鼠夹子。很可能是那条蛇吃了被夹住的老鼠，早就溜得无影无踪了。再细查看，只见四周墙壁是用乱石垒的，连顶部都没封口，蛇鼠之类随处都能进入顶棚。我们无法解决，只能把情况反映给庐山管理处。我们唯一能办到的，就是对总理和大姐的卧室内部进行一次全面检查。不过还好，检查结果并未发现有鼠洞和大的裂缝，我们这才放下心来。

忙里偷闲学游泳

这次中央工作会议会期较长，会议安排是半天开会半天休息，每周三晚上有电影，周六晚上有电影及舞会。总理有时去风景区散散步，周六有时去跳舞。

有一次，护士郑淑芸同志碰上了体委游泳教练黄莲华，听

随周总理上庐山

黄莲华说芦林湖可以游泳，毛主席已去游过几次了。

一天吃午饭时，小郑向大姐建议让总理也去学游泳，运动运动，邓大姐也同意。总理来餐厅后，小郑和邓大姐一起动员总理去学一学，并把毛主席已去过几次的事也说了。周总理听了他们的动员，也同意去学游泳。

由于下午没有会，午饭后，总理和我们几个人乘车来到芦林湖，那天天气晴朗，湖水清澈见底。我们到时黄莲华早就等在那里了。黄莲华是体委派来专门教首长们学游泳的，她每天下午都去芦林湖。黄莲华见到总理，赶过来和总理握手，问候了总理。1958年在北戴河，黄莲华曾教过总理学游泳，这是第二次教总理学游泳。她教得认真，总理学得也认真。因为总

成元功（左二）陪周恩来总理学游泳

理当年在延安曾被江青的马冲撞过，右臂受伤严重，致使右胳膊不能伸直，所以学了一中午，虽然很认真，但进展不大，只能在水里漂起来。原因是总理受伤的右臂使不上劲，两条胳膊用力不均衡。向前游不了几下，身子就打转圈儿，不能前进。

听说总理在学游泳，岸上不少人都来看，当时杨尚昆同志的儿子杨绍明也在，他正好背着相机，当即拍了几张周总理学游泳的照片，如今这几张照片已成为历史的见证。

庐山奇特的气候

这次是第一次上庐山，给我留下最深的印象是奇特多变的天气。当我们坐专机到达庐山脚下的九江机场时，气温高达38~40度，热得人喘不过气来，闷热胜过北方的盛夏天气。但到达庐山上住地时却是林木参天，青山滴翠气候凉爽宜人。在太阳地里也不觉得闷热和干燥，不用扇扇子或电扇，晚上睡觉还得盖被子，真是避暑胜地。但这里气候多变，在大晴天突然飘来一块黑云，黑云一来马上就下雨，几分钟后，云过雨停天又放晴。有时白茫茫、雾蒙蒙对面看不见人，如同生活在云雾中。也有时白云扑面而来，从门口进入穿堂而过，又从窗户冲了出去，使人像生活在空中，虚无缥缈间疑是仙境。这样的现象，多数出现在中午和下午3点钟以前。

周总理探亲看表妹

庐山中央工作会议期间，每周六都举办舞会，舞会是录音带伴奏。参加舞会的除大会工作人员外，还有庐山机关单位的工作人员。

　　周总理喜欢跳舞,每到周六只要没有急办的事情,在九十点钟后他必定去跳一会儿。这对他来说,既是一次消遣,也是一次休息,同时也是接触群众的好机会。

　　一次周六,总理跳了半场就不跳了,和舞伴进休息室谈起话来。作为总理的警卫人员,我也跟了进去,原来和总理谈话的这位女同志,叫陈珍华,她和爱人都在庐山植物园工作,她是会计。她爱人叫钟则朱,钟则朱的母亲叫万真,是周总理的表妹,就住在庐山植物园。总理和表妹已经50年没见了。听说表妹住在庐山,非常高兴地转脸对我说:"你把她家的住址和爱人的名字都记下来,以后我要去看她们。"

　　我记得我曾经代周总理给钟则朱写过两次信。第一次是1958年冬天,钟则朱因公到北京时,托总理的弟弟周同宇给总理捎过庐山的云雾茶,邓大姐让我根据周同宇留下的庐山植物园地址写了回信,对他送的庐山云雾茶表示感谢。第二次是1960年春天,钟则朱给总理和大姐写来一封信,并寄来一小包庐山野生的小板栗。信中说,小板栗是他们全家利用节假日在庐山采摘的,在困难时期向总理和大姐表示一点心意。板栗虽小但很甜,大姐留了一些,大部分给我们吃了。这次大姐又让我给钟则朱写了回信,并表示谢意。也正是因为这个缘故,我才知道总理的母亲姓万,他有个表妹叫万真,小名叫黑子。她小时候常和总理在一起读书、玩耍。

　　听陈珍华说万真现在住在庐山植物园,跟他们一起生活,且年老多病,总理先让陈珍华带个口信向老人问好,说随后有时间一定去看望她。舞会后,在回住地的路上,我把钟则朱五八年送的茶叶、六〇年寄板栗以及邓大姐让我两次写回信表示谢意的事向总理作了汇报。

　　时过不久,一天午饭后,总理对我说:"今天下午没有会,

正好去植物园钟则朱家看看。你让王科长（江西省公安厅给总理派的警卫干部）先去植物园看看地址，不要告诉他们我要去。去时只去一辆车。

下午两点，我和值班警卫、王科长随总理乘车去植物园看望他表妹，到时见钟则朱和他爱人陈珍华及小孩早已在门口恭候。原来王科长把总理要去钟家看望表妹的事，告诉了植物园的领导，植物园领导要他们提早回家做了准备。

总理下了车，我和在场的詹处长，随同他们一起走进了钟家，进入会客室。陈珍华忙着给我们斟茶水，钟则朱则从另一房间搀着母亲来见总理，总理高兴地迎上前去，握住表妹的手说："我是大鸾，你还记得吧？"万真看到总理又惊又喜，连连点头说："记得、记得。"周总理扶她在沙发上坐下，又问她："身体还好吧？"她说："不好，常犯病。"总理再问她："听说你有时还回老家扬州看看？"她说："前几年还回去过，这两年身体不好，就没有回去。"总理已经50年没见过母亲家的亲人了，这次同万真见面，很想通过她了解一些母亲家的情况。谁知这时万真因总理的到来心情紧张，老病忽然犯了，突然间她两眼紧闭，嘴巴也紧紧地咬着牙，两手紧握拳，全身痉挛，手足颤抖憋得出不来气。钟则朱马上过去把母亲抱在怀里，并按摩其胸部，陈珍华过去掐着她的虎口穴，这时病人的脸色变暗发青紫色，口里吐出白沫。总理叫我赶快去接卞大夫来，钟则朱说："不用，这是老毛病，过一会儿就好了。"

果然，几分钟，病人慢慢恢复了，全身不抖了，陈珍华给她喝了一口水，她无力地靠在沙发上，看上去极度疲惫的样子。

看到这种情况，总理就不再提扬州的事了。就转了话题，与他们拉起家常，问了钟则朱的生活情况，并站起来从窗口望了望房后山坡上他们亲手种的蔬菜。最后，总理拉着表妹的手告别说:"你儿子、儿媳、孙子全家对你都很孝顺,你就好好养吧,病很快就会好的。过几天,有时间我再来看你。"万真只是无精打采地点了点头,没有讲话。

回到住地后,总理问卞大夫,像他表妹的这种病有没有办法治?有没有特效药?如何防止发病?有没有危险?发病后怎样抢救?卞大夫告诉总理,这种病叫癫痫病,老百姓叫羊角疯。现在还没有根治的办法,也没有什么特效药。只能吃点镇静药控制少发病。发病时跟前没有人是有一定危险性的。总理听了卞大夫的讲解没有说什么,也只有顺其自然了。

含鄱口做调查

总理和大姐这次来庐山虽然是参加中央工作会议,但作为共和国总理,他时刻都想着人民的温饱,惦念着群众的疾苦。

那天,总理从植物园表妹家出来,边散步边和地方派来的两个同志——詹处长和王科长闲谈,所谓闲谈,实际上是做调查。

得知詹处长叫詹吉延,是江西省公安厅警卫处长。王科长叫什么我已忘记了,也是江西省公安厅警卫处的,曾任过县公安局长。他们都是被调来为这次中央工作会议服务的。总理听他们介绍了各自的姓名和情况后,见他们从基层来,觉得这恰恰是了解群众生活的好机会。他们边走边谈,不觉来到了含鄱口。

含鄱口地方不大,高处建有一座亭子叫含鄱亭;站在含鄱亭向右前方眺望是波光粼粼浩如烟海的鄱阳湖,往左看是万仞高山,正前方是星罗棋布的农村民房和丰收在望的稻田。总理问詹处长:"你每个月粮食定量是多少?够不够吃?"詹处长

说："一个月定量24斤，因工作加班和外出有补助粮，再加瓜菜代勉强够吃。"总理又问："省里副食供应怎么样？"詹处长说："我们江西比其他地方好一些，副食供应问题不大。因为江西地广人稀，丘陵地带多，水面多，一般人都养鸡、养鸭、养牛，还可以去河里抓鱼、抓虾，找一小片空地开荒种菜，有条件的还可以养猪。虽说比前几年困难些，但问题不大。"总理再问："有没有得浮肿病的？"詹处长说："没听说得这种病的。这是省里的情况，也是普遍情况。"

问完詹处长，总理又问王科长："你刚从县里调上来，对农村的情况了解吧？"王科长说："我们经常下乡，了解。困难是有一些，不过问题不是很大。农村家家都养鸡、养鸭、养猪。粮食不够，就到山里随便找块地，开荒种粮、种菜。我们江西人有个老传统，夏天，就把茄子、瓜果、豆荚等切成条、片晒干，留着冬天吃。江西丘陵地带多，灌木丛多，每年农闲老百姓都到山上去砍柴，把一年的烧柴打够了。"总理又问："依你看，老百姓最大的困难是什么？"王科长说："要说最大的困难么，那就是穷！在我们江西，老百姓主要靠种水稻，因气候关系，经济作物很少。除了交公粮，卖余粮一斤稻谷才卖一毛多钱，卖几百斤余粮也只几十块钱。有布票也买不起布，不少家庭一家人就盖棉絮、铺稻草睡。因为穷怕了，所以把菜晒干了吃，把猪肉腌成咸肉，鱼也腌起来。至于粮食、瓜、菜，也都留点后路，防备灾荒，所以家家都有小仓库。另外就是封建迷信盛行，红白喜事都要大操大办。由于穷，有很多人打光棍娶不上老婆，怕绝后，个别的有弟兄俩娶一个老婆的……"

听王科长谈完，总理也向他们谈了自己了解的其他地方的一些情况。最后，总理说："看来，你们江西比其他地方要好一些。北京就有得浮肿病的。上海最困难时，全市人口只有5

随周总理上庐山

天的口粮。晋冀鲁豫有的地方供应更差。不过困难是暂时的，只要我们的政策对头，这个难关会很快过去的。"总理最后几句话，既是对詹处长和王科长他们的鼓励，也表明了总理战胜困难的信心。

1961年周恩来从庐山送邓大姐到上海

周恩来总理在南昌

南昌，是1927年8月1日周恩来发动和领导起义，打响了武装反抗国民党反动派第一枪的地方。"八一"起义在全党和全国人民面前树立了一面革命武装斗争的旗帜，标志着中国共产党独立领导革命战争，创建人民军队和武装夺取政权的开始。

全国解放已十多年了，周总理早就想去南昌看看，但由于政务繁忙，一直未能如愿。

1961年9月17日，周总理在庐山参加完中央工作会议后，终于有了点空闲，于是决定去南昌住几天，看看34年前"八一"起义后南昌的变化。

观音桥和共大

这天，周总理精神特别好，很高兴。原计划中途先视察一下江西共产主义劳动大学庐山分校，然后再去南昌。共大庐山分校在庐山五老峰的半山腰，校址就设在庐山著名的"五大丛林"之一——海会寺的废墟上。由于事先周总理看过"庐山志"，得知庐山脚下有一座著名的宋代古建筑——天下第六景"观音桥"，便临时动议去看一下这座宋代名桥。由于是临时动议，没有告诉我们，我们谁也无准备。

17日早饭后9时左右，我们随周总理一起乘汽车下了庐山。那天我因为有点感冒，坐在前面的带路车上，让卫士高振普坐在周总理的车上。下山后，因都是土路面，灰尘很大，带路车只好与主车拉开距离。开始还能看到后边车队扬起的灰尘，后来就看不见了。我们便停车等候，10分钟过去了，还不见后边的车队跟上来。我怕出事，便让带路车赶快往回返。快到三岔路口时，见车队停在那里。听司机说，总理临时决定看观音桥去了。我们便跑步向观音桥赶去。据说这观音桥很奇特，高悬于深涧两边的岩石之上，桥体由一块块巨大的岩石紧密连接而成，既坚实又古朴，可惜我没有见到。经过一个小村庄时，见总理和江西省委杨尚奎书记看完观音桥正有说有笑、谈笑风生地往回走，总理还拉着一个小姑娘。走进一个农民的小院里，总理和一个老农亲切地拉家常，嘘寒问暖了解他们的生活状况。临走，他鼓励老农说：现在受了灾，生活是困难些，只要我们跟着毛主席，艰苦奋斗，自力更生，光景一定会好起来的！……

告别出来后，便乘车前往五老峰脚下的共大庐山分校。到达分校时已经11点多了。在校门口已等候多时的吴乃刚老师与首长见面后，立即带领首长参观。当总理问他建校的情况时，吴老师介绍说："共大是1958年8月1日创办起来的社会主义新型大学，是省、地、县三级办学。学校分散在全省各地区、乡村。根据文化程度，分别编为高专、中专、初级班。开设有农业、林业、畜牧兽医、农业机械、社会科学、数理化等科系。学制有五年、四年、三年的。半工半读，勤工俭学，教学与生产劳动相结合，完全自给，不要国家一分钱。"总理听后很满意，称赞说："这种办法好，是学校，又是农场；是学生，又是农民、工人。这种办法好，马克思、毛主席都讲过。"

共大分校建在著名的五大丛林之一的海会寺废墟上，周围名胜古迹很多，有双桂堂、聪明泉、李景读书台……吴老师做向导，边参观边介绍。天气很热，但总理很高兴，戴着草帽，穿着布鞋，一会儿爬山，一会儿下山沟，看了很多古迹，一直参观到下午1点多，才在白濑玉亭教室里和大家一起吃午餐。午餐是庐山管理处随身带来的，有糕点、汽水和水果等。午餐后，告别共大分校，乘车赴南昌。傍晚才到达南昌，住在江西宾馆九层楼上。

樟树大曲与四特酒

当晚，江西省委举行便宴，宴请周总理和先期到达住江西宾馆的罗瑞卿总参谋长、谭震林副总理、上海市委书记柯庆施及上海其他领导同志。宴会前杨尚奎、柯庆施两位书记来看总理。他们向总理问候后，便当着总理的面争起了星火魔术团的去留问题。原来这年3月在中央工作会议期间，柯庆施向总理汇报工作时，提出每年由共大到上海招收一部分知青到共大去读书学习，以缓解上海每年安置知青的负荷，得到总理完全赞同，指示："共大可以到上海招收一些城市知识青年。"同时总理提议，将上海星火魔术团调江西支援内地。因此，杨尚奎书记要求将上海魔术团留给江西，柯庆施书记不同意。解铃还须系铃人，二人来找总理给解决。杨书记说："把这个团送给江西，就填补了我们的缺门。""上海文艺团体很多，这类魔术团也不少，基础雄厚，培养起来也容易。"周总理主动帮忙说话："尚奎同志的要求是很合理的，上海应该支援江西嘛！大方点，送给他们吧。"开始，柯庆施光笑不表态，最后，他笑着说："待会儿我和他们团长谈谈，如果他们同意，那就留给江西。"

这次便宴参加的人很多，除了总理、罗总长、谭副总理、柯庆施和上海其他领导同志及江西党政军主要领导负责人以

外,随首长来的工作人员也都参加了。饭、菜较丰盛,每个桌上都摆有汽水、红葡萄酒和江西名牌酒——樟树大曲,主桌上还有茅台酒。那天为了工作,我坐的靠近主桌,面对总理,主桌上的一切我都能听到、看得清清楚楚。

因为是便宴,没有什么仪式。当大家坐好后,杨尚奎书记讲了几句欢迎的开场白,周总理便接着讲话。他说:"从八一起义到现在,已经34年了,早就想到南昌来看看,就是腾不出时间。这次给了我旧地重游的机会,我要住几天,好好看看这座城市的变化。"说着他举起酒杯说:"今天我很高兴,这样的聚会很难得,请大家多喝几杯。"他和同桌的主人、客人先干了一杯,他这一带头,使整个餐厅像开了锅似的热闹起来了。三年困难时期,难得有这样酒足饭饱的好机会。大家互相敬酒,向总理敬酒的排上了队,因敬酒的人太多,总理让中办警卫局副局长李富坤代他喝了两次酒。

总理能喝酒,也懂酒。进餐中间,杨尚奎书记拿过一瓶江西产的樟树大曲对总理说,这是我们江西的名酒,都说比茅台酒好。请总理品尝一下,看是不是比茅台酒好?总理说,我只喝茅台酒。杨书记倒了一杯樟树大曲酒,亲自送到总理面前,一定请总理品尝一下。总理先抿了一口,没有说话,接着又抿了一口,总理说,是不坏。杨书记问,总理感觉如何?总理说,要说好,还是茅台酒好。不过,这酒也有特点,就是清、香、醇、纯。正是由于总理对樟树大曲给予了清、香、醇、纯的高度评价,后来,江西酒厂就把樟树大曲更名为四特酒了。

三杯酒,三亿斤粮

在大家轮班向总理、罗总长、谭副总理及上海领导敬酒后，江西省委常委、共大校长也是主管农业的刘俊秀，一个人端着一杯酒来到总理面前，向总理敬酒。总理一看是刘俊秀，是主管农业的，在省委中算是少壮派，便站起来说，别人敬我酒，喝一杯，你是主管农业的少壮派，要喝三杯，叫服务员拿酒杯来。服务员又拿来四个杯子，总理倒满了六杯酒放在两个人面前。总理要和省委一名管农业的常委对喝三杯，是少有的事，大家一时弄不清是怎么回事，都瞪大了眼睛看着总理和刘俊秀，整个餐厅变得静悄悄的。总理说，现在我要讲几句话：在全国最困难的时期，几年来江西向国家提供了十多亿斤粮，做出了很大的贡献。刘俊秀同志是主管农业的，有他一份功劳，我代表国务院和灾区人民向江西省领导表示感谢。餐厅里响起一阵热烈的掌声。总理接着说，现在困难还没有度过，全国包括北京在内，还有因粮食和副食品不够吃得浮肿病的。今年江西夏粮丰收，秋季丰收在望。我提议喝这三杯酒，一杯酒一亿斤粮，三杯酒要再增调三亿斤粮。又是一阵掌声，表示支持总理的提议。罗总长、柯庆施也支持总理的提议，对刘俊秀说，总理30多年没来南昌，今天来到南昌很高兴，这三杯酒你一定要喝。刘俊秀书记是个老实人，话不多，总是说，给我的任务保证完成，一斤也不少，再增加确实有困难。总理说，我知道你们有困难，但我有调查，江西个人口粮定量比别的省高，江西省没有得浮肿病的老百姓，还存有余粮……罗总长说，江西是产粮区，夏季已经丰收了，3亿斤粮没有问题。柯庆施书记也说，江西受灾小，已度过了困难时期，又是全国粮食过关的两个省之一，3亿斤不算困难。这时谭震林副总理切中要害有针对性地说了几句动情的话，他说，老刘，你是管农业的，我也是管农业的。总理说话是有调查有根据的，现在北京和几个大城市的个人口粮定量每天只有几两。按国务院规定的个人口粮供应标准，男同志每月24斤，女同志每月23斤，因口粮和副食品不够得浮肿病的很普遍。晋、冀、鲁、豫等省每人每天只有几两原粮,灾情很严重,饿死了不少人。你们夏粮丰收,秋季丰收在望,你能看着兄弟省的困难不管吗?大家听了谭副总理推心置腹的讲话,都被感动了。这时刘俊秀看了看省长和书记后,端起酒杯向总理说,好吧,我们研究调整一下,争取增调3亿斤。总理说,不是争取,是一斤也不能少!刘俊秀说,好,就3亿斤。和总理干了三杯酒。全场立刻爆发出了一阵热烈的掌声。

便宴后,稍事休息,便是杂技演出和跳舞晚会。

一块手表留下一个魔术团

饭后,周总理是领导人中第一个来到演出现场的。整个场地是按演出和跳舞晚会布置的,中间空出很大的场地以便跳舞,四周摆了一圈小桌和椅子。总理走到紧靠舞台右侧的一个小圆桌旁刚坐下,魔术团就有四五个青年女演员走出来,走到总理面前和总理握手,向总理问好,感谢总理对她们的关怀。总理问了她们的姓名后,又问她们在江西生活习惯不习惯?都说,习惯。总理又问,你们每月的口粮定量是多少?她们没有一个人知道自己的定量。总理又问,够不够吃?都说,够吃。总理说,北京和你们上海,每月口粮定量男同志24斤,女同志23斤,都不够吃,你们怎么够吃?答,省里对我们有补助。总理说,江西是毛主席领导创建的第一个井冈山革命根据地,对革命贡献很大。江西是个好地方,让你们留在江西做江西老表同意不同意?大家异口同声地说,同意。

总理又问她们,你们都会演什么节目?其中一个女同志拿出随身带的扑克牌展成扇形,要总理从中抽出一张,看后再插进去，她把牌洗了两遍，从中挑出总理抽过的牌，并将其中的秘诀告诉了总理。这时又从舞台上来了一位30岁左右的男演员，同总理握手问好。总理问男演员，你演什么节目？女孩子们说，他会的节目很多。总理说，给我表演一个好不好？男演员也从衣袋里掏出扑克牌，准备表演。这时在场的女孩们都捂着嘴笑，因为她们在他来之前已经把秘密告诉了总理。他把扑克牌洗了一下展开要总理从中抽出一张，总理抽出一张，两只手往背后一藏，不让他看到。这时，一个女孩说，你快收起来吧，总理早知道这个秘密了。

这时，其他首长也都来了。几个演员与总理告别到台上去了。演出开始了，报幕后，幕布一拉开，只见一张方桌摆在靠近总理座位的右前方舞台上，桌上放着一个约一尺见方用黄缎子包着的一个四方包。

魔术师一出场，便响起了一阵热烈的掌声。掌声中魔术师向大家鞠了一躬说：现在我给首长和大家表演个"表箱遁表"。然后，他把右手伸向台下观众说：哪位同志把手表借我用一下。总理站了起来说，就用我的吧！大家一看是总理，报以一阵热烈的掌声。总理从手腕上取下用了多年的劳力士手表，我上前接过表，递给魔术师。魔术师向总理深深鞠了一躬，表示感谢。表演开始了，魔术师把手表往手上一放，握着手吹了一口气，展开手，表竟不翼而飞。魔术师开始解桌上早已包好的包。包被包得严严实实，缎面包上打着死结。打开第一层，见里面还是一个同样包好的包，并没有手表。魔术师接着又解开第二层的包，第二个包和第一个包一模一样，魔术师又解开第三个包……一共解了九层九个包，每一个包的外貌都与第一个包一模一样，只是一个比一个小一点。最后一个包只比火柴盒大一点。魔木师小心翼翼地解开最后一个小包，从中取出一块手表，正是周总理借给他的那块手表。魔术师展示给大家看，赢得大家一阵热烈的掌声。表演完，魔术师要将手表送还总理，我正准备去接，总理站起来说：这块手表就送给你做个纪念吧！这时全场爆发出一阵雷鸣般的掌声，魔术师又鞠躬又鼓掌，表示感谢。

演出结束后，周总理、罗总长、谭副总理、柯庆施书记和江西省领导上台，祝贺演出成功。我也因工作关系跟着上了台，目睹总理带头和演员一一握手后说，演的节目很好！并问大家：你们在江西生活习惯不习惯？齐声答：习惯！总理有意识地讲：江西是毛主席亲自领导创建的第一个革命根据地，江西对中国革命贡献很大，江西人民是英雄的人民。你们说江西好不好？齐声答：好！总理又问：把你们留在江西做老表，好不好？齐声答：好！总理带头鼓掌。这个被杨尚奎书记和柯庆施书记争了好久没有解决的问题就这样解决了。杨尚奎书记特别兴奋，鼓着掌转身面向台下示意大家鼓掌，顿时台上台下掌声雷动。总理在掌声中与团长握手，并说谢谢你们，然后与前排演员握手告别。

原准备的舞会因天热及时间关系，没有举行。回到住地后，总理没有像以前那样即刻办公。我们看的出来，他好似一天兴奋的心情意犹未尽，和我们有说有笑，谈一天来的感受。他自己走到阳台上看南昌的夜景。那时南昌的夜景没什么可看的，只能看到远处信江铁桥处的灯光，再有就是路灯了。总理兴奋的心情好像还没有平静下来，在阳台上又走了一会儿，才回卧室洗澡，后来穿着浴衣又看了一会儿文件。这一天可说是总理几年来最轻松、最高兴、最满意的一天。从三杯酒三亿斤粮和一块手表留下一个魔术团两件事，充分展示出周恩来总理的人格魅力和领导艺术。

视察南昌市政，参观南昌起义纪念馆

在南昌的第二天，约定上午9点由省长邵式平陪同视察南昌市政建设和郊区人民公社。这天上午邵省长9点以前就来到江西宾馆，在会客室等总理。总理和邵省长同乘一辆车，我坐在车前右边，离开宾馆时已经快9点半了。先来到省政府大楼顶层的平台上，观看南昌市全貌，听邵省长介绍南昌市政建设远景规划。从省府大楼出来顺路看了"八一"广场，广场很大，除了纪念碑外没有别的建筑物，一目了然，未下车。来到拓宽的"八一"大道，路较宽但两侧没有大的建筑物，显得有点不协调。"八一"大道的尽头连接着信江，信江上面有新建的"八一"大桥，桥的地面以上都是钢铁结构，桥中间有五六米宽的通车道，两侧还有人行道。总理说，这桥建得好，方便了工作，也便于两岸群众来往。总理这一表扬，引出了邵省长的一番内心话。他说，建桥时都说好，桥建起来了。一听说花了多少钱，现在又提意见说桥建大了，花钱太多了……我告诉他们说，15年后你们又会给我提意见说，桥建小了，当初为什么不建大一些。以后我还要建第二个大桥呢。边走边谈来到了南昌郊区青云谱公社。在同公社领导见面后，由公社领导带领参观蔬菜地，参观架豆角时，我走在右前面。突然发现一条约一尺多长的土红色的蛇，向总理方向爬去。我怕危及首长，就拔了一根竹竿追打。总理看见后问我，你干什么？我说我看见一条蛇爬过来……蛇未找见，一场虚惊。这次参观公社我和江西省公安厅警卫处长一直走在前边，离他们远了一点，没有听见他们的谈话内容。在临别时，总理对公社领导说，你们要搞好生产，为城市服好务……

　　下午仍由邵省长陪同参观"八一南昌起义纪念馆",这次参观是总理多年来的心愿和南昌之行的主要目的。纪念馆位于南昌中山路380号,据说建于1924年,原为江西大旅社。整个楼房是一座回字型建筑,坐北朝南,通体灰色。主楼共四层,整个屋顶如同一个大平台,凭栏可以鸟瞰南昌,全城尽收眼底。在整个参观中,总理看得很细致。在参观的过程中,总理很谦虚,对馆领导和讲解员提出的问题,很少正面回答,主要是不让他们突出宣传自己。如问,当时你住在哪个房间?总理说,当时我没住在这里。在会议室问:开会时你坐在哪个位子上?总理答,我们没有固定的座位,边说边走离开了会议室。总理面对图片和展品,边看边谈当时起义的过程,并提出了许多图片说明中应当澄清和更改的问题。

　　对纪念馆提出的问题,总理说:"我给你们找个人,就是国务院参事室的参事陈公培,请他来一下。他在起义时任二十军的秘书,在贺龙军中工作,对情况较为熟悉。"然后又说:"他来之后,你们可要好好招待人家。"

　　纪念馆"八一"起义中只提了四个人即周恩来、贺龙、叶挺、朱德。总理说还要加上刘伯承同志,并高度评价刘伯承同志在起义中的作用。最后与纪念馆的同志合影留念。

　　9月19日总理乘伊尔—18专机回到北京。

周总理买手表

从1961年9月16日在南昌，周总理将戴了十多年的名牌劳力士手表送给上海星火魔术团后，一直没戴手表。当时家里有名牌欧米茄金表，他不戴。工作繁忙的总理，很需要掌握时间。我们都为总理担心，怕影响工作。我向邓大姐建议，还是买一块手表用，邓大姐说，我向他建议买手表，他不要买。因此，在外出或会客时，为了下一个节目将到时，我们常常写便条提醒："现在几点了……"

直到10月上旬，参加苏共22大前夕，因工作去上海，住在锦江饭店16层。一天早上，总理看到上海《解放日报》上登的广告，上海现在能生产各种手表了，还有防水、夜光的，并附有各种手表的图样。总理把《解放日报》上的广告指给我看，高兴地说：给我买一块我们自己生产的上海牌手表吧。我看了看广告，感到很高兴，心想总理好久没有手表戴，这一次可以有手表用了。那次是我和卫士乔金旺同志去的，我兴冲冲地把总理要买块上海生产的手表告诉了他，要他照顾好总理。我拿着登有广告的《解放日报》来到楼下警卫值班室，把总理看到广告后要买上海牌手表的事，告诉了负责警卫工作的警卫处副处长马学政，要他马上派人去手表厂，说明是周总理要买他们生产的手表，要求挑选好的手表，拿样品来供选用。

上午外出活动，中午回到饭店时，见一盒手表样品，已放在我住的房子里的桌上了。盒内装有男用手表，也有女用坤表，男用手表中还有全自动手表，一共有十几种样式。我和乔金旺先替总理选式样好的表，我们俩选中了一块白表盘的表。午饭后，我们二人拿着手表样品给总理看，并推荐买白表盘的好看。总理拿着手表样品表情很高兴，又拿起样品中每一块手表欣赏，并说都很好，就是男用全自动表笨重了点，最后他拿着自己选中的，表盘是乳白色的表说，这种好，就买一块这样的表。问买一块多少钱？我答110元。总理说，你们选的那表盘，白的反光，不如这种表盘看起来柔和。又说，你一定要按市价给钱。当时，我对国产表还有点怕质量上靠不住的想法。以防万一，让警卫处买了同样的两块表，特别要求开两张发票。从此，总理便戴上了国产上海牌手表。

  为什么说是参加苏共22大前夕，这里有个小插曲。那天总理在卫生间，我帮总理穿衣服，他突然说了一句："不可能嘛！"我一听，不可能嘛！心里一惊，停止了给穿衣服，总理回头看我，这时他知道发生误会了，笑着说，不是说你，是说赫鲁晓夫提出的三无世界。不可能嘛！国与国没有战争，地区性的战争从来就没有停止过。这次去苏联要与赫鲁晓夫谈这个问题。总理是一边洗漱，同时还想着工作。类似这样的问题，不同的内容，都在卫生间洗漱时，我遇到过几次。

  回京后不几天，于10月15日，应苏共中央的邀请，率中国共产党代表团赴莫斯科，参加苏联共产党第22次代表大会。还是我和乔金旺随去的，这次我还把备用的上海牌手表带上，以防万一。结果上海手表走得很好、很准。后来将备用表原价转给了乔金旺同志。此事总理、邓大姐都不知道。上海牌手表总理一直用到最后。据在场的同志说，在火化总理遗体时，是张佐良大夫从总理手腕上摘下来的，此表现已被革命博物馆收藏。

周总理买手表

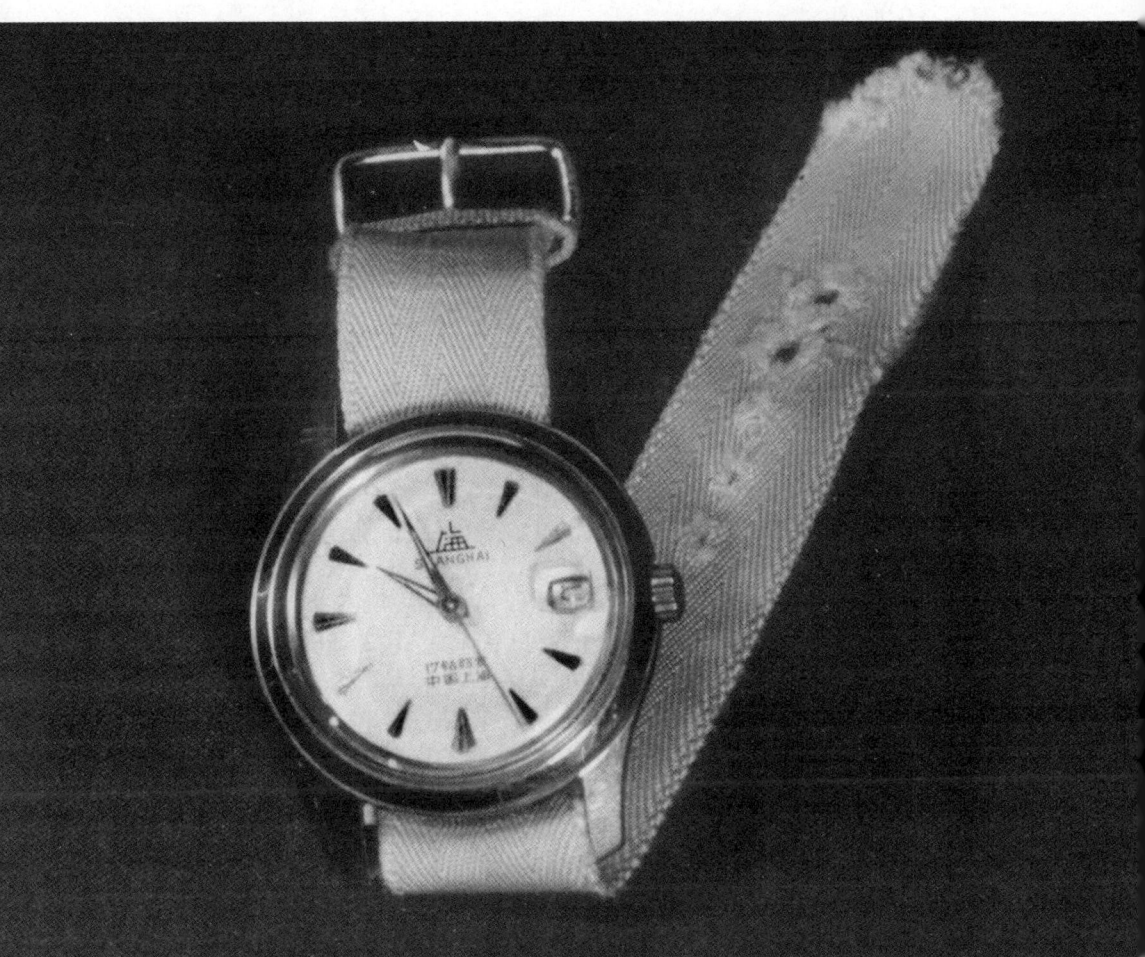

1961年10月周恩来亲自购买的国产上海牌手表

周总理过春节

1962年,周总理为了能更多的接近群众,听取群众意见,让国务院机关事务管理局每周六在北京饭店大厅组织一次跳舞晚会。每次晚会发票给各部委。各部委领导参加晚会时可带家属、小孩,也可带舞伴。周总理只要在北京,每次周六总要抽时间去跳一会儿舞,与各部委领导及群众见见面,谈心拉家常。这已形成了一个没有文字的制度。每次周总理通过舞会都能了解下边的一些新情况及群众的反映。

1962年初,中共中央在北京召开了扩大的中央工作会议。各县委书记参加的"七千人大会"后,党中央采取了三项措施:精简城市职工;降低城市人口粮食定量;进口部分粮食。采取三项措施后,困难情况有所好转。

1962年的春节,各单位都想好好地庆祝这个春节,有的放映电影,有的组织舞会。我们接到邀请周总理去参加舞会的有国家体委、公安部、军委办公厅、国务院机关在紫光阁组织舞会,还有青年艺术剧院等单位。

总理和邓大姐吃晚饭时,我把邀请参加舞会的单位报告给了总理。饭后,总理照样去办公。我们几次提醒总理去跳舞,以便休息一下,他都没动。直到9点半钟,邓大姐到他的办公室说,今天是除夕,现在已9点半钟,好几个单位请你去跳舞,你该休息一下,去跳会儿舞,和大家一起过春节吧!我们早已做好外出的准备工作。总理看了看桌上的闹钟,说好吧,便收起了文件和办公用品,同邓大姐走出办公室。总理对大姐说,你也去吧,和群众见见面。大姐说,我身体不好,不去了。

我们随总理乘车首先来到紫光阁,参加国务院组织的跳舞晚会。大家见总理来了,非常高兴,用热烈的鼓掌向总理祝贺春节。这时在旁边礼堂看电影的女青年,听说总理来了,电影也不看了,纷纷来到紫光阁,想和总理跳舞。要求与总理跳舞的女同志,自动排起了队。约20分钟后,总理看到等候的人多,就跳半场换个舞伴,满足了这些同志的心愿。半个小时后,总理与大家告别,到另一个单位参加活动。

总理出来后,告诉我们去三座门,即中央军委组织的舞会会场。来到三座门舞厅,军委办公厅主任肖向荣全家及几位领导同志全家,拥上来向总理拜年,总理与他们握手互相祝贺春节。这时很多群众围上来,争着与总理握手祝贺,场面很热烈,像见了久别重逢的亲人。这时,我让乐队奏乐,开始跳舞。同样,这里的女同志也排起了队,抢着与总理跳舞。总理开始每场换两个舞伴跳舞,跳了几场后,总理见排队要求跳舞的人很多,改为转一圈换一个舞伴,最后与排队的舞伴都跳了舞。约半小时后,总理与肖向荣等几位领导告别,群众热烈鼓掌欢送。

我们又随总理来到北京饭店大厅舞场,这时已经是11点多了。在这里各部委的领导全家都围上来向总理拜年,群众也围上来争着与总理握手拜年。

这里的舞会,没有乐队伴奏,是由广播事业局的同志播放录音。这时,我请广播事业局的同志放舞曲录音,大家都兴高采烈地跳起舞来。总理跳舞很认真,跟着音乐认真跳,但快三步、快四步他跟不上。因此,我们请舞会组织者播放慢三步、慢四步的舞曲。有一次参加欧美同学会的舞会,休息时灯光很亮,一跳舞灯光又变得很暗。回来的路上,总理对我说,跳舞

是大家的娱乐么,灯光不要变。以后,凡是我们去参加的舞会,我们都告诉组织者,一是灯光不变,二是注意不要快三步、快四步。

在总理的座位周围,有许多舞伴等着与总理跳舞。跳了几场以后,总理与一女青年跳了半场后坐下拉起了家常,我也坐在旁边听。女青年在跳舞时告诉总理,她父亲是老共产党员,她一家七口人,有奶奶、父母和她们姐弟四人,住一间房子,洗脸共用一条毛巾,母亲没有固定工作,有时帮邻居做点针线活,全家靠父亲一个人的工资过日子。总理听到很惊奇,才坐下来向她详细了解情况,得知她父亲40余岁,是一名电车司机,月工资40余元。你爸爸那么好,打过你吗?答:打过一次。为什么打你?答:有一次学校组织劳动,我想当演员,怕晒黑了没去,爸爸知道后举起手重重地打了我一耳光。女青年说,父亲常给我们讲红军长征的故事。总理说,我这个总理没当好,你们家这么困难我都不知道。女孩天真地说,我们家过得很好,比红军长征时好多了。在回来的汽车上,总理让我了解她家的地址,说我有时间去见见这个老共产党员司机。回来后,我了解了女青年家的地址,后因总理太忙,没能成行。

家庭会议

时隔两年后,1964年8月陶华及其孙媳妇孙桂云从淮安来,周国盛从石家庄来,周国铮周华章加上北京的弟弟周同宇、弟媳王士琴,侄女侄子及周尔辉、周秉德共计13人,8月2日全体到西花厅,这是总理第一次请他们吃饭,饭后,总理在客厅里同他们谈话,要他们正确认识自己的没落的封建家庭出身。

  8月10日又聚在一起，总理给他们讲过五关，他说不是老的"五关"，今天讲是生活上的"五关"：第一思想关，第二政治关，第三亲属关，第四社会关，第五生活关。总理要求他们一定要过好这"五关"。

  总理还举了那位老工人的例子。他说，老工人一家七口，住一间房，全家用一条毛巾洗脸，全家只靠老工人一人每月40元工资生活。你们现在虽说有困难，但还没有困难到这个程度。以此教育全家。

给我改错别字

我没有念过书，只是参军后在机关夜校和业余文化学校学了点文化，学得不好，因此写东西时常有错别字出现，为此闹过不少笑话。

1963年春，上海锦江饭店任经理顺便托人给邓大姐带来两盒（约有三斤）她爱吃的锦江饭店特制的芙蓉花生糖。大姐看到爱吃的糖时，问了糖的来历，付钱没有？当听了我的汇报后，她问以前在锦江买多少钱一斤？并要我查一下过去买糖的发票。查的结果按三斤计算共15元钱左右。这时大姐说："你给他们去封信，表示感谢，并寄上15元钱。"我按大姐的指示办了。几天后收到锦江饭店的回信，还有15元钱。信上说糖是任经理个人送的，就等下次去时按价付给任经理好了，我也就未向大姐汇报。

过了一段时间，邓大姐又问起此事处理的结果。我如实作了汇报，并将来信拿给她过目，并讲了我的意见。邓大姐说，个人送的也要付钱，你再写封信，说我们对他们不收钱很有意见。你写好信，给我看过再发。我立即照办。信的开头是"尊照大姐指示……"邓大姐看信后改了两处，"尊"字改成"遵"，"指示"改成"嘱"。最后加了一句，"请以后不要再带东西来了。"邓大姐叫我到她的办公室，让我坐下，又像1945年初次见面时给我讲为人民服务一样，说："信我看过了，你写了一个错别字，我改过来了。一处用词不当，不能什么都说成指示，我改成了嘱。"接着又说："你要努力学习，提高自己的文化水平，你现在的文化和你担任的工作不相称啊……"邓大姐有针对性的严肃批评，是对我的爱护和要求，目的是要我认识自己的缺点和不足，认识学习的重要性，是要求我日后能更好地多为人民服务，把工作做好。

访问非洲等国

非洲国家以前大多是英国和法国的殖民地,20世纪30年代,民族独立运动风起云涌,殖民主义者不得不放弃自己的殖民统治,承认这些国家的民主自决权。新中国成立后,在毛主席领导下,坚决支持殖民地人民反对帝国主义、殖民主义,争取独立解放的斗争,受到亚、非、拉美许多进步国家的欢迎。特别是万隆会议,周总理提出的国与国之间和平共处五项原则,很受亚、非、拉美国家的欢迎,认为中国是同情和支持世界上被压迫民族和国家民主独立运动最有力的国家之一,也是最值得信赖和依靠的朋友。1963年12月至1964年2月周总理的14国之行,就是在这样的背景下进行的。

当时周总理访问了埃及、阿尔及利亚、摩洛哥、阿尔巴尼亚、突尼斯、加纳、埃塞俄比亚、几内亚、索马里等14个国家,行程10.8万里,历时72天。这次访问,可说是周总理平生出访时间最长、访问国家最多的一次。

访问埃及

埃及当时因与叙利亚合并,称阿拉伯联合共和国。埃及是世界四大文明古国之一,它横跨亚非两大洲,大部分位于非洲东北部,只有苏伊士运河以东的西奈半岛位于亚洲西南角。首都开罗位于尼罗河三角洲的顶端,附近有著名的金字塔、狮身人面像等古迹，人口870万，是非洲最大的城市。

非洲之行的第一站就是埃及。1963年12月13日，我们随周总理从昆明出发，经过巴基斯坦直达埃及。在埃及首都开罗，受到了埃及总统纳赛尔的热情欢迎。

开罗和北京的时差是8小时，我们到达开罗时，已经是晚上7点，也就是北京凌晨3点，人们睡得正香甜的时间。一到开罗，稍加休息，纳赛尔总统就为中国代表团举行了盛大的欢迎宴会，宴会上，宾主互相举杯致意。由于时差的关系，未能睡眠，这次宴会我们可说是强打精神，强忍着困意参加的。

在埃及，访问了三天，除了正式会谈之外，我们还参观了开罗的历史博物馆、开罗附近的金字塔和狮身人面像等古迹。

埃及的国旗中间是一只老鹰，据说此鹰是一只神鹰，凭此神鹰，人们可以找到自己的灵魂。因此，人死后要放一只鹰在墓碑上，不然，就找不到灵魂。

历史博物馆里，摆着这个文明古国史前和历代的文物，其中给我印象最深的是一尊黄金制作的人的塑像，逼真、古朴，而且可以从中打开。由于历史博物馆文物很多，我们访问的时间很有限，在参观时只能走马观花浏览一番，难以细看。

金字塔是一种方形类似汉字"金"字的石头建筑，是古埃及奴隶制时期法老的陵墓，因其像"金"字，故名"金字塔"。我们参观的金字塔是埃及古王国第四王朝法老王胡夫的金字塔，也是埃及最大的金字塔。此塔建于公元前27世纪，塔基呈正方形，每边长232米，高约145米，系用230余万块巨石叠成。塔内有甬道、石阶、墓室等，据说用了近30年方才建成。看了如此巨大的陵墓建筑，人们简直难以想象，在没有现代机械工具的条件下，古埃及的奴隶们是如何将一块块巨石抬起，叠加成这样巨型陵墓建筑的。此塔位于开罗近郊吉萨。此塔附近，还有法老哈夫拉的金字塔，以及哈夫拉建造的斯芬克斯石雕像（即狮身人面像）。

我们参观法老胡夫金字塔时，塔外有一个埃及人正表演攀登金字塔，他身手敏捷，高约145米的胡夫金字塔，他爬上去而后又走下来，只用了几分钟。他从塔上下来后，为了表示感谢，周总理同他握了握手，并赠送了一支钢笔给他。之后，我们在埃及陪同人员的陪同下，从暗道进入塔内，因地道狭窄一次只能进三个人，我随周总理及一位地方官员一起进入，先爬30多个台阶到达一个只有三四平方米的平台上，有一个高出地面的地方，据介绍说是用于放置棺材的，在胡夫法老墓室的上方置有透明材料，可以采光。看后往下走，地道内光线很差，我走在前面，拉着总理的手摸黑沿石阶而下。从金字塔出来，我们又参观了闻名于世的狮身人面像。

狮身人面像位于金字塔附近，这是一尊用大石雕刻的巨像，约长57米，高20米，据说建于公元前27世纪，是法老威严的象征。周总理和我们全体人员在狮身人面像前面照了一张合影，以资留念。狮身人面像历经几千年风雨的侵蚀，虽然已经变得斑斑驳驳，面目全非，但仍未失去魅力，为众多游人所青睐，拍照留念。

访问阿尔及利亚

阿尔及利亚位于非洲西北部，北邻地中海，隔海与法国、葡萄牙相望，东面是突尼斯、利比亚，南面是尼日尔、马里、毛里塔尼亚，西面是摩洛哥和西撒哈拉。1905年沦为法国殖民地。1954年11月，阿尔及利亚人民在奥雷斯山区等30多个地方，同时举行武装起义，1962年3月迫使法国在"埃维昂协议"上签字，同年7月3日宣告独立。

1963年12月周恩来、陈毅访问阿尔及利亚

阿尔及利亚是周总理非洲之行的第二站。我们抵达阿尔及利亚首都阿尔及尔时，本·贝拉总统亲自率领文武官员到机场迎接，并举行了盛大的欢迎仪式。

当时社会主义在世界上叫得很响，许多新独立的国家都声称自己是社会主义国家，阿尔及利亚也不例外。为此，周总理在本·贝拉总统召开的阿党政高级干部会上，专门讲了什么是社会主义，本·贝拉总统坐在主席台上，亲自做记录，周总理滔滔不绝讲了两个小时，本·贝拉总统记了两个小时，可见他对周总理的讲解非常重视。

阿尔及利亚在抗法战争中，得到过我国的援助，其人民都对我们很友好。周总理和中国代表团是分两段对阿尔及利亚进行访问的：第一段是在1964年元旦以前；第二段是元旦以后，元旦我们是在阿尔巴尼亚度过的。

在阿尔及尔，周总理和代表成员住在游击队宫，所谓"宫"只不过是三间孤零零的平房，随行人员没有住处，我们只好住在厕所里。

访问阿尔巴尼亚

阿尔巴尼亚是东欧的一个小国，面积只有28743平方公里，人口273万，是个多山国家，山地约占3/4，用阿尔巴尼亚人的话说，是上帝将几块石头给了阿尔巴尼亚，15世纪，土耳其入侵，统治达450年之久，阿尔巴尼亚人民不断反抗，1912年终于独立。1939年又遭意大利的侵入，1943年败降，被法西斯德国占领。阿尔巴尼亚人民在共产党（后改为劳动党）领导下，进行了坚决的斗争，1946年终于获得解放。

赫鲁晓夫上台后，大反前苏联领导人斯大林，和帝国主义

访问非洲等国

在阿尔巴尼亚机场与霍查拥抱

和平相处,遭到阿尔巴尼亚的反对和抵制,苏联对其进行了孤立和封锁,我国党和政府给予了阿尔巴尼亚党和政府以极大的帮助和支持。

周总理一行,于1963年12月31日,也就是1964年元旦前夕,乘机抵达阿尔巴尼亚首都地拉那,受到了以霍查为首的党政领导人和地拉那人民的热烈欢迎。群众欢迎大会人山人海,不仅本市的群众全国各地都有人前来。有一男孩和一女孩为周总理和代表团献花,女孩穿着裙子,因天气冷冻得发抖,

1963年12月31日周恩来、陈毅到地拉那参加新年晚宴

我们把总理的备用毛衣送给了女孩。

　　元旦我们是在地拉那度过的。在阿尔巴尼亚过元旦休息期间，周总理一行除了和阿党政领导人会谈以外，还参观了由我国援建的化肥厂。当时，我国从意大利进口了两台化肥设备，将其中一台无偿地给了阿尔巴尼亚。此外，还参观了我国援建的军事设施。

　　在阿尔巴尼亚，到处都是橄榄树，炒菜都使用橄榄油。我们引进了3000棵树苗到云南栽种。树苗运到时，周总理专程到云南接见阿尔巴尼亚专家，并亲手种下了一棵橄榄树。

1964年3月3日周恩来在昆明海口农场

访问加纳

加纳原名黄金海岸,位于非洲西部,南邻几内亚湾,面积23.964万平方公里。人口1145万。15世纪葡萄牙殖民者侵入加纳地区,取名为黄金海岸,1897年沦为英国的殖民地,1957年3月在"英联邦"内宣布独立。当时的总统是恩克鲁玛。

加纳是周总理非洲之行访问的第三站。

就在我们欢度元旦的时候,突然传来消息,说加纳发生了政变。在这种情况下,去还是不去,代表团有两种意见:一种

1964年1月12日周恩来与加纳总统在城堡宴会厅举行盛大国宴

访问非洲等国

是去,一种是不去。去的理由是,人在困难的时候越需要支持,我们在这时去访问,就是对加纳最大的支持,但是去可能有危险。周总理主张去。

1964年1月周恩来与加纳总统恩克鲁玛打乒乓球

此时,我驻加纳大使黄华正在突尼斯。为了慎重起见,周总理派了一架飞机去突尼斯,由黄镇去突尼斯找黄华了解加纳的情况。黄华说,所谓政变,就是其内部一个哨兵向恩克鲁玛总统开了一枪,恩克鲁玛总统不但未受伤,而且当场抓住了凶手,还骑在凶手身上。

由于黄华大使正在与突尼斯谈与我国建交问题,周总理率代表团离开阿尔巴尼亚,先去了突尼斯,而后才到加纳访问。

也正是由于发生了哨兵枪击事件,因而周总理和代表团抵达加纳首都阿克拉时,免除了外交礼仪,一切活动都在恩克玛鲁居住的城堡内进行。

这座城堡,在当时是首都阿克拉唯一的现代化建筑,住在里面比较安全。据说,城堡是葡萄牙殖民者建造的,城堡里有个地下室,有通道直通海口。加纳过去叫黄金海岸,是过去葡萄牙殖民者贩卖黑奴的地方。当年他们弄到黑奴就关进城堡的地下室,然后由地下室通过通道押往海口。我随代表团成员参观了这个地下室,当时周总理因事未去。室内墙上钉有一块块

木板，据说，当年黑奴被抓来后睡觉就躺在木板上，也有一些平躺在地上。在加纳，我们还看到过奴隶，他们作为奴隶主的私有财产，脸上都打有火印。

恩克鲁玛总统对中国比较友好，在接待中国代表团期间始终穿着藏青色的中山装。中山装是他访问我国时我们给他做的。

恩克鲁玛有个白人妻子。据我使馆人员说，恩克鲁玛访问埃及时，去公园散步，看到一个漂亮白人女子，就想娶她做妻子。埃及总统纳塞尔应承过两天给他送去，谁知派人去找那白人女子一谈，那白人女子不同意，倒是她妹妹愿意嫁给恩克鲁玛，于是就把妹妹送上了飞机。妹妹从未见过恩克鲁玛，所以恩克鲁玛派礼宾司司长去机场迎接时，竟闹了个笑话，她一下飞机抱着礼宾司司长就吻。

恩克鲁玛和这个白人妻子生了两个男孩，恩克鲁玛带我们去他家做客时，两个男孩只有几岁，长相既不像黑人，也不像白人。就像陈毅副总理所说，把牛奶倒在了咖啡里。恩克鲁玛住的是平房，走廊里摆有乒乓球台，周总理和恩克鲁玛打了两场，陈老总做裁判，我给捡球。

我们住的国宾馆也是平房。服务人员等级分明，最低级的管打扫房间和厕所，做饭有厨师，招待有服务员。我们在那里住了几天，周总理去时总是向他们点头致意或与他们握手，最后，当他们知道这位彬彬有礼、从不把他们当下人对待的人，就是中国的总理时，感慨地对我说，我们有像你们那样的社会就好了。

也就是我们随周总理去恩克鲁玛总统家做客，告别回到国宾馆那次，警卫国宾馆的武装人员不知汽车里坐的是中国总理，把枪口对准了我们，待我使馆翻译下车说明是中国总理时，武装人员才收起枪放行。也就是这一次，司机停车不当，太靠近台阶了。周总理下车后脚无法踩在第一个台阶上，只好迈向第二个台阶，结果一脚蹬空，身体前倾，手指被台阶挫伤，回到昆明敷了中药，但仍未治愈。

由于发生了枪击恩克鲁玛总统的事件，所以周总理在加纳的一切活动，都是在城堡里进行的，只有群众大会和告别宴会是在城堡以外。群众欢迎大会设在广场上，真是人山人海，开得很隆重。两边都有礼兵，他们有男有女，有高有低，有胖有瘦，全是清一色的白衣服。恩克鲁玛总统未出席。告别宴会是在我们的住地举行的，临时在草坪上搭了个棚子，恩克鲁玛总统也未出席。

访问突尼斯

突尼斯位于非洲北部，北面和东面均临地中海，隔突尼斯海峡与意大利相望，东南是利比亚，西面是阿尔及利亚。面积164.15万平方公里，人口666万。公元7世纪，阿拉伯人进入，遂成为阿拉伯国家。1837年法国殖民者入侵，后成为法国的"保护国"。1956年3月独立，1957年废黜国王，成立共和国。

周总理和代表团在突尼斯停留了两天，布尔吉巴总统给了我们最高的礼遇。经过两天会谈，两国建立了外交关系。

去突尼斯，原来并不在周总理非洲之行的行程之内，而是临时安排的，可以说是周总理非洲之行的一个插曲。

1964年1月10日周恩来与突尼斯总统布尔吉巴

访问非洲等国

访问马里

　　马里，位于非洲西部，尼日尔河中上游，面积 124.015 万平方公里，当时人口 698 万，是个内陆国家。马里原名苏丹，在历史上曾是加纳、马里、桑海等西非统一大帝国的中心地区。19 世纪 50 年代法国殖民主义者大举入侵，1904 年被并入法属西非洲，1958 年成为"法兰西共同体"内的"自治共和国"，1960 年 9 月宣布独立，同年 10 月与我国建交。

周恩来由马里总统凯塔陪同出席欢迎大会

周总理和代表团是在1964年1月16日离开加纳阿克拉抵达马里首都巴马科的,受到了马里莫迪博·凯塔总统、政府官员及巴马科人民的倾城欢迎。

周总理对马里的访问,除了盛大的欢迎和隆重的仪式外,值得记述的就是中国在马里的专家和医疗小组。

据我驻马里使馆的同志介绍,中国专家和医疗小组在马里非常受欢迎。这有几件事:

一件是:中国专家抵达马里时,想立即去农场,时间也定了,但马里负责接待的人又突然告诉中国专家,说现在不能去了,什么时候去要等通知。问他为什么,他说汽车坏了,需要修好后才能走。问他从巴马科到农场有多远,他说15公里。中国专家说那我们步行去好了,接待的人说那怎么成,你们是专家,怎么好让你们走着去?在中国专家的一再坚持下,步行去了农场。此事传到马里总统的耳朵里,马里总统很是钦佩,当即表扬了中国专家。

另一件是:马里到处生长着竹子,但不懂得怎么利用,只把它用来盖房子或当柴烧。中国专家去后,用竹子给编了几件桌椅等日用家具。总统知道后很感兴趣,特意把中国专家请到总统府,让人拿来竹子,看中国专家如何编制,中国专家编了几个小用具,总统拿着左看看右看看,爱不释手。一天,中国专家给总统编了个躺椅,总统坐上去试了试,赞不绝口,要求中国专家给总统府编几套家具,并要求除了传授马里人民农业,并传授竹编工艺。

第三件是医疗小组:马里是个农业国家,农村都很贫穷,缺医少药,生了病只能用当地土办法医治。没有医院,也没有诊疗室,做手术就在简陋的房子里。医疗小组每到一个地方,都会有许多群众争先恐后,找医疗小组为其看病,医疗小组也很负责任地为其诊治。

其他国家的专家到马里,一要吃好,二要带夫人,三要坐汽车,四要高工资;而中国专家,既不讲吃住,也不讲待遇,只拿当地技术工人的工资,没有桌椅办公,就坐在床上。为此,马里总统特许,中国专家可以随便出入总统府。

访问摩洛哥

摩洛哥王国位于非洲西北端,东面和东南面与阿尔及利亚为邻,南面与西撒哈拉接壤,西邻大西洋,北隔直布罗陀海峡与西班牙相望,面积 45.9 万平方公里,人口 2065 万。公元 8 世纪,摩洛哥建立了第一个阿拉伯国家,从 15 世纪到 20 世纪,遭到西方强国的入侵,1912 年沦为法国的"保护国",北部狭长地区和南部一个地区划为西班牙的"保护国",经摩洛哥人民长期的斗争,法国和西班牙于 1956 年 3 月和 4 月,先后承认摩洛哥独立。1958 年同我国建交。当时,摩洛哥国王是哈桑二世。哈桑二世是兄弟俩,哥哥称大王,弟弟称二王。

摩洛哥首都叫拉巴特,是个山城,包括城北的萨累在内,居民有 76 万人。1963 年 12 月 27 日上午,周总理一行乘飞机抵达拉巴特机场时,哈桑二世举行了很别致的欢迎仪式。所谓别致,是按照摩洛哥封建王朝的做法,由穿着古式服装、手持刀枪剑戟的马队列队迎接。

在摩洛哥,欢迎仪式和宴会都很奇特,这使中国代表和我们这些随行人员,大开了眼界。宴会是在周总理与哈桑二世国王会谈后举行的,宴会很丰盛,这种丰盛也可说是别具一格。地点在国王居住的和平宫。6 个人一桌,全都席地而坐。每桌都有烤全羊、烤山鸡、烤鸽子。烤全羊是每桌一只,烤山鸡、烤鸽子是每人一只。吃时,不用刀叉,也不用筷子,全都用手

1963年12月30日周恩来参观摩洛哥卡萨布兰汽车装配厂

抓。宴会举行时,周总理和哈桑二世国王一桌,国王的弟弟二王和陈老总一桌。烤全羊上来后,二王用嘴把每个手指舔了舔,把羊剥开,从羊肚子里掏出一把羊杂碎,就往陈老总嘴里塞,碍于礼节,陈老总只好吃下去。宴会上喝的是甜茶。茶博士用现场烧开的水倒进大茶壶,沏好后倒进茶碗里先尝一尝,尝后将碗底的茶倒回茶壶,然后再给每个人斟。

摩洛哥人喜欢喝茶,茶叶是他们的必需品,每年消耗量很大,需要20万吨,但摩洛哥自己不产茶,全部靠进口。因而在两国的谈判中,哈桑二世国王要求中国每年能为其提供20万吨龙井茶。周总理告诉他,中国龙井茶产自浙江杭州,杭州产茶的地方不大,不可能供应20万吨。但周总理提出了一个解决的办法,那就是中国派专家带上茶苗来摩洛哥,教摩洛哥人民种植茶叶。那样几年以后,摩洛哥人民就可以不再进口,喝上自己的龙井茶了。哈桑二世国王对此大为赞赏，并当场决定邀请中国专家为摩洛哥种茶。

访问埃塞俄比亚

埃塞俄比亚位于非洲东部，东与索马里和吉布提接壤，南与肯尼亚为邻，西与苏丹相连，东北临红海，面积22.19万平方公里，人口3106万。

周恩来与埃塞俄比亚皇帝塞拉西步入皇宫

　　埃塞俄比亚已有 3000 多年历史，16、17 世纪先后被葡萄牙、英国和意大利占领。1895、1896 年意大利在侵埃战争中，被埃塞俄比亚人民击败，被迫承认埃独立。1935 年意大利再次入侵，第二次世界大战被击败。

　　埃塞俄比亚是个封建国家，皇帝是塞拉西。当时埃塞俄比亚尚未与我国建交，按惯例不能在首都接待。当时美国在埃塞俄比亚阿斯马拉有一个军事基地，周总理一行是 1964 年 1 月 30 日离开苏丹首都喀土穆，在 6 架战斗机的护航下，飞抵美军军事基地的。塞拉西皇帝亲自到军事基地将代表团迎到了他的避暑胜地。

　　避暑胜地院子很大，院子里养有很多动物，但房子很少，主房只有一个大厅、一个会议室，还有两套房间，皇帝住一套，周总理和陈老总住一套。周总理和陈老总住的房间只有一个卫生间。由于主房只有两套住室，根本没有随行工作人员的住处，我们提议在周总理和陈老总住室的走廊上加两张床，对方不同意，后经我礼宾司的同志交涉，说每位首长身边必须有两个人警卫，对方才答应在走廊上放两张床，但直到晚宴后床也没送来。因为周总理和陈老总住房里只有一个卫生间，我们上厕所就成了问题。去外边吧，门口有哨兵、有警犬，无法自由行动，我和张树迎、陈老总的卫士宫恒征，还有卞志强大夫只好在首长睡觉前抓紧时间上厕所。晚上，周总理和陈老总睡了，怕惊动他们，我们只好用啤酒瓶子接小便。由于床没弄来，一整夜我们就坐在沙发上。

　　事后听说，塞拉西皇帝在其首都亚的斯亚贝巴为我们准备了宾馆。由于塞拉西皇帝邀请周总理访问埃塞俄比亚，目的并非谈与我建交问题，因此，周总理说谈建交我就去，不谈建交我不去，所以我们也就没有去其首都亚的斯亚贝巴，只在其避暑胜地住了两天，发表了联合公报。

访问非洲等国

访问几内亚

　　几内亚位于非洲西部,西濒大西洋,北邻几内亚比绍、塞内加尔、马里,东邻象牙海岸,南接利比亚、塞拉利昂,面积24.5857万平方公里,人口501万。公元9世纪至15世纪,几内亚是加纳王国和马里王国的一部分。15世纪初,葡、西、法、英殖民者相继入侵,1885年沦为法国殖民地。第二次世界大战后,几内亚反殖民主义斗争蓬勃发展,1957年获半自

周恩来访问几内亚

治共和国地位，1958年宣告独立。

周总理是在1964年1月21日，离开马里首都巴马科，到几内亚首都科纳克里访问的。

我们到达机场时，赛克·杜尔总统率文武官员到机场迎接，并亲自为周总理和陈老总开车，从机场到总统府，沿途受到了几内亚人民的热烈欢迎。

几内亚也声明自己是社会主义国家，为此，在与杜尔总统的几次会谈中，周总理和陈老总给他们讲了什么是社会主义，以及社会主义的根本原则。

几内亚经济以农业为主，主要农产品是花生、可可、棕榈仁、腰果，粮食作物有水稻、玉米、木薯等。木薯原产于美洲，我国也有栽培，其块根富含淀粉，供食用和作饲料，茎叶也可作饲料，但根、茎、叶均含氢基苷，不宜生吃，必须用水久浸并煮熟除去毒性才能食用。几内亚虽是非洲国家，但它到处是森林、矿藏，据说首都科纳克里地下就是一个大铁矿，老百姓很富有。我们到外地参观住的地方，从外面看，完完全全是草木结构的草棚子，墙壁是木板，房顶上盖着茅草，但从内里看，则充满了现代化气息，有电灯、电话和其他电器设备，除住室外，还有卫生间、有澡盆。所缺的就是水源，当地水很少，据说老百姓用的水，都是用头顶着瓦罐从很远的地方运来的，因此，周总理提醒我们，洗澡时要节约用水。

周总理和陈老总到外地参观，开始是坐汽车，后来突然改乘直升机。因为驾驶员是苏联人，当时苏联同我国的关系已经很不友好，我们都怕不安全，不主张乘坐。周总理和陈老总却说，有几内亚领导人陪同，怕什么！由于直升机座位有限，我们不能都坐直升机，我们一部分人只好改乘汽车先行到达目的地。沿途老百姓把我们当成了访问的主要贵宾，有的挥舞彩旗，有的挥舞鲜花，有的还放枪，放鞭炮，表示热烈欢迎。

几内亚地处热带，气候炎热，周总理、陈老总每次回来都需要洗掉身上的汗渍。为此，我们特地留人在住地，事先把洗澡水烧好，待他们回来就可洗上热水澡。

杜尔总统对我们很友好，对周总理和陈老总非常尊重，每次外出，都是他亲自为周总理和陈老总开车，他的卫士长则把我拉到杜尔总统的座位上，使我也当了一回"总统"。出于对杜尔总统的关怀，周总理和陈老总特地告诉杜尔总统：根据我们的经验，以后坐飞机尽量避免领导人在一起，以防万一，这是从国家和人民的利益着想。杜尔总统对此表示感谢。

周恩来在几内亚观看橄榄树

一次寒冷的考验

1965年3月22日，周恩来总理率领中国党政代表团，乘专机前往罗马尼亚布加勒斯特，参加罗马尼亚工人党中央委员会第一书记、国务委员会主席乔治乌—德治的葬礼。

临行前，我们通过外交部了解得知，3月份是罗马尼亚的冬季，那里的冬天要比北京冷。我们特地给总理带上毛衣裤和厚的呢子衣服备用。

23日下午5时，乘专机到达罗马尼亚首都布加勒斯特。罗马尼亚新任的工人党第一书记齐奥塞斯库和部长会议主席毛雷尔等党政领导人到机场迎接。

这次我们住在郊区的一座宾馆里，周围是一大片树林，空气新鲜，非常安静，虽然此地仍处于冬季，但四周的松柏等树木仍然郁郁苍苍，环境幽美。代表团在下榻的宾馆安顿好。当晚8时，周总理率中国党政代表团全体成员，前往罗工人党中央，吊唁乔治乌—德治同志逝世。随后8时30分，又到国家宫，在乔治乌—德治同志灵前献花圈、默哀。由于吊唁、献花圈都是下了汽车就进房间，没感到特别冷。当晚根据日程安排，知道次日（24日）上午8时在国家宫举行追悼会，随后送葬。据使馆同志介绍，墓地在郊外很远的自由公园，要步行几个小时才能到达。

24日，我和乔金旺早早起来，到室外察看天气情况，以便给总理增穿衣服。一出门看到下雪了，大地白茫茫一片，雪还在下着，还刮着三四级的风，感到很冷。周总理历来在冬季穿衣服是最少的，从不穿毛衣、毛裤。他上身只穿一件棉毛衫、一件布衬衣、一件西服背心，外穿一件薄的法兰绒呢上衣。下身穿的更少，只穿一件布衬裤，外加一条薄的法兰绒呢裤。就是在最冷的三九天也是如此。只有在零下十几度大风或下雪天，去机场接送外宾时，在我们建议下，有时才将西服背心换成毛背心，就算是增加衣服了。回到家里再将毛背心脱掉，换上西服背心，历来如此，从未穿过棉鞋。我和乔金旺商量，今天要给总理多穿点儿衣服，防止感冒。我们把厚呢子衣服、毛衣和毛背心都准备好了，便于总理选用。7点钟叫总理起床，趁他在卫生间，我和乔金旺即向总理汇报，外面正在下雪，还刮着三四级的风，很冷，得多穿点衣服。话没说完，外事秘书马列拿着文件来到卫生间，准备向总理请示。没等马列开口，总理就问他，外面很冷吗？马列刚起床，根本没到外面去，不知道外面正在下雪，便随口答道，没感到很冷呀。我心想，坏了，今天多穿衣服的安排要落空了。果不其然，总理不穿厚呢子上衣，给毛衣也不穿，连换一件毛背心也不同意，只穿平时冬季穿的单薄衣服。就这样，早饭后7时40分离住地去参加葬礼活动。上车前，给他大衣穿，他不穿。他不穿，我们年轻小伙子更不好意思穿，只好把大衣放在汽车上。

葬礼仪式从早上8时整开始，罗工人党中央为乔治乌—德治举行了非常隆重的国葬。先开追悼会，由罗工人党中央第一书记齐奥塞斯库致悼词，接着向乔治乌—德治遗体告别，然后是起灵送葬。灵柩是由十几名军官抬出大厅，放在预先停在门外的炮车上，炮车由几匹骏马拉着。

送葬队伍非常庞大，最前面的是军乐团，一路奏着哀乐，接着是罗马尼亚党政军领导人和外国代表团团长走在送葬队伍的前列。送葬的还有罗党政部门的负责人员，外国代表团成员，各国驻罗马尼亚使节和外交人员，以及布加勒斯特的市民

一次寒冷的考验

代表。浩浩荡荡的送葬队伍,一眼望不到头。这时雪在下,风也在刮着。马路两侧由士官组成的礼宾队,从起点到墓地,每5米一岗。他们都头戴皮帽,身穿军大衣,端着冲锋枪,行着军礼。目送他们的总书记的灵柩通过。送葬队伍中的人们,个个戴着皮帽子,穿着大衣,有的还把大衣领子竖起来以挡风雪,在风雪中缓慢地走向墓地。送葬队伍中,只有我们67岁高龄的周恩来总理一个人没戴帽子,没穿大衣,健步走在队伍的前列。我们带着呢大衣、帽子,几次提醒他穿戴上,他都不肯。送完葬回到宾馆,已经是下午1点多了,在寒冷的风雪中走了五个多小时。

回到住地后,我们怕他感冒,给他用热毛巾擦脸,喝了杯热茶。然后请他和大家一起吃午饭,按照他的习惯,为了预防感冒,给他喝了点儿茅台酒。67岁高龄的周总理在寒风中走了这么长时间,没有感冒,这说明他的身体是多么健康呀!下午和晚上,周总理还会见了朝鲜和越南代表团。

事后,有几位外国朋友通过我们使馆的同志,询问周恩来总理身体怎么那么好,你们是用什么方法为他保健的?其实他们都不知道周总理连毛衣、毛裤都还没穿呢。我们和使馆的同志都为周总理有这么好的身体而自豪、高兴。

周总理冬天穿衣服少,是不是他的办公室和卧室温度高呢?肯定的答复:不高。他的办公室、会客室、卧室,温度都保持在20度左右,一点都不能高。

周总理这次在五个多小时的长距离步行中,不穿大衣,不戴帽子、手套,连毛背心都没换,这是我在他身边工作20年中仅有的一次寒冷的考验。

看!1965年的周总理,身体是何等的健康,何等出色的好啊!不仅与我国的同龄人比,就是与外国的同龄人比,也令世人啧啧称羡!

我曾看到这样的报道，1975年9月7日，周恩来总理在医院里会见以罗共中央执行委员会委员、中央书记处书记伊利耶·维尔德茨为首的罗马尼亚党政代表团时，曾幽默地说："马克思的请柬我收到了……1965年我在布加勒斯特，那次我走了五个多小时，现在我连五十步也走不了了。"当我看到这个报道时，我心疼地流下了眼泪。1965年至1975年正是"文化大革命"的十年，全国大动乱的十年，老干部挨整的十年，也是周总理殚精竭虑，最忙碌最操劳的十年。他曾多次对别人说，"文化大革命"把我打垮了，使我少活十年。我们敬爱的周总理就是这样活活地累死了。

周总理三保陈老总
——我所经历的"文革"轶事

1966年6月,毛主席亲自发动和领导了无产阶级文化大革命运动(以下简称文革运动),并指名成立了中央文化大革命领导小组(以下简称中央文革)直接领导这次运动。文革运动否定了建国以来的两个17年,让群众自下而上地批判走资本主义道路当权派(简称走资派)。在中央文革的策划下,让北京大学聂元梓写大字报,指名批判北京大学党委书记陆平是走资派。后来毛主席写了《我的一张大字报》,对聂元梓的大字报大加赞扬和支持。一时间从中央到地方,各级领导干部都成了走资派,被群众揪斗批判、戴高帽游街等。

在中央文革成员张春桥、姚文元的策划下,上海市造反派第一个夺了市委的领导权,即所谓一月风暴。一月风暴经报纸媒体报道后,很快在全国造成了混乱局面,北京也不例外。当时陈毅是国务院副总理兼外交部长,外交部和外事口的造反派要批斗打倒陈毅,夺取外交部的领导权。

周总理于1966年8月初的一天晚上,在国务院会议厅东厢房接见外交部两派头头。这次我负责现场警卫工作。我在现场,听周总理说,外交部的每项工作都是在毛主席的直接领导下,外交部的领导权不能夺。陈毅同志工作中有缺点,可以小会批评帮助。经过长时间做工作,最后两派同意开个中型批判会,但约法三章,一不准喊打倒陈毅的口号;二不准贴打倒陈毅的标语条幅;三开会时两派轮流发言,不允许武斗和有任何侮辱人格的举动。

8月6日在外交部小礼堂开第一次批判陈毅会。当时东交民巷10号（原六国饭店旧址）是外交部的一个办公地点，里边有个小礼堂，会议就在这里召开。我和警卫团领导带人提前一小时到达现场，检查布置警卫工作。检查中发现，会场有打倒陈毅的标语条幅，让他们取下，他们不同意。

8月6日下午2时半，周总理和陈老总同乘一辆车来到东交民巷10号。我将礼堂里贴有打倒陈毅的标语的情况报告了总理。周总理因此拒绝进入会场，并批评造反派不遵守协议。总理说，不取下打倒陈毅的标语，我决不进礼堂参加会议。在造反派认错并取下打倒陈毅的标语后，周总理和陈老总才进入会场。周总理坐在主席台上，亲自主持会议，两派轮流发言，各说各的理由。由于周总理主持会议，第一次批判会开得比较顺利，没有出现什么小动作，也没有外单位红卫兵参加。

8月7日中央文革成员王力、戚本禹等，在接见外交部及外事口造反派时，再次煽动夺外交部的权，并说20多岁的青年可以当部长……即王八七讲话。

几天后造反派要求召开第二次批判陈毅的会。开会的前一天，总理在大会堂开会后当面对我说，外交部两派要求明天召开第二次批陈老总的会，我有事不能参加，你负责召集外交部两派头头开个会，传达我的意见，这次会议一切按照上次会议的要求办。并对我说：你要保证陈老总的绝对安全，要保证不被造反派揪斗、揪走。你可以带些部队去。我将周总理的指示报告了警卫局长汪东兴，他让我和中央警卫团领导一起去按总理指示办。第二天上午，我和警卫团领导在大会堂东门内过厅，召集外交部两派头头开了个现场会，听取了两派对开会准备工作的情况汇报，传达了周总理的指示，要求两派保证按照总理指示办。两派都做了保证。

下午，我和中央警卫团领导带一个排提前一小时到达开会现场。我们刚进门，保的一派告诉我说：你要注意，他们（指另一派）连开电梯的人都换了。我心中有了数。两派头头都到后，我说先看一下你们今天的安排。造反派带我乘电梯到三楼看休息室，我感到这里面有问题。因第一次开会并没有休息，今天开会安排休息，而且一楼开会安排在三楼休息，这说明其中一定有鬼。我有意说：很好，一切按你们的安排办。为了吸取上次的教训，我从三楼下来检查礼堂，也没有发现打倒陈毅的标语。我对两派头头说，一切按总理的指示办。他们表示一定照办。

接着我们继续检查舞台周围。舞台有个后门，后门外有一条两米多宽、20多米长的走廊，西北角连着锅炉房，里边有一个通向外边的小门。走廊中间有一个门，门上挂的牌子是"保密室"。进去察看，房间很大，有文件柜、办公桌，桌上有两部电话，其中一部是保密电话，还有沙发、卫生间。根据情况，我决定把一个排的部队除大门口留五人外，其余的都放在走廊里待命。

下午2时半，陈毅副总理和周总理的秘书钱嘉东同志乘陈毅的车准时到达会场。开会时钱嘉东同志说明，总理因有会议不能来参加此次会议，他受周总理之托主持今天的会。会议按照上次商定的程序开。会议刚开始不久，我不断得到情报：几卡车的农大东方红红卫兵要来会场揪斗陈毅；二外的造反派也来了……我告诉门口的警卫，一定要挡住，一定要给我留5分钟的时间。我把情况告诉了钱嘉东。因各造反派来的人很多，他们又不管不顾，横冲直撞，喊着要揪斗陈毅，留在门口的人来报告说挡不住了。我告诉钱嘉东，立即休会，并命令大家原地不动。趁宣布休会的空当，我带着陈老总和他的警卫宫恒征，还有钱嘉东等4人从舞台的后门撤出，通过夹道进入了保密室，让陈老总坐在沙发上。造反派以为按他们的安排，我们一定会在三楼休息室休息，他们一出会场直接冲到三楼休息室，结果扑了个空。在三楼没找到陈老总，他们又到处搜寻。这时有人告诉我，造反派说楼道里有军人，陈老总一定在保密室。我立即让部队战士撤到走廊的两头，并告诉他们，只要有人冲保密室，就采取强硬措施，以保护国家机密。造反派搜到保密室这里，看到有部队也没敢冲，但他们又怀疑陈老总在里面。保密室在二楼，他们不甘心，就从院子里搭人梯，踩着肩膀隔着保密室的玻璃窗子往里看，找陈老总。在这样的情况下，我让陈老总暂到卫生间避一避。开始陈老总说："算了，我去见他们。"我说："不行，这是总理给我们的任务。"陈老总答应后，陈老总、我还有他的警卫宫恒征，我们三人搬上椅子躲进了卫生间。留在外面的钱嘉东立即打电话向周总理汇报了这里的情况。周总理指示，要他找姚登山（外交部造反派的总头头），并说："你告诉姚登山，今天发生的混乱，他要负责。如果今天陈老总发生问题，他要负完全责任。"并指示钱嘉东，要姚登山亲自把陈老总送回家。

在混乱中卫戍区邵科长来找我说，奉总理的指示，为确保陈老总的安全，他们来了一个营，布置在外围以确保陈老总的安全。我们和卫戍区部队领导经过研究，在三个地方布置了撤出点。每个点都停了两辆吉普车备用。造反派在楼内上上下下找了半天也没找到陈老总，认为陈老总已经走了，后来大部分造反派就撤走了。虽然撤走了，可陈老总的那辆奔驰车却遭了殃，造反派气急败坏地将汽车的窗帘撕了，车胎放了气，车座套也给搞得乱七八糟。

我们根据周总理的指示找到姚登山。姚登山来到保密室后，钱嘉东向他传达了总理的指示，说今天发生的事你要负全部责任。陈老总的安全发生任何问题，你也要负全部责任。总理要你亲自送陈老总回家,现在你就不要走了,跟我们一起走。我们是从预先布置的三个撤出点中的一个撤出的。我们让姚登山和我们一起从锅炉房的旁门出了楼,然后坐上卫戍区预先布置的停在那里的吉普车向东绕道东单,经东长安街驶向中南海东便门。陈老总、姚登山、钱嘉东、我和宫恒征从东便门进入了中南海。结束了未能开成的批判会,陈老总安全地回了家。通过这次批判会的前前后后,不难看出周总理非常有预见性,考虑得十分周到,安排得非常细致。

第三次批判大会,是8月中旬在人民大会堂召开的。当时是中央计划解放一批老干部出来工作。那次大会"中央文革"成员全都参加了,总理主持会议。总理估计到会议上可能发生问题,因此在会前就做了周密的布置:第一,会场前三排一律是8341部队战士,后面才是群众组织;第二,工作人员要严密注视会场动向,保证陈老总不被造反派揪走;第三,不准武斗,也不准有变相武斗。

批判会开始后,先是江青别有用心地讲了几句话,她说,陈毅同志,过去我也保过他,但由于他对文化大革命不理解,所以……江青讲完,接着陈老总作检查。就在陈老总作检查当中,总理有急事离开会场去后边的休息室。总理刚离开,就从二楼垂下一长幅标语,上写:打倒三反分子陈毅,类似的标语还有一些。这显然是有预谋的。二楼的长幅标语刚往下一垂,会场打倒陈毅的口号立时此起彼伏。这时一些造反派就向主席台冲来,冲向陈老总。为了保护陈老总,我们一方面按事前的布置掩护陈老总往后门走,一方面同造反派进行说理斗争。他们说陈老总是三反分子,我们说是毛主席让我们保护陈老总的。造反派与警卫人员、现场服务人员互相纠缠在一起。这时8341部队的战士也冲上台,将造反派一个个赶下了主席台。我们按事先安排顺利掩护陈

老总从后门走了出去，当即关好了后门。

　　总理得知会场情况后，马上从休息室出来回到会场，气愤地站在会议主持的位子上，待会场安静下来，很气愤地对造反派说，你们不按事前约定的协议办，你们冲击会场，使会议不能按计划进行，破坏了大会，责任完全由你们负。现在宣布散会。这第三次批判会就在一片混乱中结束了。江青一伙揪斗陈老总的阴谋，在总理的干预下又未能得逞！

祸从天降
——江青发难

我是1945年认识江青的。1945年8月底，我从中央党校奉调到周恩来副主席（时任中央军委副主席）身边工作。有时江青去看邓大姐和周副主席，而江青已是毛主席的夫人，所以也就和她认识了。特别是1946年春国共谈判期间，她去重庆治牙，周副主席指示要我多关照她，她曾问过我的名字和籍贯。

凡是在她身边工作过的人，都知道她是个喜怒无常的人，哪一点伺候不周到，或哪一点伺候得不顺心，她就大发脾气骂人。比如说她坐汽车，你给她关车门不准有一点声音，否则便会招来一顿臭骂；她住钓鱼台，有事去人民大会堂，乘汽车仅有十几分钟的路程，也必须给带上便器，防备她途中便溺，否则，决不会有好果子给你吃；至于洗澡水凉热、饭菜可不可口……那就更不用说了。尤其是"文革"期间，她的脾气更是变化无常。如在大会堂开会，中间她说这间房里有窃听器，要严格检查，停止开会。大会堂和中办警卫局就得组织专家进行严格检查，检查结果要写书面报告给她。谁伺候得不如她的意，不是说你是特务，就是说你是坏人，要暗害她。搞得在她身边的工作人员，无不战战兢兢，提心吊胆，不知什么时候大祸要落到自己头上，所以谁都不愿到她身边工作。当时，在她身边工作的人，被她扣上"特务"、"坏分子"帽子，下放到中办"五七学校"劳动改造的就有6个人。他们有的蹲过监狱，有的遭到过隔离审查，有的长期挂着，不准过党的组织生活……我虽然不在她身边工作，可以说和她是风马牛不相及，但万万没有料到竟会殃及自己,更没有料到她翻手为云,覆手为雨,竟把矛头指向人人敬爱的周总理。事情发生在1968年3月中旬。

那天,预定下午4时在人民大会堂接见厅召开"文革"碰头会(原是中央碰头会,因文革小组要权,改称文革碰头会)。那时,中央碰头会和"文革"碰头会都由周总理主持。我当时是中办警卫局警卫处副处长,负责这次会议的警卫工作。在通常情况下,我们都是提前一个小时到大会堂,检查和布置工作。那天,我按时赶到大会堂。3时半,江青的警卫员孙占龙给我来电话,说江青刚起床,还没吃饭,要我告诉大会堂给准备点吃的,江青到后先吃饭后参加会议,并要求在会议室旁找个小房间安排一下。吃食要鸡蛋饼、鸡汤面、两荤两素四个小菜。我当即告诉了当时在现场的大会堂党委书记刘剑,并要求按时将饭菜做好,放在旁边的小山东厅。

这次"文革"碰头会是解决原东北局书记宋任穷出来工作及解决东北问题。4点以前,周总理、宋任穷、陈锡联、毛远新和国务院、中央军委有关同志以及中央文革小组成员均已到齐,就只差江青未到。

当时中办主任汪东兴兼任警卫局长。汪东兴到后,我当即将上述情况向他作了汇报。他很了解江青,知道江青很难伺候,便与我一同站在接见厅门口,等候江青。约4时15分左右,江青来了。在场的秘书、警卫人员听说江青来了,生怕她骨头里挑刺找毛病,无事生非,一个个都躲进了接见厅西边的小会议室。门口只剩了我和汪东兴。

江青到后,汪东兴马上立正给她行了一个军礼。我也不例外,给她行了一个军礼。由于她的警卫员和护士拿的东西多,未能和她一块进来,我便上前好心地告诉她:"开会在接见厅。吃的东西已经准备好了,在旁边小山东厅,您要不要先吃一点。"谁知,好心变成驴肝肺,她连吭都没吭,阴沉着脸,白了我一眼，径直进了接见厅。看她那态度，我就预感到有点不妙。果不其然，她一走进接见厅，就冲周总理发难，大吵大闹，说："你们在开什么秘密会？竟让成元功在门口挡着我，不让我进！"明明是按她的警卫员孙占龙的电话吩咐安排的，她却说有意挡她，这不是冤枉人吗？周总理耐心地给她解释说，根本没有那回事，她还是不依不饶，吵闹不休。周总理见会议开不成了，就宣布休会，然后约杨成武、汪东兴、李作鹏等少数几个人到小山东厅同江青谈。江青继续大吵大闹，硬说周总理安排我在门口挡她，不让她进。

当时，我并没有往深处想，只觉得她不过是个特殊人物，说变就变，后来才明白，她是借题发挥，向周总理发难。因为她野心勃勃，"文革"以来与林彪相勾结，狼狈为奸，一心想篡党夺权，而把周总理看作她篡党夺权的最大障碍，必欲除之而后快。后来她发动"批林批孔"、"批周公"、"批大儒"就是明证。

周总理耐着性子一再给她解释，她就是不听，吵闹了差不多有半个小时。无奈，周总理只好宣布休会，只让杨成武、汪东兴、李作鹏跟着江青和总理一起到小山东厅。江青还吵闹不休。总理让汪东兴把我叫进去，给她说明当时的情况。为了照顾影响，汪东兴走出小山东厅，先让服务员、警卫员等人通通撤离现场到西边小会议室休息，过厅里只留我一个人值班，然后对我说："你进去，把你今天接孙占龙电话的情况再说说。"我走到小山东厅门口时，就听见周总理大声地说："我是一个老同志，你应当相信我，根本没有的事。"我推门进去后，周总理说："我是不是派人挡你，你们查对吧，我不参加。"然后气愤地走出小山东厅。周总理离开后，汪东兴对我说："成元功，你把今天先后的情况说一说。"我当即把3点半钟如何接到孙占龙的电话，孙占龙说了些什么等情况说了一遍。江青一拍桌子，疾言厉色地说："根本没那回事，去把孙占龙给我叫来！"汪东兴出去叫来孙占龙。孙占龙进来如实地说："今天是我打的电话，让成元功准备饭，说来后先吃饭，后参加会。"汪东兴问："都准备些什么吃的？"孙占龙回答："鸡蛋饼、鸡汤面、两荤两素四个小菜。"到此为止，应该说周总理是否让我在门口挡她的问题已经很清楚了，然而一心向周总理发难的江青，并不甘心认输，她拍着桌子大叫大嚷："你们都给我滚开，以后不要在这里工作。"然后又指着我和孙占龙说："你们给总理说去！"这时，杨成武不知出于什么动机，说了一句："以后不准你们再胡闹了。"汪东兴向我和孙占龙摆了摆手，意思是让我们俩退出去。

我和孙占龙走出小山东厅，见周总理在福建厅门口走来走去。我紧走了几步，赶到周总理跟前，违心地说："总理，今天我们工作没做好，给您惹了这么大的麻烦……"周总理一挥手，意思是不要说了，我也就没有再说下去。周总理又走进了小山东厅。虽然事实已很清楚，但江青仍旧不依不饶。门厅只有我一个人值班，听着她和周总理又吵闹了一个多小时。

当天晚上，回到中南海，汪东兴、张耀祠、李树槐、杨德中找我谈话，问我当时的详细情况，我把当时的经过，又一五一十如实说一遍。汪东兴说："看来情况并非像江青同志说的那样，最近出现场你就不要去了，在家值值班，休息一下。"暂不出现场也好，这样可以省掉一些是非，我就答应了。

没想到事情远没有完，后来高振普告诉我，那次事发后的一天，在钓鱼台开完中央文革碰头会，天已经很晚了，周总理刚回到中南海西花厅，江青就打来电话，要周总理和汪东兴去钓鱼台。因为江青常传达所谓"主席指示"，周总理以为又有什么紧急事，就同汪东兴乘车去了钓鱼台。周总理、汪东兴到后，江青叫把秘书、警卫员们都留下，然后说："成元功历史上就反对我，限制我和总理接触。"接着又举了几件无中生有的小事。

周总理说:"不会的,成元功14岁参加工作,在我那里工作多年,我了解他。"江青本来就居心叵测,自然不会让步,她竟然拍着桌子恶狠狠地说:"他至少是个变了质的坏分子。"接着又说警卫处还有曲琪玉等,要停止他们在警卫处的工作……

后来,汪东兴、张耀祠和李树槐找我谈话,说:"根据现在的情况,你也不好去工作了,就先到学习班去学习一段再说吧。"然后又说:"去学习班前,也不要到总理那里告别,也别和总理办公室联系了。"我明白他的意思,是怕给周总理增添不必要的麻烦。

1969年1月5日,我离开北京,和参加学习班的全体同志,从当时的前门火车站登上火车,去了中办在江西进贤开办的"五七学校"。当时中办机关一共去了1600多人,真所谓"浩浩荡荡"。

到达江西进贤县后,我们惊奇地看到大街上到处写着大标语"欢迎中央办公厅的同志来进贤县安家落户"。不久,这1600多人的户口都由中央办公厅统一从北京转到了进贤县。

所谓"五七学校"是按照毛主席关于干部上山下乡的"五七"指示办的。名为学校,实际上是劳动改造。关于校名,当时还引发过一场争论,有人说叫"五七干校",因为下放到那里的绝大多数人都是干部,汪东兴说叫"五七学校"好,因为去那里的不全都是干部,他说,干校是干部去的,学校是什么人都可以去。这样一来,中央办公厅"五七学校"便成了一个"大杂烩",下放到那里的既有部长级的高干,也有花工、木工、扫院子的清洁工,还有军代表。军代表是管理这些人的。可以这样说,中办"五七学校"是全国的一个特殊学校。

1970年,我的家属也从她的单位调到中办"五七学校",两个孩子也跟去了。从此我们全家被打入另册。当然,我和周总理、邓大姐也就断了联系。

1971年中办副主任王良恩专程去"五七学校",在"五七学校"的党委扩大会上,传达中央对"五七学校"的精神后,有人提出,让干部家属也到"五七学校"安家落户不符合中央精神,是汪东兴的土政策。但在另一次党委扩大会上,当有人提出不是办公厅干部的家属、孩子,应送回原单位。而担任校长的曹全夫却说,在校的干部都是办公厅不要的,你把家属孩子送回去,将来怎么办?

经过一段劳动改造,后来有些人被分配到湖北三线新建的第二汽车制造厂,还有的分配到了别的地方,对此大家议论纷纷,反映强烈。这时汪东兴又一改以前的说法,说江西中办"五七学校"是中央办公厅培养干部、储存干部的一个重要基地,只要他活着,"五七学校"就要继续办下去。

1973年,我的家属结束了在江西中办"五七学校"的劳动改造,带着一个孩子回京工作了。1974年春节前,我从江西回京探亲,北京给我突出的感觉是天气变得特别冷,风沙也比往年大,人也变得无情了。过去一起工作多年的同志,见了面不再像以前那么热情了。路上不期而遇,就仿佛见了瘟疫,老远就躲开了。我爱人回京后,去过去一起工作的邻居家看望老人,邻居连门都不让进。这也难怪,谁让我们这些人被打入"另册"呢。

但也有两个例外:一是北大、清华两所大学有组织的铺天盖地的张贴批邓大字报,指名道姓批判邓小平。办公厅指名道姓要我们这些从"五七学校"临时回京探亲的人,必须集体去看大字报,以示对我们这些人的关心。再一个是江青背着党中央在首都体育馆召开万人大会,名为"批林批孔",实际上把矛头指向周总理。会上,几个跳梁小丑作了充分的表演,给人的感觉是中国要变天了。特别是听到当时正在主持中央工作、也是这次会议的主持者的周总理说:"召开今天这样的大会,昨天晚上我才知道。"。许多人议论纷纷,这个会是办公厅组织我们这些临时回京探亲人员必须参加的，自然也是为表示对我们这些人在政治上的关心。

万人大会之后不久，有一天邓大姐派人到我家告诉我："总理现在住院了，要我代表他见见你们全家。"要我们晚饭后去西花厅。晚饭后，我们全家去了西花厅，邓大姐热情地接待了我们。谈话中，邓大姐问我："你是怎么走的，也没向我们打个招呼？"我说："离开西花厅是为你们送范某某手表的事，他们说是我私自改信换的表。"大姐说："手表的事，我已给他们讲清楚了，是我改的信、换的表，与你无关。"我又接着说："走前汪东兴找我谈话，不让我和你们联系，我理解他的意思，是怕给你们再添不必要的麻烦。"之后，我又把大会堂发生的事，详细地向邓大姐讲述了一遍，但把后来高振普告诉我总理在钓鱼台与江青吵的事瞒下了，原因是怕引起不必要的麻烦。邓大姐听后说："噢，原来是这样。"接着看了看表，说："我去医院看恩来的时间到了，你们先看看电视，我去半小时就回来。"半小时后邓大姐回来了，她说："你讲的事，我问过恩来了，他说他都清楚。"我心里说，我只对你说了一半，后一半还没讲呢。临告别的时候，邓大姐谆谆告诫我："你离开北京几年了，对北京的情况不了解。少出去串门访友，多在家看看书报，这对你有好处。"

探亲假结束了，我又回到了江西进贤"五七学校"。组织上曾三次暗示，要分配我去工作：第一次是去陕西省公安厅警卫处；第二次是回山西老家，说那里有个大锡矿，需要干部；第三次是去北京医院。因为是非正式谈话，我都没表态。我要求去工厂学技术，汪东兴说我不安心工作，我只有耐心等待。直到1976年粉碎"四人帮"的前几天，我才结束了流放8年的"五七学校"生活，回到了北京。

两件珍贵的礼品

1976年底还是1977年初，一天上午，周总理生前的警卫人员张树迎同志和高振普同志来到我家，老战友相见格外亲切。随后张树迎说："邓大姐指示，让我们把总理生前用过的东西和生活用品，全部分送给身边工作的同志和亲属使用或留作记念。邓大姐特地嘱咐给你一份。离开西花厅工作的同志，只有你一个人有。"我听后非常感动。然后打开一个小包，里面是两件在我记忆中很熟悉又很有纪念意义的礼品。他又说："我们考虑电视机、照相机你都有了，就给你一块台布和一块手表吧。"我请他们转达我对邓大姐的感谢，感谢邓大姐对我的关怀。

他们走后，我仔细地看了两件礼品。绣花台布上有个小登记纸牌，上面写着"本·贝拉总统送"。我记起这块台布是1963年底至1964年初，我跟随周总理访问欧、亚、非14国，1963年底访问阿尔及尔时，阿尔及利亚总统送给周总理的礼品之一。

再看手表，我知道这是1957年4月苏联最高苏维埃部长会议主席伏罗希洛夫率团访问中国时，送给周总理的礼品之一，这只手表是邓大姐亲自珍藏的。手表是金壳的，是苏联特制的，表的正面印着"莫斯科"牌，后面刻着"赠给周恩来同志留念　克·叶·伏罗希洛夫　57年5月4日"。

这是多么珍贵的礼物啊！我从1965年底离开西花厅，已经11年多了，邓大姐没忘记我，这是邓大姐对我深切的关怀和亲如家人般的关爱啊！不由使我回想起在周总理、邓大姐身边工作的20年中,他们对我无数次的言传和身教,以及无微不至的关怀。

注: 绣花台布已捐赠给淮安周恩来纪念馆。

1957年苏联伏罗希洛夫送给周恩来的手表(正面)

1957年苏联伏罗希洛夫送给周恩来的手表(反面)

延河坠马
——周恩来断臂事故纪实

　　周总理无论是走路、和人谈话、在大会小会上作报告，或是看书看报、阅批文件和做其他别的什么事情，他的右臂总是弯曲在身前，人们早已看惯了，以为这是他的习惯，是构成这位伟大人物特有风度的特征之一。就像列宁总是把两手插进坎肩的衣袋里，斯大林总是用手捏着他那个烟斗一样。倘若有哪位画师或演员，在为他绘像或扮演他的时候，不是将右臂弯曲在身前，而是伸直，人们一定会站出来挑剔指责，说他们没有抓住这个构成他特有风度的主要特征，画得和扮演得不像。对于他为什么不能把右臂伸直，人们却不大过问，当然也不会有人追问他的右臂是怎么致残的，为什么没有医治复原。

　　我这样说，并非夸大。作为他身边的警卫人员，我是1945年被组织上派到他身边工作的，几十年来，有成百的人在他身边工作过，他们谁也没能弄清楚他的右臂被搞成现在这个样子，到底是怎么回事。

　　至于我，是到1977年才偶然知道的。

　　1977年，也就是周总理逝世一年以后，我听到一个传闻，说他的右臂致残是当年在延安被江青害的。这是我这个在周总理身边工作了20多年的人第一次听到他右臂致残跟江青有关。很奇怪，为什么几十年来我们竟然一点信息都不知？这右臂致残的事，终于水落石出。时间漫长而久远，我感到有些事件被湮没得愈深愈久，一旦被发现，反而使人感到愈新奇愈珍贵。

下边，我将按"无端之祸"、"无奈之残"、"无言之苦"、"无谱之歌"四部分把事实真相写出来，告诉读者这个故事。

无端之祸

大凡去过延安的人，都知道城下有一条延河。延河的水不深流不急，一年四季都可以涉渡。但是人们却很少知道它有个怪脾气：夏季往往在天气晴好的日子里，人们正裸膝涉渡，突然间会出现山洪，滚滚而来将人卷走，带进黄河。这是因为上游某个地方突降倾盆大雨而形成的奇怪现象。

1939年7月10日这天下午，革命圣地延安城烈日当空。中央党校忽然像山洪暴发般的传出消息：周副主席在骑马过河来党校的路上受伤了！人们听到这个消息，不由抽紧了心，神秘地互相悄悄地传告着。——在战争年代，每逢我们遭受到意外损失的时候，大家的心都是揪着。他们谁都想了解究竟是怎么回事，但谁又说不清楚。于是纷纷猜测，私下议论：

——遭到了特务、汉奸的刺击？

——骑的是一匹犟马？

——我们党和红军的领导人，从来还没出过这么大事故。枪林弹雨都闯过来了……

中央党校高级班（在这个班学习的都是团级以上的干部）的学员更是后悔不迭。有的说今天不该请周副主席来作报告；有的说既然山洪下来了，汽车过不来，就改个日子算了，何必骑马来，畜牲这东西最容易出事；有的说得用马鞭子狠狠地把那匹马抽一顿，好好教训教训它；也有的说干脆把那匹马宰掉，免得以后再出事……

中央党校学员们有个传统的老习惯，每隔一个时期，或每逢遇到一些难以解决的问题，便提出请中央领导人或直接点名请某位领导人到校，给他们作报告或解答。

当时正是抗日战争的第三年，以蒋介石为首的国民党顽固派公然搞起投日反共活动，在秘密颁发了几个内部文件之后，又公然制造了多起反共惨案。抗日征途，风雨如晦。面对当前迷惘的局势，党校高级班的学员提出请毛主席去给他们作报告，指点迷津。不料这天毛主席赶上有事去不了，便请周副主席代他去讲，说："对于这些事情，你讲得比我好。"周副主席是刚从大后方回来的。党校高级班的学员一听周副主席要给他们作报告，良机难逢，自然欣喜万分，一个个翘首以望。谁知盼来的周副主席，此时却因右臂骨折躺在党校大门口的会客室里。他们自然后悔不迭，心乱如麻，恨不能以自己的伤痛来代替周副主席的伤痛。

周副主席是这年6月中旬，从抗战时期的国民党政府的陪都重庆乘汽车出发，盘山绕水，晓行夜宿，赶回延安来参加中央政治局会议的。回来后住在延安杨家岭毛主席院旁的窑洞里。这次中央政治局会议原定4月间召开，因那时候他代表中央正在皖南新四军军部等地研究新四军的军事战略方针问题，敦促新四军的领导项英贯彻中央向敌后发展的指示，未能归来，所以推迟到现在。

周副主席躺在党校，毛主席还不知道。最着急的是陪周恩来到党校去的王来音和蒋泽民。

王来音是毛主席警卫班的警卫员，他的专职是负责料理毛主席的生活和管理毛主席居住的两孔窑洞。毛主席对这个18岁的陇东娃娃很满意。这次周副主席回到延安，身边只带了刘久洲一个副官，这时又放了他的假，没有住在这里，毛主席见周副主席生活没人照料，便对王来音说："你认识周副主席吗？"

延河坠马

周副主席,过去王来音从未见过。这次他回来就住在毛主席院旁的窑洞里,他从大后方回来穿得洋气些,先一天他到毛主席这里来时,王来音又给他递过茶水,自然认得,便认真作了回答。毛主席向王来音交代:周副主席从重庆回来开会没人照料,派你去照顾他的生活,缺什么东西你就去领,一定要照顾好。我这里的事从今天起你就不用管了,等周副主席回重庆之后你再回这里来。你的工作,警卫班会派人来顶替。

就这样,王来音来到了周副主席身旁。

10日那天下午,他通知汽车司机送周副主席去党校。司机说延河正在发大水过不去。中央党校在延河的对岸,从杨家岭去中央党校必须通过延河。那时河上没有桥,车辆行人都是涉水而过。毛主席听说河里涨水,就叫王来音去探水势,看汽车能不能开过去。王来音赶到河边一看,浑浊的山洪滚滚而下,河中央平时裸露着的几块大石头,都已淹没在水下了,汽车根本过不去,骑马倒可以涉过。毛主席就叫王来音把他的大青马牵给周副主席。

这匹大青马曾经跟毛主席进行过长征,稳当可靠,爬山涉水又是老资格,有经验,所以毛主席叫王来音把这匹马牵给周副主席骑坐,同时又派他的警卫参谋蒋泽民随行。

在我们访问时,王来音讲述到这里,说:那时节警卫工作简单,毛主席派蒋参谋去就是加强警卫,不像现在有这么多警察,还有开道汽车呜呜叫,措施严密。

当时一同去的,还有一个地位特殊的人物,这便是毛主席的爱人(爱人是那时解放区对妻子独有的称谓)江青。这时她正在马列学院学习,听说周副主席要去党校高级班作报告,就要求去听。毛主席对她说:"你条件不够(高级干部)嘛。"不同意她去,她还是跟着去了,她骑的是警卫员的马。

王来音牵着周副主席的马,涉过齐腰深的洪水,上了岸,正在河滩上穿衣服和鞋的时候,江青忽然心血来潮,打马急奔,向着山坡小路跑去。

大青马和江青骑的马原本是一对,江青的马一跑,大青马也跟着跑去。跑着跑着,突然从附近农户窜出一条狗。这未见过世面的狗,一见江青的马,便吠叫着扑过去。江青见状惊慌失措,拨马就逃。田埂小路又窄又弯,哪里容得下两匹马?她的马一下撞到周副主席的大青马上,周副主席连人带马一晃,一头从马背摔下来,摔了个臂折肉伤!

周副主席受伤,自然应向毛主席报告。这是王、蒋两人分内之事。但他们却十分为难,因为江青这个地位特殊的人物夹在中间,要报不敢,不报又不成。还是按原则办事,由王来音骑马回杨家岭如实报告了毛主席。毛主席听后很着急,在院子里转来转去,一面叫他的秘书叶子龙和他一同去党校看望料理,一面对江青发火:"你出什么风头!你耽误了多少大事……"江青理亏,远远地躲开,以后好长时间都不敢回杨家岭见毛主席。

刘久洲是个倒霉的警卫员,人命关天的大事又一次出在他的身旁。前年(1937年)5月,他随周副主席乘一辆大卡车去西安,在延安以南的崂山山隘,遭到土匪的伏击,司机牺牲,随行人员伤亡数十人,他身中二弹,幸好周副主席未出三长两短。这次,他听说周副主席身受重伤躺在党校,将信将疑,连走带跑赶到党校会客室。从人丛中挤到周副主席跟前,见周副主席右臂肿得碗口那么粗,流着鲜血,浑身汗透,强忍剧痛,很悔恨自己放假外出没有跟着,要不然也许会像在崂山山隘遭到土匪伏击一样大难得以幸免。

我们访问曾任北京前门饭店经理的刘久洲时,他对这次事故仍旧心有余悸。他说,那天假若总理的脚被马镫套住抽不出来,或者马从身上踏过,就会不堪设想,就会给我们党造成不可弥补的损失！已经脱离警卫工作40多年的王来音，在回忆当时那种可怕的情景时说，一切都像昨天发生的大祸。安全保卫工作你一会儿也不能麻痹，一点也不能大意，对各种可能发生的情况都要预先想到才行。那次事故我们事先没有想到，是我们警卫工作的深刻教训！

山洪来得猛退得也快，周副主席乘汽车回到了杨家岭。窑洞虽说有冬暖夏凉的优越性，但这时候令人感到特别的闷热。

周副主席受伤的消息很快传遍了延安城。

当时的延安城实际上已不具有城的形象。这座历史上有名的北方重镇，1937年党中央进驻，再度繁荣起来，成为抗战的中心。1938年底就遭到了日本鬼子飞机不断的狂轰滥炸，店铺房屋被夷平，只剩下凤凰山上那道蜿蜒的城墙空围着一片瓦砾场了。党中央各部门不得不分散在许许多多小山沟里，辟窑为居。党中央搬到这杨家岭的山坡上来住。虽说那时延安消息传递还处在鸡毛信时期，但是各部门的领导人和周副主席的老战友，还是很快知道了周副主席不幸受伤的消息，一个个先后亲自赶来登门看望。周副主席虽然伤痛很厉害，还是强忍着一个一个接待他们。对他们说：是他骑马去党校，过河以后马一失蹄跌倒一个大坑里面，摔下来，右胳膊肘杵到了地上。医生已经治了，不要紧的，很快会好的，请放心吧！他们虽然相信周副主席的话，甚至有人说那条路上确实有日本飞机扔炸弹时留下的坑，但是仍搬不掉压在他们心头的那块沉重的大石头。他们严肃地要求中央教导大队（即中央警卫团），认真吸取教训。据王来音回忆说："随后，中央教导大队领导向我们下了指示：从今以后，首长骑马不论走路过河，警卫员必须牵马走！"

我在中央机关担负警卫工作40余年，在回顾历史经验教训的时候，常听到说有警卫员偶一马虎马肚带羁松了，造成了

周总理滚鞍落马或是马跑到大坑里周总理被摔下来的事故，却不知道事故发生的真实情况，而知道真实情况的同志，却又消溶在自己的肚囊里，不肯也不敢于说出这次事故的真相。

无奈之残

对周副主席的伤情，中央非常关心，马上向八路军卫生部副部长王斌作了具体交代。

最近我们访问王斌老人时，他悔恨地说，那时我们自己没有一位专家，拐峁医院（八路军总医院驻在延安拐峁村）连一架好的X光仪也没有。到8月中旬，才知道总理的右臂已造成固定的向肩的方向弯曲而不能伸展了，也不能用来工作和生活了。这时X光片显示是：右肘右肱骨下端成丫形骨冠状突顶在鹰嘴窝内发生粉碎性骨折，断骨已形成错位愈合。

医治无效之后，党中央决定让周副主席去莫斯科医治。8月27日，许多同志聚集在延安东门外的机场上，为周副主席送行。他们把希望寄托在莫斯科，希望周副主席回来再见的时候，能看到他伸出一只挥洒如初的右臂。战友们知道他不能缺少一只健全的右臂。他需要正常的工作和生活！

飞机场的尘埃被螺旋桨扇卷起来，遮天蔽日，飞沙迷眼，尘土扑面。等到送行的人们听不到马达声在山谷中轰鸣的时候，那飞机（当时人们称它为铁鸟）已经是远远的好高好高的一个黑点了。当时延安飞机场是土跑道，根本看不见飞机是怎样起飞的。送行的人群在尘雾里高高地向着马达声响的方向不停地挥手！这是一架国民党军队派来的飞机。苏联飞机，按照苏联援助中国抗战的协议，只能在兰州而不能到延安降落。

飞机腾空而去，但周副主席那颗心仍然系在中央的工作上。自跌伤之后，他从未卧床休息过一天。虽然有医生的督劝，来探视的同志的恳切要求，邓颖超同志勤相关照，但是，他说他胳膊伤了头脑毫无损伤，中央开会他照常参加，文电他照常处理。他要求中央组织部给他派人记录文稿，因为写文稿这件事，并不是可以用左手去写的。

那时派去给他作记录的是陈舜瑶，这位现在已年逾古稀的老大姐回忆说：

1939年我在延安马列学院第二支部学习，和江青是一个支部（中央党校和马列学院学习组织单位都是支部——作者注）。刚要毕业，中央组织部给马列学院写了个条子（当时单位之间的往来文书多系由负责人写的具名便信，故称"条子"——作者注），找我去谈话，说周副主席受了伤，手不能写字，周副主席口述的话你要记下来，材料要保密。到杨家岭后，周总理问了我的简历，给了我一个笔记本，说试试看。先记的是"八·一报告提纲"。总理很不习惯他说一句等着别人记一句。他回别人的书信总是一口气说完，我写出来。有时他指出口气不对，就说一句，让我写一句。总理的手不能写字。他伤得非常重，医生差不多天天来给他看病、换药。现在有的回忆材料里说，总理当时用左手写了一本厚厚的文件提纲，那是不可能的。总理口述过许多文件，章句明确，层次清楚，好记录，来找他谈问题的人不少。那时他是我党驻重庆代表团的负责人，中央统一战线工作部部长，又是中共南方局书记，特别是想了解当时大后方情况的人，都来找他。

谈到这里，我们不禁提问：江青待你怎样？陈舜瑶说：那时她还邀我到她的窑洞去坐（在毛主席的窑旁）。窑很小，布置也很简单，墙上挂着毛主席手写杜牧的诗。我记得是："江

东子弟多才俊，卷土重来未可知。"

说到这里，陈大姐笑了："文革"中她果然卷土重来了，不幸言中。但幸而她没有想到我，否则我就不得了啦。其实我也是1977年才知道是江青撞的，当时我只知道是从马上跌下来，江青没有跟我说是她的责任。别人自然不会透露给我的，那时人们保密观念最强。

陈大姐向我们讲了当时病中的周总理工作精神之后，接着又叙述起周总理抗日战争时期在重庆繁忙紧张的情况，再接下去就是感叹他在建国后20多年中的重任。这不由得使我想起印度医生柯棣华在当时的日记里所写的情深动人的话："当我看见他的时候，我们都惊呆了。你猜他在干什么？他正伏在桌上用左手练习写字。骨断之后是很痛的，他的脸上都是汗。当我们给他脱下衣服检查时，看到他的内衣都湿透了。想想看，他是用多么坚强的毅力在坚持工作啊！我们正心疼地责备他不应该这样不爱惜自己的身体，可你知道他说什么呢？他说：'一个人只要还活着，就应该为党工作。'在八路军里我常常听到同志们说这句话。可是在当时，我却忍不住的掉泪了。"

在兰州换乘苏联政府专程派来的飞机，经新疆到达莫斯科已是9月中旬了。住进克里姆林宫医院，邓大姐被招待在别的地方住下。

苏联政府派了七八名专家给周副主席会诊和治疗。当他们了解到延安的治疗方案和造成的后果之后，一个个摇着头，把肩一耸两臂一摊。他们无法想象延安的医疗条件落后到什么程度。他们没有说一句责备的话，只是对医疗方法失当给病人带来的不应有的痛苦感到遗憾。会诊之后，他们认为周副主席的病情并不复杂，凭他们的医术完全可以使这位中国党的领导人恢复健康。于是向周副主席提出了两个方案：第一个方案，就是重新接骨，但要动两次手术，花费时间要长一些。这个方案即使万一不能恢复原来的状态,但效果肯定是好的。第二个方案,就是强力拉展已经愈合的肌肉,但最后手臂只能伸展40度到60度,效果不会很理想,苏联医生希望采用第一方案。他们有自己的自信和自尊。他们不愿意看到病人弯曲着手臂走出他们的医院。然而周副主席经过考虑,决定采用第二个方案,他说:"我现在不可能长期在国外治病,国内的事情很多。"作为病人没有不愿意恢复正常的,但是,国内形势日趋严峻,日本帝国主义已宣称不再以蒋介石为主要对手,而用主要力量进攻我抗日根据地;以蒋介石为首的国民党顽固派,又已实施军事反共,血案迭起。抗战前途和民族命运堪忧。我们党随时都要准备应付突然爆发的事变。他虽然身在莫斯科,但知道自己肩负的重担在急剧地加码!他衷心地感谢苏联医生,但考虑到同志们在盼着他,国内的工作在等着他,他毅然决然地说,别的就无需考虑了,只要"能够用它进行工作和生活,我就满意了"。

强力拉伸是很痛的,多次强力拉伸受的罪就更大了。

当时师哲在克里姆林宫医院为周总理担任翻译,每天陪伴着。师哲老人对我们介绍治疗情况时说:疼呵,是人承受不了的疼呵。我从来没有见过能比上总理那样坚强的人呵,他忍住,也有时受不了那么大的罪呵。邓大姐在治疗的时候都不让她在跟前,她若瞧着是受不了的呵。总理在大姐面前从来不讲那么疼的。

在师哲老人谈到这段情况的时候,我们问老人:是不是应该说这弯曲的残疾是总理自愿留下的?老人肯定地点点头:是这样的,那是他想赶快回国。

经过多次强力拉展,时间不长周副主席的右臂基本上能做伸屈活动了。他高兴地向人们说:取得这样效果我是很满意的,我又能照常工作和生活了!

他能开始用右手写字了，治疗后期，他竟写了长达 110 多页的《中国问题备忘录》，送交共产国际领导人，并且作了口头报告，使他们了解中国情况和中国党的策略。他多么希望"英特纳雄耐尔"在中国实现啊！

1940 年 2 月，医生同意周副主席回国了，苏联政府派了一架专机送他和任弼时同志一行到兰州。到达兰州后，周副主席向当时国民党战区的司令长官朱绍良借了一辆中型轿车，乘人载物。凭着朱绍良的旗号，一路关卡无阻，经西安，于 3 月 26 日安全返回延安。

此时，由蒋介石发动的以军事行动为主的全国性反共高潮刚被压下去，抗战形势大有好转，但是陕甘宁边区的 23 个县被占去了 3 个。这 23 个县本是蒋介石在 1936 年西安事变时亲口允诺的。当时我们有的同志就指出：此人历来说话不算数，要他签字！周副主席说：既然他说的话可以不算数，那他签的字也同样可以不算数。周副主席可说是最了解蒋介石的为人了。

周副主席还没回到延安，消息早已传开，这天中午人们远远瞧见在公路上空尘头高卷处几辆汽车向杨家岭驶去，就断定是他回来了。一定是健康地回来了。杨家岭的人都不自主地不时地向大门外河滩上瞧一瞧，当他们听见汽车加大油门冲上杨家岭山坡的声音，都到路边招手相迎了。前来慰问辛苦的人在欣喜之中才知道那只右臂是永久性的残废了，只能伸屈到 60 度就再也不能伸直了。同志们在失望在埋怨，失望莫斯科的医生并不高明，埋怨莫斯科医生没有治好，他们并不知道这不是医生的过错，而是病人坚持自愿留下的，而且目前病人自我评价是很满意的。周副主席的伤不仅在延安的同志们十分关心，就连远在敌后的同志们也很关心，毛主席看到这已经半残的右臂后发电报给太行山彭德怀，半喜半忧地告诉他：周恩来伤已半愈,已能写字、吃饭。可见毛主席对于治疗的结果是不满意的,他只承认是"半愈"。

当晚,杨家岭农家谷场上挂着通亮的汽灯,燃着几盆火红的炭火,工作人员扛着板凳冒着寒冷到这里开会,党中央热烈欢迎周副主席伤愈归来和任弼时同志自莫斯科归来。那时候延安还没有建筑礼堂,也没有较大的房子,不论开会、作大报告都是在场院里或是树荫下。寒夜里毛主席和许多领导人都早已来到,讲了许多话。

周副主席在晚会上为了回答同志们的关怀,为了表示那右臂仍具有正常的功能,能够照常地工作和生活,使担心的人们放心,他将他这次从莫斯科带回来的电影放映机架在桌上,自任放映员为大家放映一场电影。这电影机的发电机是手摇发电,放映机是手摇转动,他用右臂摇动放映机一直把《大战张鼓峰》(苏联纪录片,该片纪录了苏联红军1939年在远东击败日军的战绩)放完。周副主席用行动来证实他那右臂并不残!

无言之苦

刘久洲是1939年8月底,随周副主席从延安乘飞机飞抵新疆的,周副主席没有让他一同去莫斯科,叫他在新疆等候,回来后再一同返延安。因为在那里根本不需要我们自己的警卫人员去保卫,所以刘久洲一直留在八路军办事处。年底,国民党顽固派发动反共高潮,势孤力单的八路军办事处工作人员,随时准备战斗,甚至准备被抓去坐牢。这种生活,长征时候也好,在重庆久住的时候也好,刘久洲都是过惯了的。在那些日子里,他度日如年,只盼望周副主席能够早日治愈回国,把顽固派的反共气焰打掉。周副主席乘苏联飞机回到兰州,再到西安，然后返回延安。一路上没有遇到任何麻烦，沿途的国民党军政官员均以礼相待。有的官员甚至自称曾是周副主席黄埔军校时的学生，恳求给予赐见。尽管如此，刘久洲仍防有诈，昼夜紧张地随侍左右，如入虎口，这一趟定要确保安全！

3月24日，周副主席的座车进了家门——陕甘宁边区，住到甘泉县，周副主席同毛主席通了个电话。3月25日上午，又顺利地通过了崂山隘道。通过崂山隘道时，有人指点哪是1937年周副主席遭到土匪的伏击遇险的地方，刘久洲还回忆起当时自己身中两弹重伤在地的战斗情况，还觉得毛骨悚然。晌午时分，人们盼寻已久的延安宝塔，已经遥遥在望了，车上的人又兴奋又轻松。

延河的水清澈见底。延安人从河里排放着蹋石上连走带跃穿过去。周副主席的座车则从蹋石旁边，加大马力过河一上坡到了杨家岭。

周副主席安全地回到了延安，刘久洲一块石头落了地，放下了紧张的心，但同时又多了一重忧虑。延安这地方位于黄土高原，即便到了夏季，也还带点"早穿皮袄午穿纱"的味道，所以尽管现在已是3月底，给人们的感觉依然寒气逼人，早、午、晚乍寒乍暖。这种鬼天气，对于受伤的人无疑是一种折磨。刘久洲自己就深有体会，他在崂山负伤后，每遇天气变化，就感到酸痛得说不清是什么滋味，也摸不准是哪个部位。除了忍着，别无良策。常言道："病身最觉风霜早。"他以自身之痛度周副主席之苦，深知周副主席工作繁累，今后要长期受罪的！虽然在这一段时间里他从未听到周副主席说过他的苦痛。

那么，在周总理的后半生里，这只残臂有没有给他带来痛苦呢？回答是肯定的。我自1945年到他身边工作以来，朝夕未离，也未听到他或是其他同志向我交代过他有酸痛的问题。

不过，据我观察（我是十分注意观察的），确有令人担心之处。比如进北京之后，他常到群众中去活动，年轻人和他握手时总是使劲摇他的胳膊，有时还被挤得架空起来动弹不得。每逢碰到这种情况，我总是很着急，总担心他的右臂接骨处被摇断。有位医生奚落我这个"土包子"，说愈合的部位甚至比原生的骨头还要结实。——怪不得总理常批评我们不注意学习，回想起来，这种常识性的笑话我们着实闹了不少。

刘久洲和我们的担心不是多余的。伤残确实在折磨着他，确实给他在工作和生活上带来了许多不便，有难言之苦。

有两件小而又小的事，可以说明。

有一次盛饭，有几颗饭粒粘到了他右手小指的下侧。他想用舌尖舔到嘴里，但是，他的手背不能像正常人手背那样，可以翻过来伸着脖子去舔，只好放下饭碗用左手去扳着舔。还有件事就是剪脚指甲。周总理认为让工作人员为他剪脚指甲是不礼貌的，每次洗完脚都是自己剪，但伤残的手臂给他造成莫大的困难：勾着腰，盘着腿，扳着脚，将要剪上却又滑脱。他时常因此累得满身是汗。

再就是握手。他大约是世界领导人中握手最多的人之一，每次握手，都被满握而摇臂。有一次他和人握过手之后回到办公桌上，肌肉萎缩的小肘使他批文件字都变形了。

摄影师在抓拍人物时，常常是抓住要抓拍人物的风姿，一按照相机的快门，咔嚓一声即可完成。他们在抓拍周总理的形象时，总在他双臂交合在身前之际，这是他们认为的最好时机。这是他们的角度。我们当警卫员的却不同了，我们这时所看到的不是摄影师们认为的风姿，而是他下意识地用左手去抚摸他的伤疤之处。

1958年夏天，警卫员赵行杰随周总理去十三陵水库工地劳动了三天，回来说，他自己这次是去干了几天脑力劳动——

费了脑筋。

那年夏天,北京十三陵水库开工,按照党中央和国务院干部参加体力劳动的规定,周总理带领国务院机关干部编成的一个队,去劳动。工地组织劳动的人,为了照顾他,派他干轻活,他说那是"象征性劳动",执意去挥镐挖土石方,扬锹装车。由于他胳膊伤残,动作别扭,镐头下去落不到正地方,装车也装不好,就想推推独轮车也还是可以做到的。谁知独轮车并不那么好推,再加他的两臂不能平衡地使用力量,推着推着,独轮车一歪,把石块倾倒在行车道上,妨碍了整体的工效。赵行杰费尽脑筋想主意使他劳动得满意,但都未成功,后来说,我推车你拉车吧。于是两个调换位置,由赵行杰推车,总理拉车。尽管如此,赵行杰仍不能不动脑筋。他理解总理,得给总理个出力的机会,但是工地的小车道修得很平坦,没有上下坡,要叫总理出力也难。谈到这几天劳动的时候,赵行杰对我们说:我推车如果不出力,叫总理用力去拽,那我还算个什么警卫员呐!但是我一出力,总理就没法出力去拽了,埋怨我特意照顾他,成心不让他劳动。拉车的绳子短了,我担心车上的石头会掉下来砸着他,长了,他又说拽不上劲——那只右臂弄得他实在不痛快。

总理说,他刚60岁,不能算作老年,即使老年,也还要参加劳动。

因右臂伤残终究使他未能和大伙儿一样劳动而抱憾。我们工作人员则因另一件事为他抱憾,就是他一生未能学会游泳。他不是不能学,而是那只右臂妨碍了他,使他难以学会,说明现实生活并不像他说过的"能够用它进行工作和生活我就满意了"那么简单。

1960年初秋,毛主席、周总理、刘少奇等中央领导同志在广州议事,暇时到越秀山上的游泳池去游泳。毛主席是行家,很能游。总理和少奇不会,两人每人捧着一块轻质木板学,少奇学会了,总理没学会,但由此引起了他学游泳的劲头。

1961年夏天,中央到北戴河办公,他住在34号楼。这楼原是一个旧官僚的松林别墅,出院门就是海上的第三浴场。北戴河的海水吸引着每一个人,中央领导人几乎个个都会游泳,他看着眼热,一天他向我说:我要学会游泳。又说:你们都不会教,就请位会教的同志来教我。看来他是决心要学,我们也为他能够学会游泳增添体力而高兴。

国家体委的荣高棠,不仅是个热心肠,而且是个办事不挠头的人,接到我们的电话,立刻把少年游泳班的女教练黄莲华找了去,交代说:"小黄,你马上收拾一下到北戴河去,有重要任务,车站有人接你。去干什么,不要问。"前不久,我们打听到阔别27年之久的黄莲华的住处。她和女儿出来接我们,小黄格外高兴。一开头就意味深长地说:我去北戴河以后,教周总理、刘主席、朱委员长、陈云同志游泳,那时的年龄就是我女儿今年的年龄——25岁。

她说:总理没学会。她用右臂模仿起总理学游泳时的艰难动作,她知道我们会会意的。

那天她赶到第三浴场,总理早已经到了。这是自1954年夏天中央搬到北戴河办公之后总理第一次下海。周总理对她说:小黄,你这个教练知道我吗,我这个学生不好教呵。显然,他对学游泳是有信心的。但还是说:你看我能学会吗?

小黄说:"一定能!总理你先掌握仰泳,会了,别的姿势跟着就掌握了。"周总理在水中试着仰浮,不一会就能浮起来了。这是他生平第一次克服自身的重量浮在水面上,又新奇又高兴。他说:"看样子有希望!谢谢小黄。"他瞅了瞅浴场休息室的大挂钟,走上岸,高兴地对小黄说:"下回再来教呵。"邓大姐也在沙滩上看,高兴地对小黄说:你要帮总理学会呵。周

总理很有信心地接过去："我是能学会的。"

小黄一边回忆当年的情景，一边寻找她和总理、刘主席等人合拍的纪念照。她说：

接着几天就是练习仰泳前进，他用双臂拨水，常常拨到脸上，又发生了原地转圈，我很着急，没有想到他的右臂是弯曲的（她从未训练过残臂运动员）。总理心里明白，他说：你们用两只手划，而我的右手只能把水拨到自己身上。

小黄教他有意识地让左臂迁就右臂，后来果然成功了。但几天之后，周总理意识到老用左臂迁就右臂很困难，就向小黄说：我是游不到头啦（意思是说他不能单独游到200米远的设防鲨网的地方），还得几个人陪着我，从明天起不学了。在场的人无不感到遗憾。过两天周总理要回北京。小黄说："回北京后我去中南海再教你，能会。"周总理欣然答应了。

回到北京，小黄每天带着希望去中南海游泳池，一边等周总理，一边教别人。但是因为工作太忙，他没有来，他从来也没有来这里游过泳，只是毛主席在这里游泳时，他到这里来谈过工作。

随后，天气转凉了，小黄，这位怀着报效祖国赤子之心的印尼归侨，当时中国国家女子游泳队的骨干，终于没有教会周总理游泳，荣高棠交给她的"重要任务"终于没有完成。

过后几年，周总理夏天到北戴河办公，也到海边坐坐，再没有下海。

无谱之歌

对周总理当时及以后均未将受伤的真情告诉邓大姐，是我根本没有预料到的，而且一直是想不通的。难道他告诉邓大姐不应该吗？难道邓大姐会去责备江青吗？怎么到 1977 年她还不知道？

　　1977 年我听到传闻周总理的右臂伤残是被"四人帮"头面人物江青害的以后，就去找了王来音，得到王来音的证实，便急忙去中南海西花厅面报邓大姐，说我找到了见证人。当时我以为邓大姐早就知道周总理受伤的真情呢，谁知她根本不清楚。她像日常听取别人讲话一样，默默地倾心地听着。等我谈完当年总理右臂摔断的前后经过，她才若有所悟地说道：噢，怪不得那年我从重庆回到延安后，江青来向我说，她经常去看望恩来，她难过得都哭了。我想：她怎么要哭呢？今天你这一说，我才知道同她有点关系。恩来从没有给我讲过。

　　邓大姐回忆将近 38 年前的往事记忆犹新地说：那年恩来从重庆回延安开中央政治局会议，我留在重庆工作。他走后一个多月，我才在 7 月底或 8 月初收到一个条子，一看是恩来写的，说：因骑马不慎摔伤右臂，很快就会好的，请放心。好像是左手写的。这条子是遇到当时有人从延安来托他带来的。路上那时要经过好多天。我远在重庆，也没过问此事。

　　邓大姐接着说：大约又过了两个星期，我收到中央给我的电报，说恩来的臂伤急需去苏联治疗。这时我才感到他伤势一定很重，就发电请示中央，要求同去苏联，以便照顾。中央立即复电同意。我乘汽车回延安，路上走了六天。恩来每天仍忙于工作，不顾治病和休息。许多同志都为他的伤势严重而焦急，要我好生劝他。

　　我这次去见邓大姐的时候，总理已去世一年多了。大姐的语调稳缓而坚定，情真而意深。从大姐那里，我脑子里存在那些问题，似乎得到了清晰的答案，又似乎没有得到答案。我想，这大概便是被世人景仰的"模范夫妻"的周恩来与邓颖超之间，一幕既同心相结而又各自隔膜的情理间融的佳作。也许

有哪个大剧作家,能挥动如椽的巨笔据此写出一部不朽的好戏!夫妻之间本是无话不谈的呀,可是他们之间一个未如实以告,一个相信那个河边的大坑为真!

周恩来总理到底有没有向别人讲过这次事故的真情?据我们调查所知,他讲过!他在苏联就医时曾向任弼时讲过,还向师哲讲过。他向任弼时讲,是因为他要任弼时给延安发电报,请当时党的总书记张闻天妥善处理江青的事,以免发生不愉快的事态。由此我们可以推断,当时他曾要求毛主席不要责备江青。张闻天接电后亲自安排江青随同马列学院学生去农村考察去了。而他向师哲讲,则完全是因伤痛所致。据师哲老人回忆,周总理当年在莫斯科治疗,苏联医生对他已经愈合的右臂采用强力拉展手术,周总理疼痛难忍。师哲说:总理大声地喊叫,疼呵,疼呵……他这才说:是江青骑马把我从马上撞下来摔断的。师哲老人是1925年去苏联的,从未回过国,当时还不认识江青是谁。

当我们告诉师哲老人,总理从未向他人讲过他受伤的真情,就连邓大姐也未知的时候,师哲感叹地说:总理是位了不起的领导人,1928年我党"六大"在莫斯科召开时,我对他就有突出的印象。这回他到莫斯科,我们党驻共产国际的代表任弼时同志,叫我到他的房间里去。我一进门就认出了在座的客人是周总理。我被派担任翻译(我是弼时同志的秘书),天天陪住在医院里。总理是个最坚强的人,治疗中受的罪太大咧,一般人是承受不了的。他经常忙于工作,特别是后期,他向我说:我每天都处在精神兴奋之中,我要工作,我有很多工作要做!

至于周总理当时的伤势究竟如何,除了此文前边所叙述的以外,我们在历史档案里还发现了一帧照片,那是当时正在延安马列学院作《论共产党员的修养》长篇报告的刘少奇去看望他时，由一位今已不知名的人留下的珍贵镜头。读者看了这帧照片，自然会明白当时周总理的伤势确实严重。

几十年来，伤残的右臂不仅在折磨着周恩来总理，同时也在塑造着周恩来。

谁能说，那只伤残的右臂不恰恰使周总理的风度更加生辉了呢？

后 记

敬爱的周总理逝世已经三十多年了,在他和邓大姐身边工作的二十多年日日夜夜,使我经常彻夜难眠。经过几年的努力,这部回忆录总算写完了。这部凝聚着对周恩来、邓颖超深厚感情的回忆录,是在许多专家和同志们帮助下完成的。中央文献研究室廖心文、熊华源等同志审核了书稿,对他们表示感谢!

特别要提出的是王兰升同志,有相当一部分稿件都是他帮助写成的,并对全部书稿进行了整理加工,向他表示衷心的感谢。

书中所用照片大部分是从周铁男同志出版的《周恩来大地之子》的画册中选用的,在此表示深深的谢意。还有中央文献出版社出的两本周恩来画册中的照片也用了一些。这些照片中有些是过去给周总理当摄影师的侯波、吕厚民及杜修贤等同志拍摄的,在此表示由衷的谢意。

由于年深日久,这本回忆录中若有与当时事实有误差或漏掉的情况,请有关熟悉的同志指正!

成元功
2008 年 10 月

成元功一家与邓颖超大姐合影,摄于1977年夏

图书在版编目（CIP）数据

周恩来总理卫士长回忆录/成元功著—北京：中央文献出版社，2009.3（2012.6重印）

ISBN 978-7-5073-2713-7

Ⅰ．周… Ⅱ．成… Ⅲ．①周恩来（1898～1976）—纪念文集②邓颖超（1904～1992）—纪念文集 Ⅳ．K827=7

中国版本图书馆 CIP 数据核字（2009）第 000271 号

周恩来总理卫士长回忆录

著　　者／成元功
责任编辑／边彦军　蔡国江
出版发行／中央文献出版社
地　　址／北京西四北大街前毛家湾 1 号
邮　　编／100017
销售热线／63097018
经　　销／新华书店
排　　版／北京金保真文化公司
印　　刷／北京新魏印刷厂

787　1092mm　16 开　26.25 印张　310 千字
2009 年 3 月第 1 版　2012 年 6 月第 2 次印刷
印　　数 5001-8000 册

ISBN 978-7-5073-2713-7　　　　定价：40.00 元

本社图书如存在印装质量问题，请与本社联系调换。

版权所有　违者必究